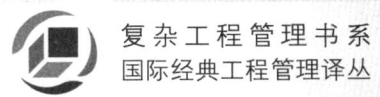

复杂工程管理书系
国际经典工程管理译丛

欧洲大型基础设施项目管理
良好实践、经验教训与未来挑战

〔荷〕马塞尔·赫托（Marcel Hertogh）
〔英〕斯图尔特·贝克（Stuart Baker）
〔荷〕宝莲·斯塔欧合菲尔（Pau Lian Staal-Ong） 著
〔荷〕埃迪·韦斯特维尔德（Eddy Westerveld）
〔瑞典〕帕鲁鲁·科桑（Per-Olov Karlsson）
〔荷〕汤姆·克雷默斯（Tom Kremers）

何清华　高星林　李洋　刘琰　编译

Managing Large Infrastructure Projects in Europe
—Best Practices, Lessons Learnt and Challenges Ahead

图书在版编目(CIP)数据

欧洲大型基础设施项目管理：良好实践、经验教训与未来挑战 /（荷）马塞尔·赫托（Marcel Hertogh）等著；何清华等编译. —上海：同济大学出版社，2021.10

（国际经典工程管理译丛 / 李永奎，何清华主编）

书名原文：Managing Large Infrastructure Projects & 10 Years of Managing Large Infrastructure Projects in Europe

ISBN 978-7-5608-9928-2

Ⅰ.①欧… Ⅱ.①马… ②何… Ⅲ.①基本建设项目—项目管理—欧洲 Ⅳ.①F284

中国版本图书馆 CIP 数据核字(2021)第 197940 号

© by NETLIPSE
p/a AT Osborne B.V.
P.O.Box 168
3740 AD Baarn
The Netherlands
本书原版由 NETLIPSE 项目团队所有，侵权必究。

Tongji University Press is authorized to publish and distribute exclusively the Chinese (Simplified Characters) language edition. This edition is authorized for sale throughout Mainland of China. No part of the publication may be reproduced or distributed by any means, or stored in a database or retrieval system, without the prior written permission of the publisher.

本书中文简体翻译版权由同济大学出版社独家出版并仅限在中国大陆地区销售。未经出版者书面许可，不得以任何方式复制或发行本书的任何部分。

欧洲大型基础设施项目管理（良好实践、经验教训与未来挑战）

[荷]马塞尔·赫托　　[英]斯图尔特·贝克　　[荷]宝莲·斯塔欧合菲尔 等 著
何清华　高星林　李洋　刘琰 编译

责任编辑　姚烨铭　姜　黎　　**责任校对**　徐春莲　　**封面设计**　陈益平

出版发行	同济大学出版社　www.tongjipress.com.cn	
	（地址：上海市四平路 1239 号　邮编：200092　电话：021-65985622）	
经　销	全国各地新华书店	
排　版	南京文脉图文设计制作有限公司	
印　刷	常熟市华顺印刷有限公司	
开　本	787mm×1092mm　1/16	
印　张	20.75	
字　数	518 000	
版　次	2021 年 10 月第 1 版　　2021 年 10 月第 1 次印刷	
书　号	ISBN 978-7-5608-9928-2	
定　价	158.00 元	

本书若有印装质量问题，请向本社发行部调换　　版权所有　侵权必究

国家自然科学基金面上项目"重大工程项目成功要素识别、双元驱动及组织适应性研究"(71971161),负责人:何清华,2020.1—2023.12。

国家公派留学项目(201903210005),负责人:高星林,2019.12—2020.12。

译序（一）

2006年5月，来自五个国家的大学、企业和政府等的八家机构和组织，如荷兰交通运输部、英国交通部、荷兰鹿特丹伊拉斯姆斯大学、瑞士苏黎世联邦理工学院、荷兰AT敖司堡公司等，共同发起和组建"用以传播有关欧洲大型基础设施项目组织管理知识网络"（以下简称"NETLIPSE"，NETwork for the dissemination of knowledge on the management and organization of Large Infrastructure ProjectS in Europe，详细信息可访问 www.netlipse.eu），并从欧盟获得资助，启动对欧洲重大工程项目管理展开两年期的研究。选取了欧洲十一个国家共计15个重大基础设施典型工程（包括公路、铁路、水运等多种类型）为研究对象，涉及的总里程数达到1 967 km，涉及的总投资高达433亿欧元。案例中不乏在基础设施领域具有很高影响力的项目，如总长度为57 km的世界上最长的隧道瑞士圣哥达基线隧道项目，港珠澳大桥建成之前世界上最长的沉管隧道厄勒海峡通道项目，英国西海岸铁路升级改造项目等。

在研究过程中，NETLIPSE组建了29人的调研团队，访谈包括业主和主要参建单位在内共计142名主要管理人员，采用定性和定量研究方法，基于业主视角，聚焦于项目管理的8个重要主题来研究重大工程项目管理的良好实践经验和教训。主题包括项目目标和范围、利益相关者管理、投融资管理、组织管理、工程承发包模式、法律许可、风险及机会管理和知识与技术管理。研究希望深入探究欧洲重大工程项目的成功之道，提出项目管理能力和水平持续提升的系统方法和路径，以更好地实现项目管理成功，同时实现项目成功。研究还进一步将良好实践转化为基础设施项目成熟度评估和监控工具，以有效辅助政府和业主的项目管理决策。研究组织建立了项目管理知识共享和交流的有效网络平台，通过卓有成效的、可持续的知识交流和传播，共享重大工程项目成功开发、交付和运营管理的经验和教训，为欧洲重大基础设施可持续发展作出积极贡献。

2008年5月，NETLIPSE完成了第一阶段的研究，并通过欧盟组织的验收，其成果形成了本书上篇的内容。2008年以来，NETLIPSE继续着眼于搭建由成员国业主、大学及其他相关研究机构组成的知识交互网络，开展持续研究和讨论，即时完善和更新有关重大工程项目的管理与组织研究成果。NETLIPSE联盟按照两年一次的频率举行各种形式的交流，通过专业论文的写作和发表、专题研讨的策划和组织、市场推广的发起和举办、特别兴趣小组的组建和研究等开展各种类型活动，进一步丰富和完善研究成果。目前，NETLIPSE已经发展成为成员和代表来自23个欧洲国家，成员伙伴签署正式协议约定规则的重大工程项目管理知识网络平台。

NETLIPSE研究一直在继续，难能可贵的是，第一阶段成果交付验收时隔十年之后，NETLIPSE研究团队对欧洲重大工程项目管理最新实施情况进行了十年回顾和总结，其成果形成了本书下篇的内容。研究进行了定性回顾和定量反思，基于NETLIPSE研究（2006—2008年）中定义的良好实践，通过分析大型基础设施工程项目管理十年来发生的变化，对大型基础设施项目相关项目管理主题的知识和经验进行更新和完善，并进一步发展和完善了基础设施项目成熟度评估工具和模型，从理论和实践角度探讨未来大型基础设施项目管理的挑战。同时，通过长期合作，研究团队致力于将NETLIPSE打造成为欧洲大型基础设施项目管理知识分享和创造的重要组织基地，不断提升其影响力。

本书是欧洲学者关于重大工程项目管理的代表作之一。课题通过持续15年的研究，深入探究欧洲重大工程四十余年的项目管理发展和演变，是极其不容易的，同时意味着其研究成果具有巨大的理论研究意义和实践应用价值。研究成果为读者建立了审视欧洲重大工程项目管理的系统视野和立体视角。本书还对重大基础设施工程项目管理未来发展趋势进行了深度研判和分析，总结提炼出诸多有价值的新观点，特别值得中国工程界在实践中参考和借鉴。

针对重大工程利益相关者管理，欧洲经历了从"利益相关者管理"到"为利益相关者管理"的理念发展历程转变，利益相关者管理对项目推进影响巨大，对利益相关者采取开放的态度，从打造项目品牌的角度，更容易获得利益相关者的认可和支持。维持与利益相关者的关系并通过对利益相关者沟通效果的即时跟踪，可以较低的时间和支出获得较大的收益。随着重大工程公众参与度的提高，随着私有财产和物权依法保护的力度加大，相信这也是中国重大工程未来的发展趋势。

针对重大工程知识管理，欧洲经历了从"极少相互交流和学习"到"广泛开展相互交流和学习"的过程，并且意识到这一点对重大工程项目的成功越来越重要。从众多欧洲重大工程知识共享案例中可以看到，项目之间分享经验和知识可以在成本节约、效率提高、关键和疑难问题解决、提高项目成功交付可能性等方面创造价值。在我国港珠澳大桥的实践中也很好地证明了这一点。

当然，任何简单的经验复制都不能带来项目管理的成功，根据不同项目的背景（情境）将经验与知识进行本地化是其中的关键。针对重大工程风险管理，欧洲经验特别强调在看到风险的同时，要看到机会，不仅要系统评估项目风险，而且要分析风险背后可能隐藏的巨大机会。要处理好风险分配，一般而言，最有能力有效管理并最大程度降低风险的一方应承担特定风险。另外，欧洲经验对业主能力给予了越来越多的关注和重视。重大工程因为项目周期长,充满技术复杂性和社会复杂性,对业主能力提出了极高的要求。项目一次性的特点往往又导致项目对人力资源管理或员工满意度管理的重视程度不够。同时,管理者虽然普遍认识到培养项目团队技能的重要性,但是,重大工程的独特性往往又决定了没有或很难策划有针对性的培训使员工技能持续提升。同时,如何保持人才队伍的稳定和项目在不同阶段、不同项目之间的动态转化也是一个需要重视的问题。欧洲提供了从大贝尔特桥到厄勒海峡通道,再到费马恩通道的关键管理人员的有序安排与项目管理知识和经验的有效积累和传承,对我国也具有很强的借鉴意义。

本书主要作者马塞尔·赫托教授是欧洲研究重大工程管理的代表性人物,在积累了几十年工业界实务经验基础上,加入荷兰代尔夫特理工大学从事教学和研究工作。马塞尔·赫托教授在对欧洲15个重大基础设施项目良好实践系统展开研究的基础上,对重大工程复杂性进行深入研究,2010年又出版了专著《大型基础设施项目的管理与组织:与复杂性共舞》(中文版将与本书同期出版)。作者集成了工程师的工程思维和学者的理论思维,将理论与实践进行了很好的融合,相信工业界和学术界的读者都会有很深的感悟和很大的收获。我深信,以上研究结论在中国未来重大工程管理实践中一定会有很好的借鉴和应用价值。

港珠澳大桥是我国"一国两制"框架下首个粤港澳三地共建共管的超级工程,已建成通车并成为大国重器和"中国名片"。本书主要译者高星林全程参与了港珠澳大桥的建设工作,对重大工程的管理实践有深刻认识,同时利用交通运输部公派访学荷兰代尔夫特理工大学的机会,进一步加强了对重大工程管理的理论学习和思考。他访学期间,我们联系密切,我能感受到其刻苦钻研的学习研究精神;通过他面向国内外高校青年学者发起组织的介绍国际重大工程项目管理的"星火计划",我能感受到其传递中国交通建设成就、帮助青年后学、促进理论和实践结合的热情、情怀和担当,实在难能可贵。同济大学何清华教授多年来一直围绕重大工程管理开展研究,由他们联合组成团队来翻译原著,把欧洲重大工程管理良好实践和教训介绍到中国,让国内同行形成对欧洲重大工程管理审视的总体性视角,着实做了一件非常有价值和有意义的工作。

在实践中,重大工程在全球范围内仍然面临着成本超支、工期延误、利益相关者协调、风险管理、不确定性应对、人才流失、新技术和新业态挑战应对、全寿命周期视角的价值考量和可持续发展等一系列问题和难题。在理论上,重大工程管理基础理论研究已经成为当今国际工程管理界公认的一个原创性、前沿性学术问题。相比欧美等地其他国家,中国具有更加丰富和鲜活的重大工程实践的土壤,提供了不可多得的研究机遇。在中国引领世界重大工程实践的巨大舞台上,面向中国重大工程管理实践需求,更加开放地借鉴国际经验,中国迫切需要成立类似于NETLIPSE联盟的组织平台,加强重大工程知识管理领域的深度交流,学习不同行业、不同阶段、不同国家重大工程管理的经验,吸取有关教训,少走弯路,避免不必要的高昂学费,持续提升和优化重大工程管理能力。在项目法人负责制的背景下，要更加重视项目业主能力的建设，并适应新时代、新的国际形势、新技术、新业态和新基建下的各类挑战，抓住机遇，引领世界重大工程良好实践，开创中国特色的重大工程管理理论和方法，应成为我国业界精英的责任使命和学者的学术担当。

祝贺《欧洲大型基础设施项目管理：良好实践、经验教训与未来挑战》即将正式出版。希望译者有机会继续深入开展国际工程和中国重大工程项目管理的对比研究，将理论和实践做到更好的结合，一起推动中国重大工程管理实践探索和理论研究的发展。

周 伟

交通运输部　原总工程师

2020年9月30日

译序（二）

重大基础设施工程（以下简称重大工程）往往被视为"社会发展过程中的特权粒子"，已经、正在并将会雄心勃勃地改变和重构城市、区域、国家乃至国与国之间的社会结构和网络关系。重大工程并不是中小型工程的简单集合体或者放大版本，因其巨量投资、超长工期以及超高质量标准的背后，表现出超越一般科学技术水平、组织管理能力以及社会认知极限的系列复杂性特征。它们是各国政府提供公共服务以赋能经济发展的重要手段，亦被视为推进人类发展的"重要引擎"。但是，成本超支、进度拖延、质量安全问题频发、对环境影响的不确定性甚至造成严重负面后果等为重大工程蒙上了阴影，学术界将该现象称之为"重大工程绩效悖论"。进而言之，如果从对经济社会变革、战略愿景实现以及利益相关者满意等更高的项目成功维度上去审视重大工程，还有需要我们直视并寻求解决方案的系列挑战。重大工程的成功交付有赖于理论推演与实践经验的双螺旋式演进，这既需要总结工程中的良好实践与经验教训，亦要求将结构化的知识适应性地、持续地应用于之后的重大工程。

牛津大学赛德商学院（Saïd Business School, University of Oxford）的傅以斌教授提出，重大工程的交付并没有比过去的几十年更成功，这说明我们不善于从以往的组织与管理经验中汲取经验，不能以开放的态度来学习、总结并内化重大工程的良好实践与经验教训，纵向信息孤岛现象非常普遍。重大工程交付的经验与教训分散在不同行业、不同类型、不同项目、不同参与方之间，大多随着项目结束而逐渐消失，这在客观上影响了其他项目获取相关知识。与此同时，重大工程的研究者和从业者一再强调项目的独特性，也在主观上降低了从其他项目中获取知识的能动性。因此，总结典型工程良好实践和经验教训以供后来者学习、借鉴以及辩证性使用对重大工程的成功交付至关重要。

欧洲的 NETLIPSE 组织在总结并传播欧洲大型基础设施项目知识方面积累了诸多经验。

2006 年到 2008 年，该组织组建了包含技术咨询、管理协调、技术咨询与调研等在内的多个团队，聚焦于重大工程组织与管理的相关主题，设计了结构化的知识收集框架，采用定性和定量研究相结合的方法，对欧洲 11 个国家的 15 个典型重大工程进行了系统分析和总结。这些或成功或不成功的重大工程实践得以被全面梳理并形成良好实践与经验教训，并构成了基础设施成熟度工具的雏形，为重大工程事前策划、事中监测以及事后评价提供基准。这就是本书上篇的主要内容，即《大型基础设施项目管理：欧洲大型基础设施项目的良好实践与经验教训》。

第一阶段研究完成之后，NETLIPSE 作为传播重大工程的组织与管理知识的合作网络，仍然以定期的研讨会议、学术研究以及专题活动的形式延续下来。在十年后的 2016 年，该组织就同样的主题对欧洲大型基础设施工程的组织与管理进行了回顾与反思，近一步完善了基础设施成熟度工具并提出了未来展望，即为本书下篇的内容——《管理欧洲大型基础设施项目的十年：教训学习与挑战前瞻》。

NETLIPSE 组织及其出版物为我们在发展视角下审视和拓展更为有效和高效的重大工程交付提供了结构化的行业经验与知识。本书是欧洲大型基础设施工程的研究人员与从业人员共同就工作与实践中的问题不断地进行思考、改进、凝练、总结和提升所形成的知识体系。研究小组不仅通过严谨的数据收集程序，从定性和定量两个方面汇总、梳理和总结出 8 个与重大工程组织与管理相关的良好实践与经验教训，而且也在十几年的长周期中勾勒出这些主题的发展与演进，在获取积累的已有经验与知识的同时，也提供了展望未来的可能性。研究人员得以利用这两本书进一步总结并抽象一般性的工程规律，而从业人员也能够以他们所能理解的工程语言了解重大工程的发展脉络和经验教训。

概括来说，项目目标和范围（Objectives and Scope）的主题立足于易于理解的愿景与多方博弈的项目目标，强调将目标转化为范围、工作包和里程碑事件的合理结构，并在随后更加关注长期的、柔性的、战略的目标管理。项目管理机构与外部利益相关者、上级组织和业主的广泛联系和良好合作关系是利益相关者（Stakeholders）主题在本书上篇中的主要结论，仅将此主题的相关工作局限于获得法律许可会错失项目改进和优化的机会，并可能引致意想不到的阻碍。本书下篇就此主题的未来展望则呼唤一种更为主动的利益相关者交流环境，这将有助于项目的可持续发展。对于重大工程的投融资管理（Financial Management）来说，在项目范围内的全过程成本控制突出了所有可能方案的成本、收益以及物有所值评价对方案比选的重要性，而私人投资者的参与和政府资金的嵌入成为了近年来亟需解决的问题，这与同济大学复杂工程管理研究院一直聚焦的"政府—市场"二元机制下的重大工程管理研究方向不谋而合。组织与管理（Organization and Management）主题对业主的能力提出了更高的要求。业主不仅要有足够的权限、资源和能力来明确合同界面关系、保持高效的沟通并获得政府的长期支持，而且应配备专职的管理人员完成项目情境分析、财务与人力资源管理等工作，而不是利用技术人员来兼职管理工作。在风险的威胁与机会（Risk and Opportunities）的主题下凸显了重大工程风险所带来的战略发展与突破创新的机会，要求我们以开放的视角来分析各类风险。承发包（Contracting）主题最开始的讨论是围绕设计—建造—融资—维护—运营（DBFMO）的全过程集成以降低成本进行的，而过度的集成化似乎并未带来成本的降低，反而增加了管理复杂性。所以随后的结论转向了合同经理的能力与作用，即一个卓越的合同经理"一事一议"地处理项目的界线划分、环境保护、替代方案"套牢"与价值优化的平衡等。同样，除了业主组织与地方政府的良好沟通之外，法律许可(Legal Consents)主题也强调了合同经理的能力提升与知识结构更新的重要性,从而能够灵活处理国家之间的法律差异、征地问题与法律许可获取等工作。最后一个主题知识与技术(Knowledge and Technology)所聚焦的内容正是 NETLIPSE 组织成立的初衷,即为了解决项目之间的知识传递与共享问题。该主题一方面要求管理人员在项目结束且参与人员转向其他项目之前获取并整合项目中工作人员的知识和工作,另一方面则希望更多研究人员能够参与项目实施之中,从而使得项目团队与更广泛的实践与学术群体之间可以相互滋养。

本书既有来自重大工程实践一线从业人员的真知灼见,亦不乏来自本行业研究人员的洞察,二者的交融让其既有一定的理论深度,也具备了相当的可读性。书中的良好实践、经验教训以及对未来发展的观点虽然是立足于欧洲的重大工程实践,但其也与我国工程实践有着共性,值得我们思考、消化和吸收,有关欧洲工程实践的特性亦能促进我们对未来的了解和把握,从而切实提升我国重大工程的组织与管理能力。

我与本书的主译者之一高星林先生初识于 2014 年。当时,在南京大学盛昭瀚教授的牵头下,同济大学、上海交通大学、华中科技大学与哈尔滨工业大学共同承担了国家自然科学基金重大项目"我国重大基础设施工程管理的理论、方法与应用创新研究"。在此期间,高星林作为港珠澳大桥管理局的代表,以总联络人与协调员的身份对接该研究项目。我们常常利用会议碰面机会,就重大工程管理理论与实践进行深入的对话和交流,我深为其专注、努力、上进、谦虚和务实等品质所吸引,一来二去彼此就成了知己。适逢高星林获得交通运输部的公派访学资格,于 2019 年下半年赴荷兰代尔夫特理工大学马塞尔·赫托教授的课题组进行为期一年的学习与研究,他与我提到翻译包括本书在内的几本专著的工作计划,我们一拍即合,立刻将其提上日程,并紧锣密鼓地组织团队开始了翻译工作。

时至今日,这本汇集了欧洲重大工程组织与管理宝贵经验的译著已然定稿。回想起翻译工作过程中的点点滴滴,感动于高星林对我国重大工程实践所具有的家国情怀,感慨于荷兰代尔夫特理工大学刘琰博士坚实的专业基础和研究能力,亦感念于翻译团队的认真细致与打破砂锅探究到底的求真求实精神。本书的出版离不开他们的付出与贡献。同时,来自学术界和工业界的多位专家也对翻译稿提出了很多有价值的意见,在此也感谢他们的无私付出。

相信这本书的出版,将对中国重大工程管理的持续提升和发展播下有价值的种子,希望本书的读者,不管是研究人员还是从业人员,都能从中获益。译著之中恐有不足之处,敬请广大读者、各位同行和专家批评指正。

何清华
同济大学经济与管理学院建设管理与房地产系　教授　博导
同济大学复杂工程管理研究院　副院长
2021 年 8 月 31 日

译者的话

我加入港珠澳大桥工程项目后,逐渐对重大工程管理和其复杂性产生了浓厚的兴趣。2019年8月底,我被交通运输部选定为公派出国留学访问学者,而此时,同济大学何清华教授刚刚前往美国访学。2014年至2018年,我和何清华老师共同参与了南京大学盛昭瀚教授牵头联合哈尔滨工业大学、同济大学、上海交通大学、华中科技大学共同承担的国家自然科学基金重大项目"我国重大基础设施工程管理的理论、方法与应用创新研究",正是借助于盛老师一手创建和打造的平台,我得以接触一批杰出学者和同学,并因和他们志同道合而成为朋友,进而一起合作,在合作过程中又逐步发展为终身友谊。以上算是我翻译有关重大、复杂工程管理系列书籍的最初缘由。

从确定访学那时开始,我便开始系统思考如何充分有效利用好访学的一整年时间,尽量多出一些有价值的成果,并着手筹备。回想起来,马塞尔·赫托教授于2019年4月23日到访港珠澳大桥,我们进行了非常愉快的交谈和沟通。当时,马塞尔·赫托教授送我一本他的著作,马塞尔·赫托教授是欧洲研究重大工程复杂性管理最有影响力的学者之一,其著作融合了他丰富的工程实践和扎实的理论基础。所以,慢慢就形成初步设想,把马塞尔·赫托教授所著的复杂性理论书籍引进到中国。在制定自己访学目标成果计划时,把译书的事情列入优先级较高的工作确定下来。在和何清华老师交流的过程中,何老师提出,可以考虑整合团队一起来做这样一件有意义的事情。其间,他也在美国访学,也可以抽出一些时间和精力参与此事。何老师作为同济大学经济与管理学院建设管理与房地产系的教授,同时担任同济大学复杂工程管理研究院副院长,长期致力于重大工程管理领域的理论研究,其团队也参与了上海世博会、上海迪士尼度假区、深圳前海新中心等一批大型复杂工程的项目管理咨询工作,对工程实践也有比较深刻的认知。

我于2019年12月19日抵达荷兰代尔夫特理工大学,在12月20日与马塞尔·赫托教授、刘琰博士见面商讨访学研修整体计划过程中,进一步了解了马塞尔·赫托教授已经公开出版的多本著作的情况,并根据其学术价值和实践价值,当天商议确定了翻译马塞尔·赫托教授等撰写的 *Managing Large Infrastructure Projects*(《大型基础设施项目管理:欧洲大型基础设施项目的良好实践与经验教训》)、*Ten Years of Managing Large Infrastructure Projects in Europe*(《管理欧洲大型基础设施项目的十年——教训学习和挑战前瞻》)和 *Playing with Complexity—Management and Organisation of*

Large infrastructure Projects(《大型基础设施项目的管理与组织：与复杂性共舞》)三本书。第一本书的主题是对欧洲十五个涵盖公路、铁路、水运等不同类别的重大基础设施工程的管理实践的系统总结和分析。第二本书针对第一本书的研究成果做了十年期的持续跟踪、进一步的总结和思考，这两本书相对侧重于重大工程管理实践与方法。译成中文版后，我们将两本书合二为一，即为本书。第三本书是在重大工程管理案例的基础上，以重大工程管理成功之道为核心进行探讨，相对更侧重于理论研究。

马塞尔·赫托教授团队的刘琰博士熟悉马塞尔·赫托教授的学术思想，学术功底扎实，为人积极热情，反应迅速敏捷，被马塞尔·赫托教授留下来担任研究员，他也热情地加入我们的翻译团队。2020年1月4日召开了第一次翻译工作启动会，中、美、荷、德四国视频连线（当时刘琰博士在德国），之后我们基本上每月一次或多次开视频会议，讨论翻译工作中存在的问题，我、刘琰博士和马塞尔·赫托教授就需要确认的问题多次多轮沟通与求证，越到收尾阶段，会议和沟通越是频密。我先完成两本著作英文原稿的二遍阅读消化，并逐条整理了两本书的读书笔记，对全书进行了概略性的总结分析。后又集中全部精力，以中英文对照方式，完成中文初译稿的通篇审校修改。5月到8月，又进行了多轮审校修改，订正了原文表述的一些重复和错误之处，对意义模糊之处做了个别删减。刘琰牵头组织李洋等同学对全书的专用名词、概念、高频词汇、地名、人名等进行了通书统一（为提高读者阅读体验，对部分原著中的管理机构和国内管理情况对比后，做了适应性的翻译调整，对个别国内目前少用的名词增加了注解），最终刘琰博士、何清华老师和我完成"信、达、雅"的反复锤炼，将终稿交付给出版社。

阅读本书有很多的感受和体会。本书的最大价值，在于为读者展示了国际视野下欧洲多国的典型公路、铁路、水运等重大工程的管理现状、问题和未来发展的趋势，帮助读者建立确保重大项目成功的系统思维、复杂性思维和立体视角。以译者全过程参与港珠澳大桥的经验而言，书中很多良好实践和经验教训读来都非常亲切并有共鸣。应该说，书中很多处道出了我们在实践中的真实感受和体会，但我自己又未曾归纳总结提炼出来的话。可以引证两段读书笔记予以分享：

> 2020年1月29日：今日读书读得极有乐趣，作者之一的埃迪·韦斯特维尔德实践经验丰富，极有水平，写出了我内心感受，读来有高山流水之感，遂心旷神怡，怡然自得。读书至乐，果然也。与世无争，潜心学问，自得其乐，不亦快哉？

> 2020年2月2日：继续读 Ten years of Managing Large Infrastructure Projects in Europe，按计划读第三章十一页，组织管理和风险管理部分。今日静心读书近两小时，内容写得极佳，有心心相印之感，深深体会读书至乐。

工程师的思维是工程思维，学者的思维是理论思维。理论和实践的大门永远敞开着，理论和实践的鸿沟也存在着，光有实践是不够深刻的，光有理论是空洞的，工程是造物的实践，更加需要理论与实践的融合，驾驭重大工程和超级工程更是如此。能够在多领域实现理论和实践结合的人,一定会成为真正的大师。请读者去体会和享受本书的乐趣吧。

译本全书一共分为上下两篇,上篇译自 Managing Large Infrastructure Projects《大型基础设施项目管理:欧洲大型基础设施项目的良好实践与经验教训》,为第 1 章至第 8 章。下篇译自 Ten Years of Managing Large Infrastructure Projects in Europe《管理欧洲大型基础设施项目的十年——教训学习和挑战前瞻》,为第 9 章至第 14 章。书后还有若干附录。感兴趣的读者可以关注 NETLIPSE 网站,原书作者将完善在欧洲大型基础设施项目管理中发展起来的基础设施项目评估工具(IPAT)。

本书译序(一)由何清华撰写,译序(二)由高星林撰写,上篇第 1 章、第 2 章主要由饶鹏林翻译,第 3 章、第 4 章、第 5 章主要由李洋翻译,第 6 章、第 7 章主要由王子伦、田子丹翻译,第 8 章主要由田子丹翻译。

下篇第 9 章主要由饶鹏林翻译,第 10 章主要由田子丹翻译,第 11 章主要由张俊怡、卢伊玲、田子丹、王子伦、李洋翻译,第 12 章主要由王子伦翻译;第 13 章主要由饶鹏林翻译,第 14 章主要由张俊怡、卢伊玲翻译,附录主要由张俊怡、卢伊玲、饶鹏林翻译。

后记由高星林完成,全书由李洋、刘琰、何清华、高星林进行了多轮统稿,由刘琰复核,由高星林、何清华审定。

为从读者阅读角度提高全书的可读性,广东省交通运输厅总工程师黄成造先生、港珠澳大桥管理局总工程师苏权科先生、原副局长余烈先生、原工程总监张劲文博士抽空提前审阅了全书,并提出了宝贵的意见。

幸蒙交通运输部原总工程师周伟教授慨允,于百忙之中审阅了此书,撰写了序言;长安大学校长沙爱民教授、重庆交通大学校长唐伯明教授、港珠澳大桥管理局前局长(前党委书记)朱永灵先生审阅了此书,对全书进行了指导。他们还对本人访学全过程进行了耐心指导,谨致以崇高的敬意和衷心的感谢。

中国仍处在高速发展的过程中,大型基础设施的建设和运营维护任务体量巨大,"一带一路"倡议和建设"粤港澳大湾区"等国家战略,在新时代、新基建背景下带来了新的历史机遇,也带来了新的历史挑战,正如中国工程院郭重庆院士在《直面中国管理实践,跻身管理科学前沿》中感慨的:"中国经济与社会面临的挑战与其说是资金与技术的问题,毋宁说是管理问题,不论宏观层面,还是微观层面,这个结论似乎都成立,这也是为什么,到老了,我又转向管理领域的缘由。"如何发挥科学管理的作用,最大限度地控制风险,创造社会和经济价值,这也是翻译本书的初心。希望本书能为从事重大工程管理的理论研究者和实践从业者提供更多的国际视野,提供思路与借鉴。希望本书中的良好实践和经验教训能够为读者提供借鉴,在中国的重大工程管理实践中结合中国情景和中国案例不断开花结果,不断提高我国重大工程管理的理论和实践水平。

感谢交通运输部、国家留学基金委、广东省交通运输厅、港珠澳大桥管理局等相关单位和领导,特别感谢港珠澳大桥管理局党委书记、局长郑顺潮先生和朱永灵先生,能够给予本人这次极其宝贵的访学机会，让我得以学习和完成本书的翻译工作。感谢同济大学、南京大学、重庆交通大学、长安大学等相关单位的老师和学者在本书翻译过程中提供的大力帮助和支持。感谢荷兰代尔夫特理工大学在本人访学期间提供的良好的学习环境和周到的服务保障，能够在此访学并有机会听取各种演讲报告，参加博士生很多课程学习，充分享受学校极其开放的学术资源，让我获益良多。感谢访学的合作导师马塞尔·赫托教授和集成设计和管理研究团队负责人汉斯·巴克教授，和他们不停地讨论专业问题让我受益匪浅，他们开阔的视野、开放的学术精神和严谨的学术态度让我受益终身。也衷心感谢我的家人和朋友，在我访学期间给予我的大力支持和关心，让我全身心地投入到本书的翻译中，并克服疫情带来的困难而如愿完成本书的工作。

访学回国后，得到了很多领导和朋友的诚挚关心，因工作繁忙和受限于疫情影响，无法当面沟通，谨以此书敬致谢意。在此期间，有幸入读清华大学粤港澳大湾区创新领军工程博士，重整行装再出发，开启新的征程，要特别感谢清华大学缪立新教授、刘敏教授和各位老师，给我信心、鼓励和帮助，还有各位新同学，未来与他们同行，将是我人生的荣幸。

另外，特别感谢荷兰隧道工程咨询公司（TEC）的 Hans de Wit 执行总裁和李英博士，他们给了我访学热情的支持和帮助，协助我调研访谈了丹麦至瑞典的厄勒海峡通道（Øresund Crossing Project-Denmark & Sweden）等多个欧洲项目和相关组织，并特别衔接厄勒海峡通道项目业主为本书的封面提供了部分图片（图片版权 Copyright Øresundsbron），再次致以衷心的感谢！也同时对港珠澳大桥管理局为本书的封面提供了部分图片表示感谢！

因水平有限，翻译过程中恐错误在所难免，欢迎读者提出建议或意见，并及时向我们反馈。

管理之道，在止于至善。

高星林
港珠澳大桥管理局局长助理
兼计划合同部部长
初稿 2020 年 9 月 30 日
终改于 2021 年 10 月 6 日

原序（一）

作为 NETLIPSE 的创始人之一，我非常荣幸能够介绍本书上篇的内容。

20 世纪 80 年代，欧盟委员会为欧共体的社会与经济发展制定了包括公路、铁路和水路在内的战略计划，该计划即为全欧交通网络。1994 年，欧洲理事会集中发起了 14 个重点项目，随后，项目的规模在 2004 年扩大到了 30 个。在这些计划的基础上，欧盟成员国和其他国家以全欧交通网络为指引，在基础设施上注入了大量投资，因此大量的大型基础设施项目涌现。在政策制定者、利益相关者和公众的印象中，大型基础设施项目总是会出现成本超支和工期延误的问题，导致项目预算和交付时间超出预期。面对这样的质疑，项目管理必须面对提高绩效的巨大挑战。

根据我在荷兰的高铁南线和布滕佛铁路两个大型基础设施项目中担任项目总监的经验，在优秀项目管理的核心内容中，提高项目绩效的最重要因素是避免错误地预估项目结果，并根据最终结果在整个项目中进行定期预测，以随时保证项目目标的清晰性和可预见性。实现这一目标的方法是集成风险管理，该方法对不确定性（风险）的影响提供了全新理解。风险管理必须在任何特定时刻都考虑到项目的"硬性"和"软性"特征。这种风险管理可以使利益相关者从容应对项目的意外结果和成果。项目必须组织并维护适度的利益相关者管理。

2004 年，在与欧盟行政部门的有关人员讨论提高项目管理绩效的方法时，我们产生了开发"基础设施成熟度工具"（Infra Maturity Tool）的想法。这是一个能够根据对项目的期望来判断项目成熟度的工具。它适用于事前和事后评价，并有助于在项目实施过程中进行监测。

开发基础设施成熟度工具的第一步是在整个欧洲收集和传播一系列准则,这一系列准则的来源是从这15个大型基础设施项目中学习到的经验教训和良好实践。基于这一初衷,NETLIPSE 联盟在2004年得以成立。在欧盟委员会的资助下,该联盟于2006年5月开始了研究项目。本书会对研究成果进行展示。

我认为,NETLIPSE 在本书中提出了一些有趣的重要发现及其分析(第3,4,5章),成功总结了良好实践和经验教训(第6章),为基础设施成熟度工具的开发奠定了方法论基础(第7章)。

2008年4月18日,第四届 NETLIPSE 网络成员会议对研究成果进行了同行评审(附录C),鼓励 NETLIPSE 继续开发基础设施成熟度工具。

我谨代表 NETLIPSE 联盟的执行委员会,感谢被调研项目的受访者、调研团队、技术验证委员会和咨询委员会的成员,他们在这项工作上投入宝贵的时间。咨询委员会的建议对于 NETLIPSE 研究质量的提升极具价值。同样,如果没有来自 AT 敖司堡公司的 NETLIPSE 项目管理团队的贡献和力量,我们也无法完成2006—2008年间 NETLIPSE 的任务。

回顾过去几年,我对执行委员会内部人员的积极配合表示感谢。

我要感谢参加四次 NETLIPSE 网络会议的与会者,感谢他们的热情和鼓励,以及他们对 NETLIPSE 研究结果的建设性看法。

我希望你会喜欢这本书,希望它的内容能激励你和我们共同接受提高项目管理绩效的巨大挑战。我也希望它能让你有兴趣加入我们。

伦特·布特
NETLIPSE 执行委员会主席
荷兰交通运输部公共工程及水管理局总监
2008年

原序（二）

瑞典一位前部长说："滥用纳税人的钱是对人民的盗窃。"这一简洁明了的论断如今仍旧适用。公共资金有限，大型基础设施投资与社会的其他迫切需求形成竞争。因此，管理好大型项目的必要性是显而易见的。这就是 NETLIPSE 的宗旨：通过向他人学习，与他人交流想法和经验，利用应用研究的成果来促进项目成功。

NETLIPSE 于 2006 年启动，是一个由欧盟全额资助的研究项目。此项目的任务是对不同的欧洲大型基础设施项目进行比较分析，并于 2008 年出版了《欧洲大型基础设施项目管理》，该书总结了欧洲 15 个大型基础设施项目的良好实践和经验教训。

当我们开始策划 NETLIPSE 十周年纪念日时，出版一本新书的想法油然而生。我们认为这本新书应该一部分关注 2008 年提出的那些意见在何种程度上仍然适用于如今的项目，另一部分侧重于未来的挑战。

2010 年以来，NETLIPSE 一直是一个自给自足的网络平台。公共组织以不同的方式支持 NETLIPSE，如通过直接财政资助、主办两年一次的网络会议或类似工作。为了保持有关组织的信心，并使其他可能的贡献者对 NETLIPSE 产生兴趣，重要的是共同制定一个有趣的方案，论证和讨论实际效果。总之，NETLIPSE 的诞生恰到好处。

NETLIPSE 网络中的合作伙伴之间签订了正式协议，他们都相当关注业主的问题。NETLIPSE 没有沉重的开销，是一个简单而非正式的组织。事实上，据我所知，还没有其他类似的组织，NETLIPSE 是独一无二的。

在我看来，基础设施业务面临着几个挑战：

- 仅仅像传统项目那样在预算内按时交付并达到质量预期作为项目目标是不够的。可持续性、公众接受度、安全工作场所和环境考虑等问题将会发挥越来越大的作用。
- 像承包商早期参与（Early Contractor Involvement，简称 ECI）这样新的合同形式很可能需要多加关注，这有助于承包商在设计阶段的早期介入。
- 另一个前景广阔的议题是加强业主、咨询单位和承包商之间的合作以提升实施的有效性，而不是关注没有任何意义的争论。"竞争性合作"，包括投标时的竞争和签订合同后的合作，都可能成为成功的因素。
- 与公共部门的业主合作过程中，以其中亟待解决的问题为核心的应用研究也是未来一个很有前景的方向。

如果必须总结，我认为在大型基础设施项目中，应对未来挑战最重要的一个问题是领导能力。项目经理应该为项目团队提供指导，以尽可能提升团队绩效。

管理大型基础设施项目是你能想象到的最艰难的工作之一，同时也可能是最有趣的，因为学无止境。

这也是 NETLIPSE 的宗旨：通过不断学习，提高技能。

希望本书能给你一些启发。我希望在我们下一次的 NETLIPSE 活动中见到你。祝你阅读愉快！

帕鲁鲁·科桑
NETLIPSE 董事会主席
瑞典交通局
2016 年

致 谢

感谢以下成员的杰出贡献：伦特·布特，米里亚姆·考文，爱德华多·福图纳托，安东尼·弗朗西斯，韩·考克，乔斯·拉兰杰拉·安塞尔莫，安东尼奥·莱蒙德·德·马塞多，汉斯·鲁道夫·沙尔彻，盖尔特·蒂斯曼，安德烈·厄尔巴尼克，查尔斯·维卡里，弗兰克·沃登波尔。

本书献给大型基础设施项目领域的所有专家，他们不断寻找改进项目管理的方法，并愿意分享宝贵的知识和经验。本书也献给从业人员，他们亦慷慨地分享了他们的知识和经验，让研究团队深入了解他们项目的良好实践和经验教训。没有他们的全情投入和无私分享，本书将难以完稿。作者也要特别感谢一些同事，没有他们的帮助，NETLIPSE 的研究将不会如此富有趣味并具有价值。

特别感谢：

简·艾特斯，马特·狄龙，曼农·埃林·斯特拉弗，傅以斌，乔斯特·范·德·哈特，西蒙娜·丰图尔，马克·范·盖斯特，阿什莉·戈德温，简-朗格·哈维格，乔纳森·霍兰德，卡罗琳·范·德·克莱伊，玛丽·库普曼斯-范·贝洛，阿格涅斯卡·乌卡塞维奇，亚历克斯·米格伦布林克，巴斯蒂安·索梅林，康拉德·斯邦，贾斯蒂娜·斯泽潘斯卡，简-福楼·褚斯特-奥普洛，卡莱塔·维斯。

这个名单可能很长。我们非常感谢所有愿意参与 NETLIPSE 项目并致力于分享最有价值信息的人。

目 录

译序(一)
译序(二)
译者的话
原序(一)
原序(二)
致谢

上篇　NETLIPSE 研究成果·2008

执行摘要　3
欧盟委员会立场　5

第 1 章　NETLIPSE：欧洲大型基础设施项目组织管理知识网络　7
　1.1　NETLIPSE 概览　7
　1.2　NETLIPSE 项目内容　8
　1.3　NETLIPSE 项目方法　10
　1.4　NETLIPSE 组织　11
　1.5　NETLIPSE 事实与数据　13
　1.6　上篇内容安排及概要　14
来自执行委员会和技术验证委员会成员的个人观点　15

第 2 章　研究方法　17
　2.1　研究目的和研究问题　17
　2.2　概念模型　18
　2.3　研究路径　19
　2.4　15 个案例研究　21
　2.5　研究方法的适用性　21
　2.6　研究结果的相关性和可靠性　22

  来自技术验证委员会成员的个人观点   24

第 3 章 主要发现   25
  3.1 本章简介   25
  3.2 概述   25
  3.3 项目目标与商业计划   27
  3.4 业主/发起人及项目管理机构的角色   28
  3.5 风险管理   29
  3.6 法律许可   30
  3.7 实施与项目进程   30
  3.8 利益相关者   32
  3.9 项目团队的技能   32
  3.10 运营   33
  3.11 项目成果   33
  3.12 知识管理   33
  来自执行委员会、技术验证委员会和调研团队成员的个人观点   35

第 4 章 历史分析   37
  4.1 本章简介   37
  4.2 大型工程需要耐心   37
  4.3 成本超支与时间延迟的原因   39
  4.4 外部影响   41
  4.5 人的因素   44
  来自 NETLIPSE 项目管理团队和调研团队成员的个人观点   46

第 5 章 定量分析   47
  5.1 方法   47
  5.2 结果分析   47
  5.3 整体结论   50
  来自 NETLIPSE 调研团队协调员的个人观点   52

第 6 章 良好实践与经验教训   53
  6.1 本章简介   53
  6.2 主题 1：项目目标和范围   53
  6.3 主题 2：利益相关者   59

6.4	主题3：投融资管理	65
6.5	主题4：组织与管理	72
6.6	主题5：风险（机会）	81
6.7	主题6：承发包	89
6.8	主题7：法律许可	98
6.9	主题8：知识与技术	104

来自调研团队成员的个人观点　　110

第7章　项目成熟度——基础设施成熟度工具　　111

- 7.1　背景及目的　　111
- 7.2　关于其他管理模型的基础设施成熟度工具　　112
- 7.3　基础设施成熟度工具的基础要素　　114
- 7.4　基础设施成熟度工具的发展和新研究的建议　　116

第8章　未来的NETLIPSE　　117

下篇　NETLIPSE十年回顾·2016

第9章　NETLIPSE十年回顾概述　　121

- 9.1　NETLIPSE的进一步发展　　121
- 9.2　NETLIPSE的目标　　122
- 9.3　下篇的目的　　122
- 9.4　方法和途径　　123

第10章　项目管理的十年　　130

- 10.1　本章简介　　130
- 10.2　研究方法　　130
- 10.3　分析　　131
- 10.4　结论　　134

第11章　十年来项目管理的良好实践　　138

- 11.1　本章简介　　138
- 11.2　目标与范围　　138
- 11.3　利益相关者　　142
- 11.4　投融资管理　　148

11.5 组织与管理 152
11.6 风险（和机会）管理 159
11.7 承发包 162
11.8 法律许可 167
11.9 知识管理与技术 171

第 12 章　基础设施项目评估工具：IPAT 180
12.1 什么是基础设施项目评估工具（IPAT） 180
12.2 IPAT 的基本假设 180
12.3 IPAT 的初始版本 181
12.4 IPAT 的改进版本（2018 版） 184
12.5 IPAT 的适用性 186
12.6 IPAT 的经验 187

第 13 章　总结 190
13.1 本章简介 190
13.2 一份耕耘，一份收获 190
13.3 十年的 NETLIPSE：回首与展望 192
13.4 未来的主要挑战 193
13.5 NETLIPSE 和共享良好实践的需求 194

第 14 章　NETLIPSE 案例资料汇编 196
14.1 荷兰布滕佛铁路项目 196
14.2 斯洛伐克布拉迪斯拉发环路项目 201
14.3 瑞士圣哥达基线隧道项目 204
14.4 荷兰高铁南线项目 209
14.5 葡萄牙雷兹里亚大桥项目 214
14.6 葡萄牙里斯本—波尔图高铁线项目 219
14.7 瑞士勒奇山基线隧道项目 222
14.8 荷兰马斯河水路工程项目 226
14.9 波兰 A2 高速公路项目 231
14.10 波兰 A4 高速公路项目 235
14.11 芬兰 E18 高速公路项目（穆尔拉—洛赫亚路段） 238
14.12 德国纽伦堡—英戈尔施塔特铁路项目 242
14.13 丹麦和瑞典厄勒海峡通道项目 246

14.14	奥地利下因河谷铁路项目	251
14.15	英国西海岸干线项目	255

附录 A　NETLIPSE 组织结构　261
　　NETLIPSE 组织　261
　　相关机构的工作和职责　262

附录 B　NETLIPSE 参与人员（2008）　265
附录 C　同行评审总结　272
附录 D　联络方式和参考文献　277
附录 E　传播工具列表　282
附录 F　欧盟和 Transumo 的一般信息　284
附录 G　图片列表（2008）　285
附录 H　贡献者列表（2016）　287
附录 J　定量分析的结果（2016）　290
附录 K　专用名词汇总表　293
附录 L　机构名汇总表　295

NETLIPSE 08&16 感悟汇总　298

后记——管理之近思　300
译者简介　302

上 篇
NETLIPSE 研究成果·2008

执行摘要

发达的交通运输网络是现代经济用以创造财富并促进就业的重要手段。由于出行的需求日益增长，欧洲制定了一个雄心勃勃的交通运输网络项目计划，确定了 30 条跨越欧盟各国边界的交通干线。2005 年，欧盟委员会预估，真正完成一个跨欧洲的交通网络所需的投资约为 6 000 亿英镑，并且该交通网络的完成需要实现网络中大多数大型基础设施项目的有效交付。欧盟委员会已多次报告这些跨国界干线与项目面临着大量成本超支与工期延误问题，显然，成功交付这些大型基础设施工程存在困难。

大型基础设施项目在很多方面都具有复杂性。这些项目从开始构想到实现通常需要二十年甚至更久。动辄数十或数百公里的干线建设长度与多种迥异的新技术为设计与建造带来困难。并且，大部分工程需要各种各样的新技术。同时，这些项目对环境有重大影响，且涉及众多股东与利益相关者。另外，项目内部要求（如安全、噪声等级和美观）和外部要求（健康和环境）的数量也在不断增加。行政管理和项目管理质量必须随着项目的任务复杂性（社会、环境、经济）增加而相应提高。

NETLIPSE 项目专注于大型基础设施项目的管理与组织。NETLIPSE 是欧盟委员会第六框架计划中的一项研究计划，该项目的核心对象是 15 个大型基础设施项目。

NETLIPSE 的研究清楚地显示出欧洲知识交流的匮乏，我们在对比项目时发现它们经常面临相似的挑战。向其他项目学习（的工作）有待进一步加强。在 NETLIPSE 项目开始时，我们预计文化差异将会对 15 个项目的比较带来困难。然而研究证明，多数被发掘的经验教训和良好实践与特定国家的基本条件、背景和文化习惯无关。实际上，在 15 个项目中发现的良好实践和经验教训之间有很多相似之处。现在，NETLIPSE 项目的合作伙伴确信，一个专注于知识交流的网络具有正常工作的可能性。

NETLIPSE最重要的发现之一是，必须将大型基础设施项目作为一个整体进行构思、管理和实施，不仅要着眼于完成实际项目本身，而且要着眼于所涉利益相关者。大型基础设施项目是欧洲交通运输的重要纽带，更深层次而言，能为我们社会的经济和可持续发展作出贡献。

大型基础设施项目的组织与管理的关键成功因素是"控制"和"交互"之间的双重关注。控制的重点放在项目和项目团队的内部世界，需要充分的规划、风险管理、工程经济和范围定义，此时应建立成熟的控制和验证机制。交互涉及社会的外部世界，此时开放的文化和适应环境变化的能力是两个至关重要的要素。

大型基础设施项目的成熟管理，要求控制和交互相结合的混合方法。例如，虽然清晰的合同条款必不可少，但是如果项目最终成果存在争议，则需要尽可能协商一致。另一个例子是，基于各项威胁的项目风险管理系统是必要的，但是目前对其关注的程度还远远不够。风险管理还需关注机会，而这些机会通常是与利益相关者交互的结果。最后要强调的是，需要采用双重方法来应对不断变化的环境：新法律的制定、政策的动态变化（阿尔卑斯山隧道灾难导致了隧道安全政策的变化）以及在大型基础设施项目的规划和实施的长周期内政府的更替等。

NETLIPSE研究发现，在这15个项目中，"控制"部分比"交互"部分更好组织，与"软性因素"相比，"硬性因素"的组织性更好。这些项目并未积极地优化方案、抓住机会和采用新方法。

大型基础设施项目为新技术或合同安排等创新提供了充满挑战的竞争环境。但是，新技术的风险很高，需要根据项目的特定需求进行管理或将其作为创新进行管理。理想情况下，应将创新作为单独的项目或子项目进行管理，但通常情况并非如此。

NETLIPSE的研究结果催生了对基础设施成熟度工具的探索。基础设施成熟度工具是欧盟委员会和其他组织（即融资主体）可以用来评估和改善大型基础设施项目的工具，其重点是评估大型基础设施项目在项目各阶段的管理和组织的成熟度，它也可以用作基准来测评项目。各组织应该能够使用该工具作为他们自己的管理系统的基础。NETLIPSE项目提供了有关大型基础设施项目的管理和组织的大量信息，可用于开发基础设施成熟度工具。

除了找到8个方面的良好实践和经验教训之外，NETLIPSE还致力于传播所收集的知识。在过去的两年中，我们看到了人们对NETLIPSE项目的兴趣在持续增长。越来越多的人参加了网络成员会议并参阅了半年一次的通信。NETLIPSE为大型基础设施项目及其广域范围内的专家提供了一个共享和讨论经验的网络平台。

马塞尔·赫托
原NETLIPSE项目经理
原荷兰AT教司堡公司基础设施、城市规划和环境主管

欧盟委员会立场

高效的欧洲交通运输网络有助于获得比较优势,而实现这一目标的关键要素是欧盟支持的30个重点项目。经验表明,完成1994年的第一批14个重点项目遇到了相当大的困难。

NETLIPSE 是"用以传播欧洲大型基础设施项目管理与组织知识的网络(the NETwork for the dissemination of knowledge on the management and organisation of Large Infrastructure ProjectS in Europe)"的缩写。四年前,欧盟委员会的成员首次会见了 NETLIPSE 联盟的发起人。当时,NETLIPSE 就已经意识到了大型基础设施项目实施中的困难,并与我们就大型基础设施项目的知识总结和信息交换进行了讨论,从而改善大型项目的管理和组织。我们建议他们关注第六框架计划(Sixth Framework Programme,FP 6),后来他们也成功地获得了该计划的资助。

过去的两年里,我们与 NETLIPSE 联盟在布鲁塞尔办公室展开了多次讨论,还在伦敦、华沙、里斯本和都灵举办了四次 NETLIPSE 网络成员现场会议。他们从15个大型项目中总结的经验教训和良好实践给我们留下了深刻的印象。与此同时,我们也意识到,对这些有趣发现进行系统性交流的机会非常少。我们确信,项目经理、项目组织和欧盟委员会将从 NETLIPSE 所发起的网络的知识交流中获益匪浅。

欧盟委员会对"基础设施成熟度工具"(Infra Maturity Tool,IMT)的想法十分感兴趣,这种工具不仅可用于评估、监控和检查基础设施项目,对项目本身也有激励作用。这种工具对我们有利之处在于,它可以用于项目早期阶段的评估,从而判断大型项目的管理和组织可行性(成熟度)。但是开发该工具的工作量很大,因此我们有些怀疑

NETLIPSE能否给出一个令我们信服的提案。

回顾过去四年与NETLIPSE愉快的合作历程,我们相信,未来几年,NETLIPSE将会成为欧盟更有效部署全欧交通网络过程中的重要合作伙伴。

乔纳森·谢勒
交通物流署署长
欧盟委员会全欧交通网络和联合模式

第1章 NETLIPSE:欧洲大型基础设施项目组织管理知识网络

1.1 NETLIPSE 概览

1.1.1 大型基础设施项目的挑战

为了满足地区间以及全球性流动需求的增长,欧洲正不断推进大型基础设施项目的建设。欧盟委员会在 2001 年的白皮书中提到,跨欧洲基础设施项目网络的工期延误在一定程度上造成了一些干线的流量饱和。"在通过的指导方针中,仅五分之一的基础设施项目达到了欧盟理事会和欧盟议会的工期要求。"2003 年,欧盟委员会仍旧对基础设施投资兴趣浓厚,特别是对那些刚加入或者即将加入欧盟委员会的国家。为了更有效地部署大型基础设施项目,欧盟委员会需要一种工具来协助其在项目建设前后监管和评估这些项目。2005 年,负责交通运输工作的欧盟委员会副主席巴罗特提到:"根据欧盟成员国之间交通量增长的估算,搭建一个完整的现代化跨欧洲交通网络所需的投资约为 6 000 亿英镑。"欧盟委员会将在未来几年加大投资以推进大型基础设施项目的建设,因此迫切需要解决这些项目的工期延误问题。

欧洲大型基础设施项目的建设期往往历经数十年,规模庞大而复杂,且对环境有着重要影响。这些项目在建设过程中会开发和引入应用新技术,且通常面临着法律法规的动态调整。它们的投资规模常达数十亿欧元,涉及众多利益相关者,而且项目范围也会经常变化。所有的这些因素给项目管理带来了各种各样的挑战,也往往是工期延误或成本超支的导火索。

1.1.2 知识共享

大部分出现成本超支和工期延误问题的欧洲大型基础设施项目都面临或已经历了类似问题。这些项目的规模和复杂性在其所处国家内都是首屈一指的,没有可以借鉴的项目管理经验。同时,欧洲范围内也缺少可供管理人员以及主要利益相关者相互学习、交流大型基础设施项目组织管理经验的论坛。这就导致了很多项目需要花费大量时间与精力在研究和开发管理工具和系统上,而实际上在其他项目中这些工作都已经有了较好的实践成果。项目团队对其他大型基础设施项目的工作内容全然不知,是因为他们不愿意交流学习还是迫于时间和经济的压力呢？为了推进跨欧洲基础设施项目网络的交付，各项目团队相互交流经验迫在眉睫，因为这有利于欧盟委员会以及国家政策制定者更有效地部署大型基础设施项目。

1.1.3 第六框架计划

NETLIPSE 项目在 2005 年 10 月成功地申请到第六框架计划的可持续交通运输（优先事项 6.2）的资金支持。第六框架计划是欧盟框架计划（European Community Framework Programme，2002—2006）的一个分支，它是主要服务于促进欧洲创新发展和研究领域建立的研究、技术开发和示范活动，是欧盟委员会为资助和推进研究而采取的一系列行动的集合。第六框架计划的主要战略目标是加强产业科技基础并提升其国际竞争力，同时亦推进研究活动以响应其他欧盟政策。

1.2 NETLIPSE 项目内容

NETLIPSE 是"NETwork for the dissemination of knowledge on the management and organisation of Large Infrastructure ProjectS in Europe"的英文缩写，是一个传播欧洲大型基础设施项目管理与组织知识的网络。

NETLIPSE 的主要目的是为欧洲的大型基础设施项目建立一个交互、连续的网络以传播经验和知识，尤其是侧重于项目的管理和组织方面。此网络的核心是知识获取的方法，该方法已用于评估 15 个大型基础设施项目建设，梳理这些项目中的良好实践

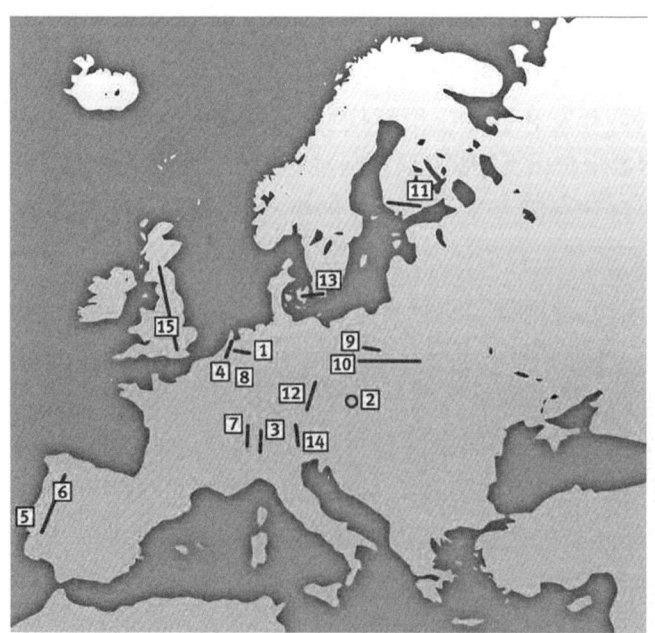

图 1.1
NETLIPSE 研究的 15 个项目的分布图
①荷兰布滕佛铁路项目；②斯洛伐克布拉迪斯拉发环路项目；③瑞士圣哥达基线隧道项目；④荷兰高铁南线项目；⑤葡萄牙雷兹里亚大桥项目；⑥葡萄牙里斯本-波尔图项目；⑦瑞士勒奇山基线隧道项目；⑧荷兰马斯河水路工程项目；⑨波兰 A2 高速公路项目；⑩波兰 A4 高速公路项目；⑪芬兰 E18 高速公路项目；⑫德国纽伦堡—英戈尔施塔特铁路项目；⑬丹麦和瑞典厄勒海峡通道项目；⑭奥地利下因河谷铁路项目；⑮英国西海岸干线项目。

并促进它们在其他项目上的应用。合作单位可以通过该网络分享知识,亦可从其他大型基础设施项目的经验中获益。良好实践的汇编有助于开发基础设施成熟度工具,有利于欧盟或欧洲国家的决策者等主要利益相关者更有效地部署和建设项目。NETLIPSE 项目的四个目的如下:

(1) 建立一个连续和交互的知识网络;
(2) 收集欧洲 15 个大型基础设施项目组织与管理方面的良好实践和经验教训;
(3) 传播所收集的知识并深化研究成果;
(4) 将良好实践转化为评估和监控的工具,以便快速有效地实施新政策。

1.2.1 建立一个连续和交互的知识网络

NETLIPSE 的主要目的之一是将来自欧盟各国内部或各国之间的、负责制定和推行新交通运输政策的组织者和利益相关者联系起来。这种做法更加有效地传播了经验和知识,尤其在大型基础设施项目的管理和组织方面。

通过网络中的知识和经验分享,合作伙伴不仅可以借鉴其他大型基础设施项目和科学发展的经验,而且也可以共享基础设施研究和项目管理组织等科研院所的部分成果。潜在的合作伙伴可能来自欧盟委员会和其他欧洲国家,包括业主/发起人、项目管理机构(Project Delivery Organisation,PDO)、专家、政客、官员、学者和咨询专家等。

NETLIPSE 的发展将是一个持续改进的过程。

1.2.2 收集欧洲 15 个大型基础设施项目组织与管理方面的良好实践和经验教训

NETLIPSE 项目旨在收集欧洲大型基础设施项目组织管理良好实践的信息。截至 2008 年第一季度,四个调研团队调查了 15 个大型基础设施项目(见图 1.1)。每个调研团队至少由两名调研人员组成,他们首先收集事实和数据,并撰写项目历史分析的初稿。然后研究人员花几天时间进行项目调查,以问卷的形式采访了项目核心人员(如知识收集框架中所述)。通过这种方式,调研团队收集了有关项目管理和组织等各个方面的信息,这些信息按主题细分为:领导力和团队组织、投融资管理、政策和战略、利益相关者管理、项目管理、资源、承发包、项目控制和风险管理。此外,研究人员还分析了这些主题中与技术和创新有关的内容。信息收集阶段的成果形成了大型项目管理与组织的良好实践汇编,其中也涵盖了比较历史分析的成果。

1.2.3 传播所收集的知识并深化研究成果

本研究的知识成果不仅已经向构成 NETLIPSE 闭环网络中的 15 个项目开放(网站 www.NETLIPSE.eu 上的限制访问部分),亦通过该网站向其他利益相关者(成员国和合作国、决策者、研究人员、业界人士等)公开了其他部分。为了促进 NETLIPSE 知识、中间成果和最终成果的及时传播和利用,我们还采用了诸如现场项目会议、专家和网络会议、手册、半年刊和出版物这样的沟通方式。目的是方便用户及时了解有关研究结果的信息,让感兴趣的团体不断加入和壮大 NETLIPSE。

1.2.4　将良好实践转化为评估和监控的工具,以便快速有效地实施新政策

为了能够向(新建)公路、铁路或水路项目提供充足的资金,欧盟委员会需要深入了解其将要资助的项目在最后交付或实施过程中可能取得的成果。收集 15 个大型基础设施项目的组织管理良好实践经验,可以满足欧盟委员会及其他潜在用户的需求,即利用基础设施成熟度工具对项目进行半定量评估和监控。与新兴的良好实践相比,评估工作有助于了解被研究项目的状态,并有利于确定未来的项目间比较或项目自我比较的基准。

基础设施成熟度工具还可以以另一种形式使目标群体获益。在知识管理上,项目参建单位可以使用该工具"改善"自己的组织甚至构建适合的大型基础设施管理系统。

1.3　NETLIPSE 项目方法

NETLIPSE 项目由代表 5 个国家的 8 个组织联合执行,包括:
(1) 荷兰 AT 敖司堡公司;
(2) 英国交通部(铁路与国家网络);
(3) 荷兰鹿特丹伊拉斯姆斯大学;
(4) 瑞士 KPC 有限责任公司;
(5) 葡萄牙国立土木工程实验室;
(6) 荷兰交通运输部;
(7) 波兰路桥研究院;
(8) 瑞士苏黎世联邦理工学院。

为了实现 NETLIPSE 的目的,联盟将可交付成果分为 6 个工作包(Work Package,WP):

WP1:收集经验和良好实践方法

- 目标:识别和整理来自欧盟总部的知识以及与能源和交通相关的研究结果,它们隶属于第四框架计划(1994—1998 年)和第五框架计划(1998—2002 年)的基础设施知识项目,联系参与单位并让它们了解 NETLIPSE。
- 可交付成果:汇报整理的知识。

WP2:开发传播工具

- 目标:开发基本工具以传播所收集的知识。

- 可交付成果:互联网网站,市场营销和传播的计划,参与项目的列表,知识数据库。

WP3:传播关于大型基础设施项目的知识
- 目标:向感兴趣的人传播大型基础设施项目的经验和良好实践,并在项目进行期间告知参与者。
- 可交付成果:启动会议、最终会议和网络会议,NETLIPSE 图书、半年刊。

WP4:收集经验和良好实践方法
- 目标:从参与的项目中收集经验教训和良好实践。
- 可交付成果:知识收集框架、案例研究报告、比较案例研究分析。

WP5:开发基础设施成熟度工具
- 目的:探究是否有可能开发基础设施成熟度工具,并将其用于欧洲大型基础设施项目的事前和事后评估。
- 可交付成果:开发基础设施成熟度工具的可行性报告。

WP6:项目的管理和协调
- 目标:联盟的管理包含了所有工作包之间的协调。
- 可交付成果:进度报告,项目组织的管理质量手册。

1.4　NETLIPSE 组织

NETLIPSE 项目由以下各方组成(图 1.2):
- 执行委员会;
- 咨询委员会;

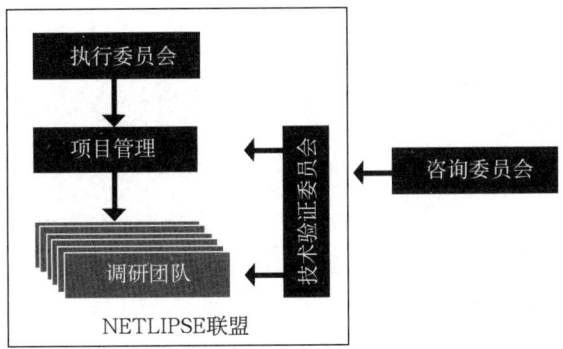

图 1.2　NETLIPSE 联盟组织框架图

- 技术验证委员会；
- 项目管理团队（协调）；
- 调研团队；
- 沟通团队。

1.4.1 执行委员会

执行委员会是该研究项目的"内部"委托人。委员会根据欧盟的职权范围作出主要决议，例如批准阶段性成果和可交付成果。

1.4.2 咨询委员会

咨询委员会向执行委员会提供"知识获取"与传播的建议。咨询委员会的合作伙伴对这种知识的传播很感兴趣，但是这种知识的传播并不能脱离联盟的合作伙伴而自行完成。

咨询委员会的成员会在自己所在的组织中传播相关知识，并推广到其他目标群体中。

1.4.3 技术验证委员会

技术验证委员会负责保证项目的科学标准。

1.4.4 项目管理

AT敖司堡公司负责管理项目，并依据与欧盟签订的有关成本、时间、质量和范围协议的合同展开运营工作。

1.4.5 沟通团队

项目沟通团队负责内部和外部沟通的所有事宜，例如组织会议（包括网络会议）和组织访问，详细的组织结构和职责描述见附录A。

1.4.6 调研团队

四个调研团队负责从研究组的项目中收集信息：
- 调研团队1：北欧和西欧（荷兰/英国）；
- 调研团队2：阿尔卑斯山（瑞士）；
- 调研团队3：中欧和东欧（波兰）；
- 调研团队4：南欧（葡萄牙）。

此外，还有一个"综合调研团队"（调研团队5）。

调研团队负责：

- 采访项目；
- 收集相关信息；
- 与项目联系人保持联系；
- 传播项目期间收集的知识；
- 向项目经理汇报采访结果；
- 把握交流和传播项目成果的机会。

综合调研团队负责：
- 寻找和联系第四和第五框架计划的相关知识和参与者；
- 寻找其他需要研究的项目；
- 搭建项目知识档案库；
- 开发收集知识的方法。

1.5 NETLIPSE 事实与数据

NETLIPSE 项目汇集了以下大型基础设施项目的良好实践和经验教训的信息（表1.1，表1.2）：

表1.1 与项目相关的事实和数据

项目名称	国家	项目形式	里程(km)	预算（百万欧元）（年份/物价水平）	规划和建设期
布滕佛铁路	荷兰	铁路	160	3 861(07/1995)	1989—2007
布拉迪斯拉发环路	斯洛伐克	公路	12	242(07/2007)	1972—2007
圣哥达基线隧道	瑞士	铁路	57	5 900(06/1998)	1992—2017
高铁南线	荷兰	铁路	125	5 282(08/1995)	1987—2008
雷兹里亚大桥	葡萄牙	公路	12	243(07/2005)	2001—2007
里斯本—波尔图	葡萄牙	铁路	305	4 700(05/2005)	1999—2015
勒奇山基线隧道	瑞士	铁路	35	2 676(06/1998)	1992—2007
马斯河水路工程	荷兰	水路	222	1 211(07/2007)	1997—2022
A2 高速公路	波兰	公路	194	638(04/2000)	1994—2004
A4 高速公路	波兰	公路	61	125(10/2005)	1994—2001
E18 高速公路	芬兰	公路	51	638(05/2004)	1990—2008
纽伦堡—英戈尔施塔特铁路	德国	铁路	89	3 551(07/2007)	1991—2006
厄勒海峡通道	丹麦/瑞典	公路	16	1 990(00/1990)	1990—2000
下因河谷铁路	奥地利	铁路	40	1 933(05/2005)	1995—2012
西海岸干线	英国	铁路	650	10 342(08/2006)	1996—2008

表 1.2 与研究相关的事实与数据

名称	数值
所研究项目的总价值	433 亿欧元
所研究大型基础设施项目的数量	15 个
项目涉及的国家数	11 个
举办的网络会议数量	5 个
形成的 NETLIPSE 新闻通讯数量	4 个
所研究项目中包含的隧道数	33 座
最长的隧道（圣哥达基线隧道）	57 km
所研究项目中包含的桥梁数量	464 座
最长的桥梁（厄勒海峡通道）	7.8 km
铁路总长度	1 450 km
公路总长度（除去 A4）	295 km
水路总长度	222 km
调研团队访谈人员数量	29 人
受访人员数量	142 人

1.6 上篇内容安排及概要

上篇描述了 NETLIPSE 项目的方法和成果。第 2 章解释了研究方法，第 3 章"主要发现"中概述了研究结果，第 4 章"历史分析"列举了影响 NETLIPSE 研究过程的重要事件。第 5 章呈现了定量分析的结果，第 6 章则是对 15 个被研究项目的管理和组织中的良好实践和经验教训的详细介绍。如研究方法中所述，这些良好实践和经验教训被归类到各个相关主题。第 7 章给出了对于基础设施成熟度工具的前提条件和可实现性的洞见。详细的项目信息以及所研究的 15 个项目案例的具体信息见本书第 14 章。

来自执行委员会和技术验证委员会成员的个人观点

安东尼奥·莱蒙德·德·马塞多
葡萄牙国立土木工程实验室交通处处长

葡萄牙国立土木工程实验室（National Laboratory of Civil Engineering，简称NLCE）是葡萄牙一个致力于研究开发的国家机构，它覆盖了土木工程的主要领域。根据其章程，葡萄牙国立土木工程实验室必须在葡萄牙公共工程、交通运输和通信部的领导下向主要（主办）单位提供技术援助，以支持葡萄牙大型和复杂的基础设施项目建设。

交通处是葡萄牙国立土木工程实验室的运营部门之一，分为三个部分：公路和机场基础设施，铁路基础设施，规划、交通和安全。除了在这些领域进行应用研究和其他科学和技术活动外，我们的工作人员还与多个专业团队协作，为大型交通运输基础设施相关事宜提供上述各方面的援助。就在不久前，通过对里斯本新机场和里斯本都市地区塔霍河上的公铁两用桥的位置进行比较评价，葡萄牙国立土木工程实验室完成了公共工程、交通运输和通信部的两项重要任务。我有幸参与了这两项任务的协调工作，政府在作相关决策时也参考了这两个任务的结论和建议。

大概20年前，我们就开始参与到欧洲的项目中。至今，我们已经积累了丰富的经验，但主要针对研究领域内特定的主题。因此，当NETLIPSE的项目经理和国立土木工程实验室的理事会成员于2005年9月先后邀请我参与像NETLIPSE这样的欧盟项目议案中时，我在惊讶之余亦有些犹豫。最后，我们一致认为应该接受这样的挑战。

这个项目的发展历程证明了这一选择的正确性！

我们团队与其他合作伙伴分享了有趣而丰富的经验，尽管过程中遇到了一些困难，但我认为最后的结果很好。通过NETLIPSE，我们从新的角度共同解决了相关问题，并同时关注到了被研究项目的情况。此外，这个项目还有一些方法上和实践层面（良好实践)的成果。无论项目性质如何或者处于哪个实施阶段,决策制定和评估过程都可以在大型交通基础设施项目出现问题时依赖这些成果。

具体来说,我们从欧洲的标准来看,对这些问题有了更深刻的理解和更加全面的想法。这使得我们更有能力为葡萄牙公共工程、交通运输和通信部服务,从而履行葡萄牙国立土木工程实验室的职责。我们在葡萄牙做了一些案例研究(如高铁线路公司的里斯本—波尔图高铁线,国际运输公司的雷兹里亚大桥项目),我也确信,那些参与了这些案例研究并支持我们工作的组织也从中了解到了许多有趣而实用的内容。最后,我很感激我的同事们、调研团队成员爱德华多·福图纳托和西蒙娜·丰图尔所作出的贡献。

第2章 研究方法

2.1 研究目的和研究问题

NETLIPSE 研究的目的是收集、分析和传播关于欧洲 15 个大型基础设施项目组织管理的经验教训和良好的实践信息,以便开发一个基础设施成熟度工具(Infra Maturity Tool,简称 IMT,见第 7 章)。

NETLIPSE 团队认为参与大型基础设施的五类组织可受益于基础设施成熟度工具:

- 欧盟委员会;
- 公共和私人资金,世界银行,欧洲投资银行;
- 项目管理机构;
- 上级组织;
- 项目法人/发起人。

基础设施成熟度工具对这些组织或者单位的作用主要体现在三个方面,不同的组织可能在影响的深度和效果方面有所不同。

(1) 项目融资
- 可用于判断拟议的项目是否应由欧盟委员会、国家部委、私人资金、世界银行、欧洲投资银行和其他机构(联合)资助。

(2) 比较基准、监控和项目管理
- 监测获资助项目的进度;
- 在事前或者事后进行项目评估;
- 用有效的工具/标准来衡量项目管理机构的绩效;
- 将项目管理绩效与其他项目的项目管理绩效进行比较,从而帮助确定需要改进的地方;
- 激励融资项目的成功实施。

(3) 知识管理
- 有助于在项目开始到项目交付的整个过程中学习"良好实践"的经验,从而提升项目管理机构的绩效;

- 收集并传播良好实践,从而应用到未来的项目管理机构中。

根据这几项基本功能,NETLIPSE团队确定了9个关键问题,这些关键问题被分为三类,并有待研究结果的解答。

① 什么因素导致了项目资助的拖延甚至中断?
② 什么因素决定了申请融资的项目是否可行?
③ 哪些因素可以说明项目具备可行性,从而说明项目已经做好融资准备?我们如何根据项目的"准备工作"来判断项目何时可以获取资助?
④ 如何衡量项目管理机构绩效?
⑤ 如何将项目管理机构的绩效与其他项目管理机构进行比较?
⑥ 如何改进项目管理机构?
⑦ 如何识别大型基础设施项目的良好实践方法?
⑧ 大型基础设施项目的良好实践是什么?
⑨ 如何有效地传播良好实践并将其应用到(未来的)项目中?

作为第六框架计划的一部分,NETLIPSE项目范围的重点是收集和传播关于大型基础设施项目管理和组织的良好实践和经验教训。另一个并行的目的是评估基础设施成熟度工具的可行性。该工具用于在项目执行之前、执行期间和执行之后监控大型基础设施项目。

NETLIPSE探索了基础设施成熟度工具所需的基本元素以及该工具本身的可行性。这意味着与衡量大型基础设施项目的绩效表现相关的一系列的"如何"问题已被探究,当然这些问题的答案有待进一步深入探索。

2.2 概念模型

NETLIPSE概念模型将以下内容联系了起来:
- 项目管理机构中的组织和管理因素(项目成功因素);
- 项目结果(项目关键成功标准);
- 项目的情境。

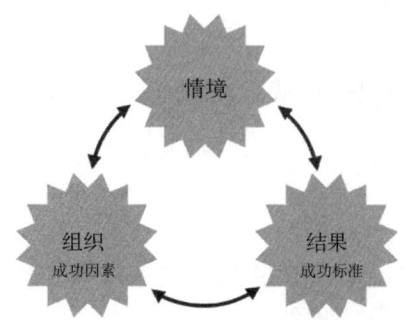

图2.1 概念模型图

早期的观点认为判断项目成功的主要依据是所谓的由时间、成本和质量组成的金三角。但是实际上项目成功比这微妙得多,更多可供选择的标准需要纳入考量体系。除了有一系列的衡量标准以外,项目成功与否是由众多的利益相关者根据不同的时间范围做出的判断。项目成功甚至可以定义为:"所有利益相关者都满意。"将项目成功简单地理解为时间、成本和质量的达标是相对比较狭隘的观点。图 2.1 所示的概念模型也说明情境在大型基础设施项目的部署中扮演着重要的角色。情境,特别是像政府的变化或安全方面的新要求的情境变化,会对项目的结果和组织产生重大影响。

在 NETLIPSE 中,我们在知识收集框架(见 2.3 节)中同时关注了两个方面,即在对 15 个研究项目的调查中同时评估项目管理机构的管理能力以及项目在其情境下的历史发展,这是为了确保项目研究的一致性而建立的。

我们研究项目管理机构的管理能力是为了确定项目经理在增加项目成功方面可以使用的手段。早期对项目成功关键因素的研究主要集中在之前提及的项目控制方面,后来的研究也反映早期对成功关键因素的研究过于狭隘,目的只是开发项目管理的标准工具和技术。显然,项目管理和组织的有效性不仅取决于项目经理能直接控制的范围内的这些因素。项目肯定是在一个动态的、多样的情境下完成的。情境因素也是影响项目实现的决定性因素。这意味着有效的项目管理机构还必须处理可能超出项目范围的因素,因此需要重视项目中的"开放性"问题。在这种情况下,交互性和灵活性对于确保项目与其不断变化的环境保持一致是必要的。项目执行过程中,主要组织、上级组织和本地利益相关者的利益也会发生变化。此外,项目管理机构还需要能够适应法律规定的变化以及新技术的引进。

从业者和科研工作者都认为情境是十分重要的因素,因此 NETLIPSE 的研究在数据收集和数据分析的过程中都考虑了控制和交互之间的区别。

2.3 研究路径

通过确定核心问题及其知识收集框架,NETLIPSE 对 15 个项目的研究工作由此开始。这在知识收集框架中有相关描述。

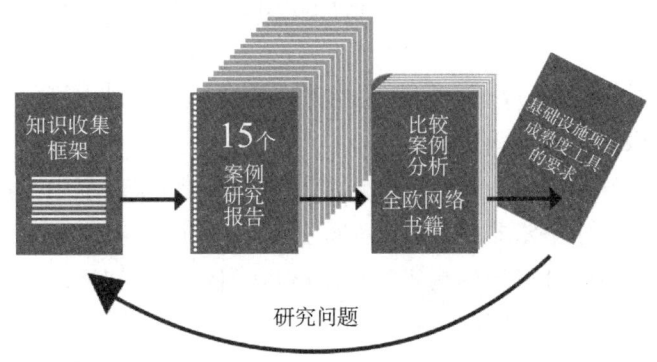

图 2.2 NETLIPSE 研究方法

研究方法基于对15个大型基础设施项目的定性交叉案例分析,这些项目由四个不同的(地理上分散的)调研团队进行研究。信息收集始于对相关文件的初步研究,然后是对项目关键参与者的现场采访。为了确保相关分析的系统性和最大程度的标准化,NETLIPSE团队为文献调查和现场调研访谈拟定了一个清晰的框架,详见NETLIPSE的知识收集框架。知识收集框架拟定后,经过两个试点项目,即荷兰布滕佛铁路和英国西海岸干线的评估、调整和核定,该框架的适用性最终被技术验证委员会通过。

这15个项目中的每一个的初步研究都是在实地考察之前完成的,并被汇总成一份背景文件,它们主要围绕以下三个主题:

(1) 项目事实和数据

包括项目概述、目的及预期效益、项目范围、承发包方式、投融资模式、进度安排及预算等。

(2) 利益相关者分析

包括对主要利益相关者的描述,他们的角色和参与度,内部和外部项目管理机构的详细概述等。

(3) 项目历史

包括描述项目的过程、阶段和里程碑、决策过程、重大突破和工期延误等。

现场调研通常持续2~4天,包括基于知识收集框架的清晰结构化访谈。问卷包括以下八个主题:

- 主题1:项目目标和范围;
- 主题2:利益相关者;
- 主题3:投融资管理;
- 主题4:组织和管理流程;
- 主题5:风险(威胁与机会);
- 主题6:承发包;
- 主题7:法律许可;
- 主题8:知识和技术。

每个主题被分为定性和定量两部分。定性部分包括10~20个预先确定的主要问题和3个综合性的问题。定量部分由4~8个非常具体的问题组成,通过勾选复选框进行回应。

当然,相比于上述结构化方法,通过开放式的问题更能深入地就每个项目中可能存在的问题、解决办法和成功因素探讨出有趣的结论。

许多研究人员有丰富的项目经验,他们十分理解受访者,因此能在访谈过程中快速地与受访者建立关系和信任,这有助于丰富非结构化访谈部分的信息量。

最重要是对业主/发起人和项目管理机构的高级管理团队进行访谈。同时,调研团队成员在可行的情况下亦采访了来自用户和利益相关者的代表。

实地调查的结果都汇总到了每个项目的案例研究报告中,报告的基础是背景文件中的主要发现。背景文件是在访谈之前撰写的,分为三个部分:项目事实和数据,利益相关者网络分析和项目历史,背景文件是访谈的出发点。

对文献调查和实地访问所获得的知识进行分析,旨在回答 2.1 节中提到的 9 个"关键研究问题"。其成果一方面是关于良好实践和经验教训的定性发现,另一方面是从填写的复选框中得到的定量结果。

2.4　15 个案例研究

最初发起 NETLIPSE 的目的是建立一个安排合理的研究团队,负责研究均匀分布在整个欧洲的涵盖公路、铁路和水路的 15 个大型基础设施项目。但是,要想在有限的时间内鼓励上级组织和相关人员与 NETLIPSE 联盟合作,并组成研究团队是一个相当大的挑战。最终,来自 7 个不同国家的 7 个公路项目、7 个铁路项目和 1 个水路项目确定参与 NETLIPSE 联盟。

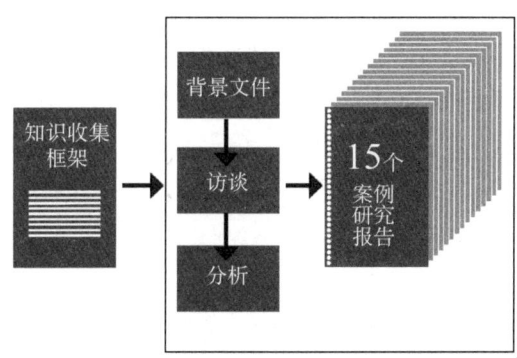

图 2.3　各案例分析的研究流程图

这 15 个项目非常多样,不仅处于项目实现的不同阶段,而且国家、政治、法律和文化的特征也对项目的规划、批准、投融资、管理和实施产生了重大影响。一些项目在几年前已经完成(例如厄勒海峡通道),而另一些仍在策划阶段(例如里斯本-波尔图高铁线)。有些国家实行总统制或议会制的民主制度,而在其他国家,比如瑞士,许多重要的方面的决定(特别是财政)都要经过全国公民投票。

在此之前,预计项目间的显著差异将使我们很难比较这 15 个项目和从实地考察中获得的信息。然而,研究证明,许多经验教训和良好实践是独立于具体的国家框架条件、背景和文化习惯的。因此,我们总结了具有普遍性的良好实践和经验教训。

2.5　研究方法的适用性

总的来说,NETLIPSE 所选择的研究方法都是高效可行的。案例研究是获取大型基础设施项目管理和组织良好实践相关知识的最有效方法。遗憾的是，目前还没有一套国际上普遍认可和标准化的关键绩效指标体系来定量且客观衡量项目成功。大型基础设施项目有着高度的复杂性和不确定性，项目完成时的成本与最初的成本估价一致或者满足项目预期并不能说明项目绩效表现优异。这样的成就可能是偶然的，而不是采用良好实践取得的结果。

调研团队围绕调研目标设计了调查问卷，重点考虑了调研对象选择和调研内容。虽然并非所有的问题都能得到讨论和回应，但标准化的问卷有很多优势，比如可以对结果进行系统的评估。对差异化结果进行统一讨论有利于识别主观因素、平衡信息深度的不均衡，甚至在某些情况下还能够发掘受访者的隐藏动机。

然而，在分析访谈结果时确实出现了一些问题。将访谈的结果与研究问题联系起来是相当具有挑战性的。不过，根据访谈的定性结果，大多数研究问题都可以得到充分的回答。NETLIPSE 调研团队见附录 A。

2.6 研究结果的相关性和可靠性

尽管 15 个项目差异很大，从中提取研究发现差异也很大，但研究结果之间是相关且令人信服的。不同的项目在优势和劣势、推动因素和障碍因素上都有许多相似之处。

例如，常见的成功因素有：
- 清晰的愿景和坚定的政治意愿；
- 独立、稳定的项目管理机构，并尽早成立运行；
- 领导能力强、高度专业的项目总监；
- 根据实际的商业计划，从项目一开始就建立良好的财务架构；
- 为后备选项的法律许可提供足够的程序；
- 全面、系统、开放沟通的利益相关者管理；
- 严格的变更管理流程。

此外，下列因素已成为项目成功交付的重大威胁：
- 不现实的时间和成本预算，没有预案或准备不足；
- 业主/发起人和项目管理机构摇摆不定和滞后的决策过程；
- 关键人员频繁变动；
- 不重视或者滞后与利益相关者的沟通；
- 合同管理薄弱；
- 尝试新技术。

这些决定因素是从 15 个案例研究中识别出来的，且与项目状况或国家政治、法律或文化特点无关。因此，NETLIPSE 团队得出的结论是，这些主导因素密切关系到欧洲任何一种大型基础设施项目。

对具体问题的定量分析强调了以下方面。而特别是在大多数情况下，项目管理的硬性因素（方法和工具）是在一个相对较高的层次上执行的，软性的因素往往没有发挥很明显的作用，如：

- 针对员工和利益相关者的满意度分析；
- 项目管理机构中的人力资源管理；
- 主动的知识管理；
- 系统地识别和利用机会。

这是对所有项目进行研究后得出的结论。

总的来说，这 15 个案例研究结果的高度相似性并不令人惊讶，它也从侧面说明了研究结果的可靠性和相关性。

来自技术验证委员会成员的个人观点

盖尔特·蒂斯曼教授(公共管理与复杂流程治理)
荷兰鹿特丹伊拉斯姆斯大学社会科学学院

NETLIPSE 网络将以基础设施开发领域专家为代表的专业经验与以大学教授为代表的有关基础设施开发过程的科学知识独特地结合在一起。以苏黎世联邦理工学院为代表的理工大学和以鹿特丹伊拉斯姆斯大学为代表的社会科学机构共同开发了一个双重方法:一方面以项目为导向,关注项目领导、计划和工程经济;另一方面则立足社会科学,更关注项目实现的复杂过程与各种各样的利益相关者。从第一种方法中,我们可以学习如何以减少成本超支和工期延误的方式来管理项目。从第二种方法中,我们可以了解如何在复杂的实施过程中交付有效的成果,管理者必须且完全可以达到适应性的要求。利益相关者管理,以及面向股东以及与利益相关者的可靠沟通是成功的关键标准之一。这两种方法的组合可以帮助基础设施项目的管理人员以及发起人(比如欧盟等)监控实施过程并处理这些复杂过程中的常见问题。

第3章 主要发现

3.1 本章简介

本研究所采用的问卷调查法和历史分析方法涵盖八个主题,这些方法在NETLIPSE研究所涉及的所有项目中都取得了良好的效果,使人们能够收集和比较从不同项目中获得的关于特定主题的良好实践和经验教训,并能够从研究中得出主要结论。虽然并非每一个研究结果都能从所有15个项目中找到支撑,但每个项目的研究结果之间存在很多共同点。本章按项目全寿命周期的发展顺序排列,包括:概述、项目目标和商业计划、业主/发起人和项目管理机构的角色、风险管理、法律许可、实施和项目进程、利益相关者、项目团队技能、运营、项目成果以及知识管理。

3.2 概述

(1)(交通基础设施)项目的最初构想、管理和运营必须融合为一个整体,其主要目的是建设新的或改进交通网络,使之获得较好的用户体验和经济利益,而不仅仅是以完成一个项目实体作为最终目标。如果成功交付取决于运营界面和基础设施建设,则必须从一开始就对其加以统一管理并纳入整个项目的集成管理中。如图3.1所示。

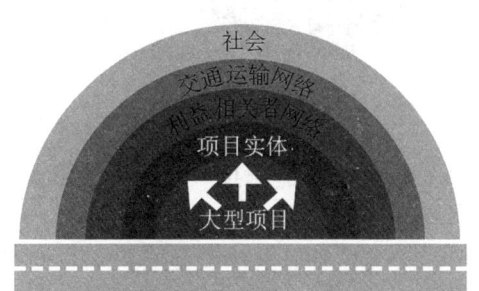

图3.1 共享观念的标准

(2)低估项目成本经常被诟病。然而,NETLIPSE工作的发现是,一般来说,一旦项目范围最终确定并获得相关许可,那么成本控制通常是良好的。但是,在隧道施工中遇到的地质问题以及新技术导致的交付问题可能导致例外情况。

这突出了以下风险:基于初步的、通常是乐观的项目范围而提前公开宣布项目成本通常会带来这样一种期望:即使规划尚处于初级阶段并且尚未获得相关许可,项目也将以该价格来实现控制和交付。

所以关键问题是,在项目的初始阶段,技术、环境、工程或构造要求和范围的定义常常是不明确的,而此时的公开成本估算却只能建立在这些不确定的基础上。事实上,只有在获得了施工许可并确定了范围之后,成本估算才能变得足够可靠。

然而,公众在项目早期都会对项目成本有一个预期,最谨慎的做法似乎是给出一个成本范围,或者采用附加了项目定义阶段的、基于高度乐观偏差估计的早期成本作为说明。

(3) 因此,在一个项目中,必须实事求是地了解外部变化和影响的可能性,这些变化和影响,可能会大幅度增加项目所涉范围(从而增加成本和项目群风险范围),这在项目的早期阶段尤为重要。法律程序、安全要求和交付项目许可所需的变更是此类范围扩大的关键原因。

(4) 大型基础设施项目也因过高地估计效益而受到同样的批评,这样做可能是为了获得项目资金,并好让项目能够获得批准。NETLIPSE 研究对于那些已经全部或部分完成项目的关键发现是:传统的(交通量)建模工具不适用于基于项目方式新建的基础设施,亦不适用于已有公路改造的交通量评估。在以上的背景下,本研究所调查的那些新建或改造项目的实际交通量情况比一贯以来的预测结果还要高。因此,最初的项目流量预测似乎过于保守,而不像一些人所说的那样大胆。

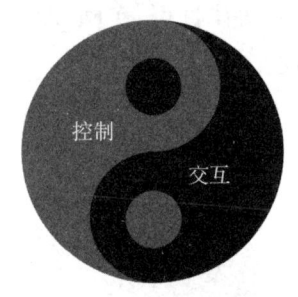

图 3.2 控制与交互的关系图

(5) 在大型项目中,需要很好地平衡各方之间的强制性控制和建设性交互。强有力的控制有助于防止目标和范围的"蔓延"。建设性的交互可以帮助项目接受新的,而且通常是来自外部的变更或交付方法。这些变化可能会改善项目成果、降低成本或加快项目交付。如图 3.2 所示。

(6) 项目管理机构内部、之间以及与外部各方和利益相关者之间的开放文化对于计划的顺利推进至关重要。无论采用正式或非正式的方式,业主/发起人与项目管理机构之间的沟通都是至关重要的。

(7) 这种开放的文化有助于项目的实施与共同所有权的实现,同时也促进了对新出现问题的管理。清晰的合同条款必不可少,但如果项目的最终交付存在分歧,那么合同必须得到联合各方协商一致的解决方案支持。以上情况不论在公共主体还是私人主体作为合伙人的条件下都成立。

(8) 大型基础设施项目为创新(如新技术或合同安排)提供了一个具有挑战性的实施环境。然而,新技术的风险更高,并且需要根据项目或创新的具体情况进行管理。在理想情况下,这些新技术应作为单独的项目或子项目进行管理,但实际情况并非如此。

因为成果取决于有效的创新,但研究的多个项目在成本和进度方面都遇到了困难。显然,多数项目并没有在足够早的时候优先考虑对创新的管理,亦未能设立一个独立的部门对创新负责。在这种情况下,各工作流之间的界面似乎没有得到适当的管理。

（9）许多项目是国家间走廊（通道）的一部分,它们往往位于国家之间,或跨越多个国家,这是许多欧洲基础设施项目核心目标的重要组成部分。我们发现了几个例子,不同的国家在不同的层次上优先建设了各自的部分。如果某国所承担的部分滞后,则会带来项目整体价值的损失。

3.3 项目目标与商业计划①

（10）重要的是,应根据具体的成果要求和战略目标适当地界定重大基础设施项目。具体来说,项目建设优先次序的制定、评估和确定,应根据这些适当界定的成果对解决交通运输、经济或社会问题的贡献程度来进行。

（11）应该发布一套在国家甚至欧洲范围内适用的明确的项目评估准则,以便进行有效的比较,为优先权和负担能力的选择提供信息。这将有助于降低项目实施风险,因为这些项目通常是基于某些政府官员或政党的"政绩工程"需要而仓促开始的。

（12）良好实践与乐观偏见的程度有关。比如,一些项目在估算中额外增加一些余地,将项目早期阶段存在的许多尚未量化或暂未确定的因素纳入考虑。随着项目的实施和范围的清晰,乐观意见的百分比降低。在后续阶段,乐观意见被项目总成本内的边际风险所取代。在项目开发的早期阶段利用价格区间进行投资估算是一些项目的良好实践。

（13）大型项目的实施历经多年,它们的工期通常要比政府的任期长得多,如果项目不受政党或关键人物的变动等来自政府变化的阻碍,那么明确的目标和正当的商业计划都是至关重要的。同样,争取尽可能多的"各方支持"不仅有助于确保该项目被广泛认可且具有国家层面重要性,而且有助于减弱政治团体之间的争议。

（14）研究中几个较小的项目是路网开发长期战略计划的一部分。它们属于良好实践：评估和考虑正在完成的主要网络,以便在承受范围内,部分地、有序地实现总体目标。

（15）尽早明确的项目目标将有助于项目管理机构确定设计参数和项目规范,以及进行咨询和员工沟通。

（16）项目目标应清楚地转化为项目功能性的成果规范,该规范应进一步转化为所需的技术成果、工作范围、工作包和里程碑计划。

---

① 商业计划,指的是在项目启动之前对项目立项原因和存在价值的研究和分析,用于支持有效的决策。通常需要回答该项目在战略上是否必要,在经济和社会上是否令人满意,在商业上是否可行,在融资上是否负担得起,在管理上是否可被交付（参见英国财政部 5 Case Model。本书 11.4.2 节 "2016 年这方面有什么不同"中也有对英国商业计划的介绍）。

3.4 业主/发起人及项目管理机构的角色

(17) 必须明确项目管理机构、发起人和出资人的角色,并正确定义与界定它们。如果双方之间的关系牢靠且透明,则应避免模糊定义这些角色。在典型的大型项目中,这些职责(供参考)分配如下:

表 3.1 业主/发起人的角色

业主/发起人(在公共资助项目中通常是政府或非政府机构):
• 承担项目的战略决策;
• 确定所需的成果,并监测这些成果在项目全寿命周期内是否有效;
• 项目的详细立项报告;
• 项目的经济、战略和社会收益;
• 确定提供、安排或承保项目资金的方法,如直接投资或政府与社会资本合作;
• 关于该项目的高级别战略协商;
• 在获得许可的过程中支持项目管理机构;
• "项目后"的业务要求和安排;
• "项目后"的养护要求和安排;
• 了解与项目相关的技术交付问题,以便能够评估项目交付和风险问题;
• 批准项目范围、成本或时间表的重大变更;
• 项目后审查;
• 整体知识管理。

表 3.2 项目管理机构的角色

项目管理机构:
• 项目施工图咨询;
• 施工图设计;
• 获得所有相关许可;
• 项目群管理;
• 定义交付基础设施的工作包;
• 设计合同结构以高效且按时交付;
• 工作包投标;
• 批准并监督合同;
• 变更控制;
• 与许可和项目交付相关的利益相关者管理;
• 项目完工并移交运营和维护;
• 设计、施工和竣工知识管理(档案管理)。

(18) 在项目管理机构与业主/发起人之间,应严谨地安排以进行范围管理和控制。较小的变更应由项目管理机构负责,并通知业主/发起人以供其参考。任何影响项目成果、时间表和/或对成本有实质性影响的变更都应成为双方之间正式变更程序的主题,并由业主/发起人批准。即使项目管理机构认为某些范围的变化不会影响成果、进度或成本,也应该告知业主或发起人。

在一些项目中,范围控制和预算控制之间有着直接和受控的联系。当一个具体的变更被批准,预算便应该被调整,变更的原因和时间也会被记录。这样有助于理解项目成本,并有助于财务控制。

(19) 拥有一个了解并熟悉项目、具有足够的权力、资源和能力的业主机构来领导项目非常重要。业主应能够独立行事,但对政府或其他主要出资者负有明确的责任,以交付更广泛的项目成果。这并不意味着这样一个团队必须规模庞大。在研究中遇到的几个团队规模非常小,却通常能够根据需要,采纳进一步的专业工程建议。

(20) 重要的一点是,要避免在项目最终责任人和各承包商之间的(咨询方)"软性"风险。如果承包商能够信赖项目管理机构,能够相互沟通保持一致且有效,并创建正确的框架来识别和解决出现的问题,那么这也会使承包商受益。

3.5　风险管理

(21) 在开始实施详细协议之前,各方之间应明确风险的分配。这同样适用于业主/发起人和项目管理机构之间的关系,以及项目管理机构和承包商之间的关系。

(22) 不仅要系统地评估风险,而且要确定项目内可能出现或可以把握的机会,这些可能的机会不仅是风险的反面。例如,重复利用或出售废料的机会给研究的几个项目带来了大量的收益。风险和机会都应记录在相应数据库中,该数据库应保持不断更新。

(23) 风险分配是一个复杂主题,具有多种并非相互排斥的可能性:
- 一般而言,最有能力管理和最大程度降低风险的一方应承担特定风险;
- 通过适当的激励措施,例如目标成本安排,也可以从该方转移一些风险;
- 在风险转移的情况下,承担风险的一方可能会提高预算作为风险溢价,以减轻未能完全控制所承担风险的后果;
- 同样重要的是,承担风险的一方必须拥有足够的总体资源,以免因承担过高的风险而处于潜在的危险之中。

(24) 当投资或参与项目的不同项目管理机构共担风险时,使用惯例来共担风险是非常重要的,这有助于激励项目管理机构将整个项目成本最小化,而不是试图将新出现的成本风险转移到另一方。

(25) 几个隧道项目的经验表明,最严重的风险与隧道施工期间的地质条件有关。在这种情况下,这种风险都必须分配给项目管理机构,因为其规模导致无法将其分配给其他参与方。这是由于无法评估开工前的风险造成的,承包商通常以可接受的成本承担风险。

(26) 在实践中,作为项目运营和经济效益的责任方,业主/发起人有可能承担部分或全部风险结果。

特别是,对于政府资助或支持的大型项目,所需交付成果的经济和社会效益往往很高,在商业计划中占主导地位。因此,无论合同或正式风险分配是何种情况,政府都不可避免地与项目管理或顶层责任联系在一起。

3.6 法律许可

(27) 当项目是一个跨境干线时,必须了解两个国家的安排、标准和许可程序的详细情况,并在最大程度上切实可行地促进项目安排的一致性。诸如规划法等法律可能会不兼容,所以需要仔细评估这些不兼容带来的影响。

最重要的教训是,在文化、制度、法律和工作方式方面,需要接受两个不同"世界"的存在。在接受这一点之后,下一步将必须"真正理解分歧",认识到不同国家的行为差异,并据此制定双重管理战略,以便在两国的习惯和习俗范围内有效地开展工作。

(28) 重要的是,在获得项目的全部法律许可之前,不要将项目推进太多。在所研究的项目中,有几个项目需要在最后的规划批准阶段和设计中进行重大修改,另外一个项目则需要重新制定合同。这是一个棘手的问题,因为如果不能提前推进一些计划的工作,那么在获得许可后再进行动员工作将会占用额外的时间。

(29) 由于法律、物种保护条例、生态和环境影响或地方的抗议,一些项目不得不忍受长期的计划延误。项目团队要考虑到这些外部因素对计划的影响。这些外部因素应该被纳入风险评估过程,也应该被视作详细规划应用过程的一部分。这些过程建立在迭代的基础上。

(30) 东欧项目在土地征用和规划许可方面存在问题,这主要有两个原因:首先,土地所有权划分过细;其次,在历史上,土地规划许可是地方一级的政府授予的。目前的程序被认为是无效的,已经通过新法的实施或修订使大型项目的规划和交付更加有效。

3.7 实施与项目进程

(31) 在一个复杂的项目中,仅将公共关系管理和传媒工作局限于专业的公共关系和媒体团队是不明智的;还必须培训少数高级技术和项目工作人员以应对公众和媒体的事务,并给予他们代表项目发言的充分权力。事实证明,当媒体对项目出现的问题表现出浓厚兴趣时,这种方式相当有效。一般来说,沟通不应被视为一个单独的功能,而应完全融入核心项目团队成员的任务中。

(32) 有效的预算编制需要与健全的合同管理相协调,以便构建一个潜在问题的"预警系统",并随时准备应对问题带来的重大挑战。

(33) 合同和工作界面需要得到良好的管理,以便项目管理机构以及业主/发起人可以通过它们了解可能导致项目延期的因素及这些因素之间的相互影响。

(34) 在商务谈判期间，需要仔细考虑合同激励措施，使整体项目的交付成为关键成果，而非关注孤立的多个部分。如果激励措施分别作用在项目的多个孤立部分，那么结果可能是交付的分散和延迟。因此，应鼓励承包商为实现项目目标而不是为实现孤立合同成果而协同工作。

(35) 欧洲各地有不同的合同机制。总的来说，正如研究发现的那样，简单的合同更适用于规模更小、不那么复杂的项目。毫无疑问，设计-建造模式（Design and Build，简称 DB）或设计-建造-维护模式（Design，Build and Maintain，简称 DBM）等更复杂的治理安排有着明确的作用。在某些情况下，人们认为，项目建成后的超长运营期为施工质量的提高提供了强大的激励。

在高度复杂的情况下，风险共享的激励、项目管理机构/承包商项目团队的联合以及有效的文化工作人员培训是有效的措施。主要研究结论表明，无论合同的模式怎样，必须认真履行合同，并按照合同实施工程管理。一些项目忽视合同管理导致了成本飙升与进度拖延。

(36) 需要仔细考虑合同的规模和范围，以便合同可以通过市场进行管理和交付，并能够吸引适当的竞争、财政资源和专家。合同类型需要适合特定的环境，所以在一个项目中，可以依据规模、复杂性和风险采取不同的合同形式。

(37) 几个研究项目将价格作为中标的关键依据，但遇到了质量和/或进度问题。所以，预先定义且充分交流过的承包商能力与工程质量标准是合同授予流程的重要部分。

(38) 合同管理人员应具备足够的技术专长，以有能力管理其各自职责范围内项目合同。

(39) 项目管理机构应该适应不同项目阶段的特殊需求，例如规划和批准阶段有时可能需要集中管理；在其他阶段，最好将关键管理职能放在靠近主体施工现场的地方。

(40) 项目管理不仅仅是一个技术性的实施过程，它也是一个意义建构的过程，更是一个创建、管理和维护交付过程中所有元素和参与者界面的管理。界面管理是成熟项目管理的关键部分。

(41) 当实施和交付过程开始时，团队自然会变得专注于内部。然而，这会阻止管理层对新的威胁、机会和变化建立"预警系统"。一个成熟的项目管理系统将利用积极主动的方法来提供组织保障措施，在这种方法中，组织中所有人员都应接受培训，以便倾听外部世界的意见，并严格审查外部信息，特别是可能与成本超支和延误有关的信息。

(42) 如果项目合同价格或融资基于非项目所在的国货币，则必须注意货币兑换风险。在利用外部资金提供项目融资的情况下，同样需要注意利率。各方之间还应明确定义价格指数。

3.8 利益相关者

(43) 显然，项目管理机构应重视利益相关者，尤其是那些有能力并很可能对开工许可的获批和工期产生不利影响的利益相关者。

(44) 采取开放方法管理利益相关者可以在建立项目团队的信誉方面获得回报。相反的方法可能导致关键利益相关者的怀疑，从而为项目的实施带来阻碍。

(45) 相关许可对一个项目至关重要，负责获取项目必要许可的人员应当主动与对获取这些许可有关键影响的利益相关者们联络。

(46) NETLIPSE 所研究的 15 个项目中，利益相关者管理很少被视为一个积极的和长期的优先事项。在整个项目中要获得广泛的利益相关者支持以支持其成果的合理性和必要性至关重要，因为这将有助于实现更广泛的利益相关者的利益，并使其与项目的长期目标保持一致。这是在大型项目的长期建设中维持稳定政治支持的重要组成部分。

(47) 项目中的利益相关者管理至关重要。根据利益相关者对项目的影响对其进行分类是很重要的：它们可能是政治要员、用户、邻居、环保机构、非政府组织、规划机构或更普遍的利益相关方。

(48) 项目品牌化可以是一种用以加强利益相关者参与的有效方式，因为它给了项目一个非常清晰的标识。

(49) 很少有人意识到，一旦施工许可证下发，就需要在有意义的层面上与利益相关者持续交流。在这一阶段，项目团队往往专注于实物交付。在我们的研究中，极低的持续交流程度为此提供了证据。维持与利益相关者之间的关系和有效沟通可以节省大量时间和支出，从而带来巨大收益。

3.9 项目团队的技能

(50) 我们发现，内部利益相关者、管理层和员工往往可能由于同样的原因（如专注于工程和施工）被忽视。项目对人力资源管理或员工满意度管理的重视程度似乎较低。通常情况下，项目团队往往没有与承包商的员工建立联系。同样，与潜在的收益相比，项目团队在这方面的时间和精力上所需的投入少得不成比例。

(51) 人们似乎普遍认识到需要培养项目团队的技能，然而，重大基础设施工程项目的发起人和项目团队显然缺乏适当的培训：这些项目往往是在特定的国家、特定的时间内没有联系的"一次性"项目。

(52) 在大型工程中，一类特殊的风险领域是在项目接近完成时保持足够的人力资源。项目接近完成时通常需要强大的技能支持，但此时如果没有明确的政策和激励措施,那么随着项目人员(通常是优秀人才)寻找下一个工作岗位,可能会出现这些必要的技能被人才带离项目的情况,为项目的按时交付带来危险。

3.10 运营

(53)业主/发起人必须充分考虑项目全寿命周期的要求,特别是维护方面,因此资产的耐久性是设计不可或缺的一部分。在使用设计-建造合同(Design and Build,简称DB)的情况下,必须在相关设计大纲中进行定义,并努力确保交付。

(54)必须在交通运输项目的早期阶段确定运营和维护基础设施的主体、安排、角色和责任,并使相关各方始终充分参与。

(55)运营系统需要被整体关注,特别是铁路项目。信号、安全和操作系统与规则之间的界面尤为需要注意,这一原则从项目伊始就应该遵循,并贯穿项目全寿命周期。

(56)必须认真处理承包商的缺陷责任义务,并将这些义务与短期和长期维护要求相结合。

3.11 项目成果

(57)许多研究项目或已全部完成,或处于项目交付的中间里程碑阶段。总的来说,这些项目在物理功能方面均取得了预期的成果。

(58)在公路建设方面,实际交通量几乎立即超过了项目最初预测值,新的高速公路缩短了行程时间,并提高了安全性。

(59)在两个新铁路建设的案例中,交通工程的建设或缓慢,或尚未开始。虽然复杂的技术问题阻碍了项目交通量的增长,但中长期交通量预测仍然十分乐观。

(60)在一些公路和铁路项目中,新建的基础设施干线不仅为两地提供了全新的交通方式,而且改善了那些基于传统建模安排导致缺陷的现有交通网络。在某些情况下,它们的社会、经济和交通效益超过了预期。基于增量变化的建模技术不适合这种跳跃式的交通量变化。

3.12 知识管理

(61)总的来说,我们的研究发现,很少有人有兴趣从已完成的或者处于更高级阶段的项目中学习,或者反过来,亦很少有人在项目开发的早期阶段将知识传授给其他项目。我们思考了背后的原因,并得出结论:内向型项目团队有一种倾向,他们喜欢挑战新的问题,而非从其他途径研究解决方案。

(62)从若干知识共享案例中也可以清楚地看到,分享经验和知识可以获得成本、效率和交付方面的收益。在25年的时间里,三个国家之间的一系列桥梁项目尤为成功,一个伞状组织内的知识已从第一个项目团队转移到第二个,现在正被用于第三个项目团队。一些知识共享发生在同一国家的同一类型的项目之间,但是并不具有普遍性。不过令人惊讶的是,尽管一些项目位于同一个国家且较为相似,但这些并行的项目却没有进行经验分享。

(63)即使在进行知识交流的地方,人们也发现,如果没有彻底地理解特定安排、系统或设计成功背后的逻辑和原因,就毫无保留地在其他地方照搬或者直接采纳已经成功的东西,这可能是不合适的。了解如何根据不同项目的背景(情境)将经验与知识相结合是一项关键要求。

例如,在一个国家获得建造许可时,生态和海流平衡是最重要的;而考古学在另一个国家至关重要;噪声影响在其他国家引起了激烈的反对。

因此,重要的是,只有充分理解在特定的地点和时间将良好实践应用到特定的环境中的基本情况和逻辑,才能够从其他地方自动复制或引进吸收项目实施的良好实践。了解良好实践所处情境的特点以及重新使用这种方法所处情境的差异对成功的知识转化至关重要。

来自执行委员会、技术验证委员会和调研团队成员的个人观点

斯图尔特·贝克
国家铁路项目副总管
英国交通部

我于 2004 年首次获知了 NETLIPSE 的初期研究概念和计划。当时,我在英国铁路战略管理局工作,负责英国西海岸干线项目的投融资工作,这是一项压力很大的工作,要在 2004 年 9 月和 2008 年 12 月的最后期限前交付有价值的成果,所以我统一考虑了这两个阶段的计划。

回想起参与那些非常大的项目时所面对的压力,我最初对 NETLIPSE 非常怀疑,并想知道参与其中对我和我的组织有什么好处。然而,我慢慢地被说服,我们的参与将带来巨大的个人和公司收益,所以我们作为联盟合作伙伴签署了对欧盟研究工作的投标。

我们获得了什么经验?加入 NETLIPSE 的决定合理吗?问题的回答是肯定的。对我和我的团队成员来说,这是一个丰富的学习经历,为重大基础设施项目带来了全新的视角。NETLIPSE 亦引导了整个欧洲的项目研究,无论是高速公路还是新建铁路,使我能够了解不同的融资、开发、许可和利益相关者战略以及项目执行方法。同样,我相信,我在英国的经历使我能够相当迅速地理解欧洲的项目,并在做研究的同时,私下提出一些探索性的问题。

我也想到了一些知识和培训方面的收获,这些收获已经使英国的从业者们更好地控制风险,并使我的组织得到了回报。在审查布拉迪斯拉发环路时,我注意到该项目 PPP 段的货币兑换问题。这使我在负责价值数十亿英镑的火车换乘项目时加以特殊关注。总的来说,作为项目出资和发起人之一,这项研究工作使我对各种项目管理机构面临的问题有了更好的了解。

系统地研究 15 个项目并分析其良好实践和经验教训促成了这本书第 3 章的初稿,

这对我来说是一个重要的学习经历。研究中许多类似的问题出现在欧洲重大项目中是令人着迷的。对芬兰新建公路项目的研究，使用了一种与利益相关者管理相同的方法，而这正是我在英国的大型铁路重建项目研究中的良好实践！在日复一日的艰苦工作中，我从来没有机会反思这些关键问题。可以说，这段经历比我参加的任何培训课程都要好。

这个由背景和观点迥异的人员组成的知识网络让我在非正式的交谈中学到了很多东西，也非常珍惜过去几年里建立的友谊。

简言之，我相信我能够为NETLIPSE贡献知识和经验，另外，NETLIPSE的工作极大地扩展了我的项目经验，并使在英国交通部工作的我们更清楚地了解大型项目运作良好的原因。

第4章 历史分析

4.1 本章简介

调研团队收集历史事实和数据并分析项目的历史发展，这提供了对项目决策阶段的重要事件及影响项目实现的其他事件的见解和背景，通过这些比较分析，产生了以下一般性的观察。

4.2 大型工程需要耐心

所有研究的项目都有很长的实施期，其中一些初步的想法由来已久。NETLIPSE所研究项目的一些初步计划始于20世纪上半叶，最早的计划是从20世纪初开始的厄勒海峡通道，虽然由于缺乏资金和政治意愿，该项目始终停留在计划阶段，但若干关于特定需求的建议仍然被广泛提出。斯洛伐克布拉迪斯拉发环路主要由D1和D2高速公路的路段组成，分阶段完工。建造D1高速公路的计划最早是在20世纪30年代制定的。大型工程通常被划分为几个部分，这意味着不同项目阶段的规划和建设常常并行，规划不会随着建设的开始而结束。另外，一个项目只有全部完成后才能实现全部价值。

表4.1 15个NETLIPSE项目的完成时间

NETLIPSE项目	长度/km	项目启动年份	项目建设年份	项目完成年份	计划/年	建设工期/年	交付工期/年
铁路项目				平均	7.8	9.6	17.4
荷兰布滕佛铁路	160	1989	1998	2007	9	9	18
瑞士圣哥达基线隧道	57	1992	1996	2017*)	7	18	25
荷兰高铁南线	125	1987	2000	2008*)	13	8	21
葡萄牙里斯本—波尔图高铁线	305	1999	2008*)	2015*)	9	7	16
瑞士勒奇山基线隧道	35	1992	1999	2007	7	8	15

(续表)

NETLIPSE 项目	长度/km	项目启动年份	项目建设年份	项目完成年份	计划/年	建设工期/年	交付工期/年
德国纽伦堡—英戈尔施塔特铁路	89	1991	1998	2006	7	8	15
奥地利下因河谷铁路	40	1995	2003	2012*)	8	9	17
英国西海岸干线	650	1996	1998	2008*)	2	10	12
公铁两用桥隧							
丹麦和瑞典厄勒海峡通道	16	1990	1995	2000	5	5	10
高速公路项目					平均 11.6	3.6	15.2
斯洛伐克布拉迪斯拉发环路**)	13	1972	1999	2007	27	8	35
葡萄牙雷兹里亚大桥	12	2001	2005	2007	4	2	6
波兰 A2 高速公路新托梅希尔到科宁	150	1994	2001	2004	7	3	10
波兰 A4 高速公路克拉科夫—卡托维兹	61	1994	1999	2001	5	2	7
芬兰 E18 高速公路	51	1990	2005	2008*)	15	3	18
水路							
荷兰马斯河水路工程**)	222	1997	2005	2022*)	8	17	25

注：*) 日期是当前估计；**) 分阶段交付。

值得注意的是，尽管"厄勒海峡通道"是一个涉及两个国家的复杂项目，但是这个历史最悠久的项目实现的时间却是最短的。它在详细规划 5 年后就开始施工，10 年内即开放通车。

我们计算了所研究项目的工期平均数。对于铁路项目，从规划到建设的平均时间是 10 年，而建设期本身的平均时间是 10 年。因为此时并非所有项目都已完成，所以实际平均交付时间可能会超过 20 年。经验表明，对交付时间的估计通常有些乐观，瑞士圣哥达基线隧道是一个极端的例子。

> **瑞士圣哥达基线隧道：由于利益相关者的抵制和技术挑战而造成的延误**
>
> 根据 2006 年 12 月 31 日的进度报告，圣哥达基线隧道计划于 2017 年投入运营。最初的计划（1996 年 6 月 30 日的第一次进度报告）是在 2009 年完成该项目（见下图）。延误的一个主要原因是受影响的乌里州利益相关者抵制。这一阻力被低估了，为了获得建筑许可证，必须进行重大的范围变更。这些范围的变化导致了延误和额外的费用；其他的延误是因为地质条件导致的，大量的岩石挖掘造成了进度严重滞后。

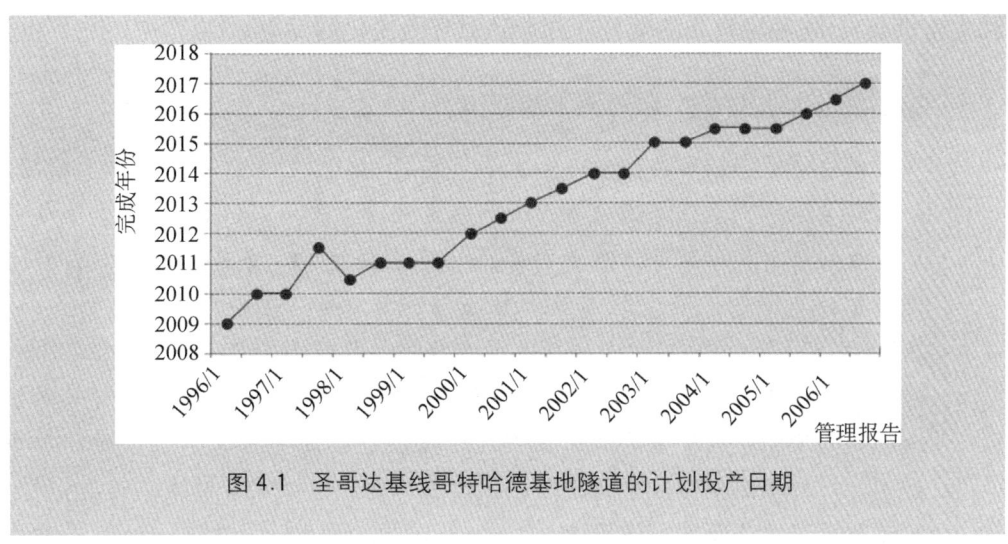

图 4.1　圣哥达基线哥特哈德基地隧道的计划投产日期

公路项目的施工时间较短,部分原因是它们不包括与铁路项目相同水平的控制系统和安全验收。

4.3　成本超支与时间延迟的原因

一般来说,大型工程存在成本和进度控制方面的问题,欧盟委员会多次报告了项目延迟。例如,2005 年,雅克·巴罗特先生写道[欧盟委员会,2005 年]:

然而,10 年之后显然没有达到总体目标。2003 年,该网络只建成了三分之一。欧洲理事会 1994 年在埃森的 14 个具体项目中,只有 3 个已经交付。

NETLIPSE 研究的项目也遇到了成本超支和时间延迟问题。项目伊始,各种期望似乎经常偏离现实。要确定费用超支或延误,必须从初步预算和规划的参考点开始。这些数据准确到什么程度?我们发现,政府官员们倾向于在了解成本超支极可能发生的情况下将预算控制在最低水平,这样做的原因似乎是"项目组织在开工后再争取额外预算比提前获得这些预算更好"。据一位在我们研究期间接受采访的官员说:"你知道这笔钱肯定会花掉的。"为了进行更准确的计算,我们参考了第 6 章"投融资管理"中的"良好实践和经验教训",特别是其中提到的乐观与悲观的意见。

关于额外成本和工期拖延的争论持续不断,因为很难用一个理由来概括这些情况发生的原因。幸运的是,我们可以从研究中得出一些有趣的发现。NETLIPSE 的研究表明,成本超支和工期延误的原因更多地来自规划阶段而非施工阶段。我们一再注意到,在项目的初始阶段,技术、环境和工程或施工要求和范围界定不清,而公开的成本估算只能根据这些不确定的原则得出。许多项目组织起初过于关注内部利益相关者(例如设计和正式法律许可),却对外部利益相关者关注得太少(例如与利益相关者的合作和探索机会)。这种观察到的偏好往往导致对环境变化的反应迟钝。

> **瑞士圣哥达基线隧道:额外成本的原因**
>
> 其中位于法伊多的交通综合体项目遇到了一个更大的突发性地质断层带。虽然地质风险一直以来都是最大的不确定性因素之一,但这个地质风险是可控的。由地质情况引起的额外变更费用一直在预定的财务范围内。更大的问题源于项目范围的改变。阿尔卑斯枢纽圣哥达公司(阿尔卑斯枢纽—圣哥达,ATG)(项目管理机构)的首要任务是在技术层面交付合格的项目。然而,乌里州的例子表明,一个技术合格的项目并不一定会获得建筑许可证。对乌里州民众抵制的低估导致了重大的范围变化。这些范围的变化导致了延误和额外的费用。阿尔卑斯枢纽—圣哥达要求调整成本定额以如实反映这些情况,因为他们不能对这些范围变化承担责任。另外,业主/发起人,即瑞士联邦交通局认为,阿尔卑斯枢纽—圣哥达有责任交付一个已获批准的项目,因此之前的报价应考虑到民众的抵制。最后,位于乌里州城区项目的额外费用被调整到"安全和技术状况""改善环境和人民"和"与政治有关的延误"等类别。

丹麦教授傅以斌研究了总投资额达900亿美元的258个交通基础设施项目。他利用自己的数据库研究了初始成本估算与最终成本之间的可靠性,发现在使用成本数据的70个时间段内,成本预测的准确性均没有提高。他对这一领域费用超支的总体调查结果参见表4.2。

表4.2 按项目类型划分的交通运输成本估算不准确(傅以斌,2007)

项目类型	案例数量	平均成本超支	标准偏差
铁路	58	44.7%	38.4
桥隧	33	33.8%	62.4
公路	167	20.4%	29.9

> **荷兰布滕佛铁路:从无法实现到最佳项目交付实践**
>
> 在1989年至1995年的规划阶段,布滕佛铁路的项目成本估算从1991年的11亿英镑猛增到1996年的37.44亿英镑。沿线居民、非政府组织和地方政府的抗议导致了初步设计进行重大调整:鹿特丹和埃尔斯特之间现有的布滕佛铁路改建成了一条未横穿城市的新路线,而且采取了很多减少滋扰的措施,比如额外的隧道和隔音屏障。1996年之后,由于严格的项目和财务管理,该项目成本超支率仅为2%。这正是傅以斌教授提到的良好实践的例子(B.傅以斌,E.韦斯特维尔德,2007年)。

工程建设前期的成本超支和时间延误的另一个因素是不可预见的变化,例如关于隧道安全新法规的出台。然而,在工程建设阶段,我们确实发现了两个常见的高风险:其一是隧道地质断层,它永远无法准确预测;其二是新技术的引入,它应该得到更好的管理。第 6.8 节专题讨论了英国西海岸干线的"移动模块"和"欧洲铁路运输管理系统"(European Railway Transportation Management System,简称 ERTMS)技术,以及荷兰高铁南线项目的 ERTMS 技术。

我们还发现项目情境的变化对大型项目有很大的影响。下一节将讨论这个问题。

4.4 外部影响

历史分析清楚地表明,大型工程是在一个高度动态的背景下实现的,这对它们的推进有着决定性的影响。

有些被研究的项目经历了欧洲近代史上的重要时刻,例如芬兰 E18 高速公路和斯洛伐克布拉迪斯拉发环路。

> **芬兰 E18 高速公路:欧洲政治气候的变化**
>
> 由于 1973 年的石油危机,该项目第一阶段于 20 世纪 60 年代实施一段时间后被迫停止,因为预测的交通量增长率很低。1980 年,交通量逐渐上升。20 世纪 90 年代初,两个重要的原因进一步强调了 E18 作为一条高速公路改进的必要性。首先,冷战结束后,对俄贸易和交通正常化,这意味着芬兰不再是"终点站",而是成为连接北欧三角和俄罗斯的重要纽带。其次,欧盟对芬兰和广泛全球化的重要性日益增加,导致了贸易机会的增加,进而提高了交通量。

> **斯洛伐克布拉迪斯拉发环路:欧洲公路与交通运输基础设施的发展**
>
> 该项目应更多地被视为两条国际走廊的交汇点,这两条走廊在斯洛伐克首都以南交汇。这两条高速公路在很大程度上与 20 世纪 30 年代以后的欧洲历史交织在一起:第二次世界大战后的停滞、60 年代和 70 年代共产主义的抱负、以及 90 年代衰落后的改革动力。

在 20 世纪的最后几十年里,基础设施投资从公共主体向私人主体转变。英国西海岸干线可以看作是公共主体与私营主体在大型基础设施项目中艰难结合的大规模再现。这个案例的绩效比大多数项目都要好,这表明项目的成功实施既不完全依赖于纯粹的私营市场,亦非完全依靠于公共责任。

英国西海岸干线：公私合营的成功

西海岸干线完全处于英国铁路公司的公共垄断范围内。由于英国铁路公司无法对该线路进行升级改造，于是采用了一种主要集中在私营和以市场为导向的决策和筹资的新方法。政府官员认为，他们将从改善西海岸干线的负担中解脱出来。然而，自20世纪90年代中期以来的私有化做法导致了巨大的成本超支，并最终导致英国铁路公司(British Rail)的私有继承人英国铁路公司(Railtrack)破产。铁路局重新承担起责任，并制定了一项涉及公共和私人领域的新联合约定。在这第三个公私伙伴合营时期，公共领导和私人权力之间建立了新的平衡。这种混合管理情境是高质量升级所必需的，但也确实需要能够与两个截然不同的价值体系进行交互的高质量管理。

影响大型工程发展的重要事件是阿尔卑斯山的隧道灾害（包括1999年3月的勃朗峰隧道、2000年11月的卡普兰隧道和2001年10月的圣哥达基线隧道）。隧道安全突然成为一个备受争议的话题，引发了许多关于合理的安全原理和计算方法的讨论。与利益相关者就安全问题进行的讨论往往非常激烈，这造成了项目实施阶段的计划与预算紧张。

瑞士切内里基线隧道（圣哥达路线）：对安全的讨论增加额外隧道的建设

切内里基线隧道长15.4 km，是新阿尔卑斯铁路枢纽网络的一部分，位于圣哥达基线隧道的南部。因为切内里基线隧道原规划采用单洞双轨，在2000年前后阿尔卑斯山隧道发生灾难之后，就开始讨论切内里基线隧道的安全问题。由于圣哥达基线隧道长度(57 km)几乎是切内里基线隧道的四倍(15.4 km)，为了安全考虑，它早已采用了双洞单轨方案。安全讨论的最终结论是把切内里基线隧道改为双洞单轨，相当于增加一条单洞隧道，这导致切内里基线隧道增加了6.5亿瑞士法郎的成本。

其他重要的变化来自动植物的新立法，例如来自欧盟的法律。

芬兰E18高速公路：鼯鼠延误了招标

E18项目被这样一项新规定耽搁了：生活在项目区域内的一群鼯鼠，是欧盟《自然指令》附录4A中规定的需要特殊保护的物种。很多人反对在鼯鼠栖息地建造E18。在该项目能够合法地开始招标阶段之前需要获得几项豁免令，这使项目推迟了2～3年。

从前面的例子来看,由于目标不断演变,大型工程的目标变化也就不足为奇了。

> **瑞士圣哥达和勒奇山基线隧道:从运输到环境**
>
> 20世纪90年代中期,瑞士官员越来越意识到新阿尔卑斯铁路枢纽网络对环境的重要性,并将其建设目的从一个交通项目转变为"瑞士最大的环保项目"。

> **荷兰布滕佛铁路:目标的演变**
>
> 最初,荷兰铁路货运部的生存是布滕佛铁路项目的重要初始目标之一。但这一目标最终消失,因为货运业务的管制完全放松,并且荷兰铁路货运部亦被出售。后来,一项审查(赫尔曼政府委员会)将布滕佛铁路的财务盈利目标改为支持荷兰港口和竞争力的"战略投资"项目。

项目的目标和范围都在不断变化。

> **葡萄牙里斯本—波尔图高铁线:早期重要范围变化**
>
> 负责修建里斯本—波尔图高铁线的高铁线路公司成立于2000年,政治环境的变化给高铁项目带来了重大变化。最初建议将现有的常规干线与新的高速支线互连(2005年1月)。后来,在政治变化的影响下,该提案演变成了一个全新的专用高速线路解决方案(2005年4月)。

项目外部环境并不会在立项后稳定下来。虽然重大变更的数量减少了,但是动态性在整个项目中仍旧存在着。例如,我们观察到项目后期的重大变化。圣哥达基线隧道的例子就是一个突出的例子,但一般来说,铁路项目在施工阶段的工期差异会低于施工前阶段。

项目必须应对环境变化

如果有NETLIPSE的研究人员在研究开始时认为大型工程的交付是线性的,可以预见,NETLIPSE的研究结果直接否定了这个看法。大型工程的实现过程是"非线性"的。如前所述,外部环境因素对其发展有着决定性的影响。我们相信,意外或不断变化的情况,总会发生并影响工程实施,例如有关隧道防火条例或铁路安全系统的新法规。

但是,这是否意味着项目经理只能坐等环境变化?如果最初的决定和最初的范围定义或管理方法不能使管理层有机会适应改变或正在变化的情况,则很容易发生成本超支和延误。如果能够适应的话,那么成本超支和延误的可能性就会更小。在第3章中,我们强调了采用双重方法来管理大型工程的必要性,从而在控制和对外部变化的开放性之间保持良好的平衡。

对于在实践中的开放和主动行为的要素,我们观察到哪些证据呢?

首先是意识。意识到这些事情的项目经理可以将环境变化作为有益变更的机会。变化并不一定对项目不利。正如我们在"瑞士最大的环保项目"中看到的那样,变革可以带来重要的机会。第二是项目经理不仅可以"监控"外部环境,而且应该成为外部环境的一部分。这需要他的团队具备特定的能力。在第 6 章利益相关者专题中,我们列出了有趣的良好实践和经验教训,以创建一个心态更加开放的项目组织。第三是项目经理可以调整行为,使其在环境变化方面更加主动,例如使用"情景构建"。

> **荷兰高铁南线:情景分析**
>
> 自 2001 年以来,几个项目团队组织了各种情景分析会议。项目组织成员讨论了下一季度需要采取的行动。这构成了该时期计划的基础,项目组织发现情景分析非常有价值。此时,将分析局限于聚焦未来负面可能性的风险上(而非机会),有助于找出解决方案的核心。

4.5 人的因素

在分析 NETLIPSE 项目的历史时,我们意识到项目中"人"的重要性:因人而异。

> **英国西海岸干线:需要高质量的管理**
>
> 最后一个时期的公私合营要求能够处理两个截然不同的价值体系的高质量管理。公共领域(英国交通部)、铁路监管办公室和私营领域(英国铁路网络公司、维珍铁路和其他运营商)之间似乎有着明确的正式区别,但整个铁路行业是以网络伙伴的合作方式运营的。成熟度更多地取决于管理者网络的质量,而不是结构形式本身。在每一个正式结构中,参与的正式实体都存在紧张关系,如英国交通部、英国铁路管理办公室和英国铁路网络公司之间,以及维珍铁路和英国铁路网络公司之间。然而,由于管理网络的发展(例如在联席会议和联合文件方面),有关各方在行动时对铁路系统的实际情况有了更多的了解。他们还考虑了翻修、创新和投资回报的可能性。为了实现共同目标,各方也走到了一起。许多观察员认为,如果该项目再次失败,整个网络将缺乏投资,因为行业将会被视为无能。

我们也意识到,延误并不总是件坏事。以下是我们观察到的几个效果很好的延误的例子。

瑞士圣哥达和勒奇山基线隧道，新阿尔卑斯铁路枢纽网络：大量的讨论促成了对项目可行性至关重要的创新

从 1992 年到 1995 年，两位部长在公共场合讨论了圣哥达和勒奇山基线隧道以及新阿尔卑斯铁路枢纽网络财政问题。圣哥达和勒奇山基线隧道以及新阿尔卑斯铁路枢纽网络是必要的吗？在 1995 年部长们和议会的激烈讨论中，出现了一个解决方案：从重型卡车过境税中获得一笔特别基金。讨论促成这一重要的创新，从而确认了新阿尔卑斯铁路枢纽网络的可行性。该基金使人们有机会将大型基础设施项目纳入一项法案，该法案可在一项议会决议中实现。为此，必须设立一个特别基金（FinöV 基金）用于指定项目的建设和融资。新的交通和能源部长莫里兹·洛恩伯格支持了这个 FinöV 基金，他成为这项重要创新的象征。

项目组织也可以利用这个时间窗口来加强项目。

厄勒海峡通道通道：利用外部利益相关者需要的时间进行决策

与瑞典水域法院的讨论花费了比预期更多的时间。在此期间，该项目的管理层花了很多努力在建立与外部利益相关者的关系上，以增加他们对外部利益相关者的了解，使他们能够满足自己的需求。此外，他们利用法院所需的时间，为自己的承发包战略制定必要的安排，并对整个项目战略和远愿景进行思考。

同一个项目上工作的人在经验、技能和态度上有着实质性的不同。

荷兰布滕佛铁路：联盟内的伙伴关系至关重要

这条线其中的一个高度复杂的部分率先在荷兰使用联盟承包。很明显，要使项目管理机构和承包商之间的伙伴关系有效，就必须使团队完全一致，朝着共同目标努力。如果来自联盟双方的人不能接受联盟的理念，无法适应变化的环境（仍在狭隘地思考），就会在此项目中被解雇。伙伴关系的成功不能受到威胁。

来自 NETLIPSE 项目管理团队和调研团队成员的个人观点

宝莲·斯塔欧合菲尔
荷兰 AT 敖司堡公司高级顾问

参与 NETLIPSE 项目管理和调研在很多方面都是一个很好的学习经历。首先，2004 年到 2006 年是一个非常紧张的时期，此时定义了项目及其目标和目的，并寻找调研团队开展研究的联盟伙伴、科学伙伴和高素质人才，同时寻找愿意敞开大门和记录的项目组织。然而，所有组织和个人参与 NETLIPSE 项目的巨大热情，对于成功申请欧盟第六框架计划的资金至关重要。

从 2006 年到现在，参与 NETLIPSE 的项目管理以及作为调研团队的一员对我的个人和职业发展都很重要。对我来说最重要的一课是，"人"在一个项目的成功中起着举足轻重的作用。这不仅体现在 NETLIPSE 项目中，亦体现在我研究和参与的其他基础设施项目中。知识共享是一个尚待克服的障碍。

我们的结果超出了 2004 年的设想。我很荣幸能成为这个项目的一部分，认识了这么多优秀的人，并且学到了很多关于大型基础设施项目的复杂性和挑战性的东西。NETLIPSE 项目为这些项目的管理和组织的国际知识交流与专业化奠定了基础。我期待着在未来继续将 NETLIPSE 的"哲学"发扬光大。

第5章 定量分析

5.1 方法

NETLIPSE 研究包括定性研究和定量研究。在定量部分方面,设置了一系列与八个主题中的每一个主题相关的问题复选框,并将其作为结构化访谈的一部分进行评估。针对每个主题,制定了 4~8 个陈述,在对每个项目进行全套访谈的基础上,针对以下三个选项进行评分:

- 否定的:事实并非是这样;
- 部分肯定:部分事实是这样;
- 肯定的:事实完全是这样。

例如,围绕第一个主题"范围和目标"制定了 7 个陈述。

表 5.1 问题复选框示例

	否定的	部分的	肯定的
目标以书面形式与项目法人达成一致。	□	□	×
项目范围由其他利益相关者(合作伙伴)确定。	×	□	□
项目员工了解目标。	□	×	□
……	…	…	…

因此,调研团队就 8 个主题对 15 个项目分别勾选了相应的复选框。

5.2 结果分析

对与个别问题和主题相关的复选框进行评分:

- 否定的:0 分;
- 部分肯定:1 分;
- 肯定的:2 分。

基于主题的分析

对于每一个主题,我们都计算出"分数"。每个主题的最大值是 10 分,而平均分为 7.4 分。

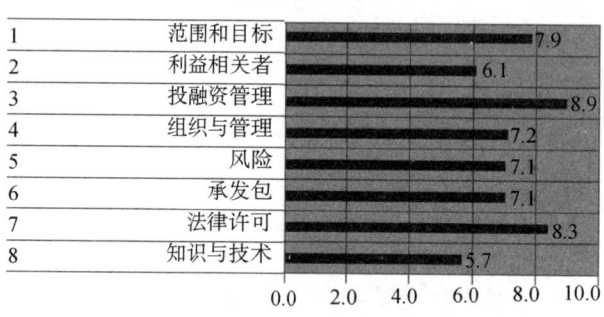

图 5.1 定量分析的平均分数

总体来说,范围和目标、投融资管理和法律许可似乎表现得更好;利益相关者和知识与技术则表现得略差。

基于陈述的分析

如前所述,对于每个主题,复选框由 4～8 个陈述组成(总共 50 个陈述)。在仔细检查这些陈述的回答后,我们发现了一个显著的差异。10 分意味着这 15 个项目中的每一个都"完全"同意这一说法。虽然项目的样本量相对较小,但对得分最高和最低的主题的研究一致性很高,因此可以得出一些确定而有效的结论。

表 5.2 最高平均得分的问题

	最高分数	
主题	陈述	得分
3	用于付款和分配任务的流程	10.0
6	按照欧洲法律法规执行的合同	10.0
1	以书面形式与项目法人达成一致的目标	9.7
3	使用预算控制流程	9.6
7	所有许可证和权限的概述都已呈现并更新	9.3
3	该项目使用财务计划	9.3
7	项目组织对所有程序进行了连贯的分析	9.3
3	财务报告是否提供了相应的财会信息	9.2
1	项目有特定的范围变更登记	9.0
4	项目法人和项目经理之间有定期的联系	9.0

表5.3 最低平均得分的问题

最高分数		
主题	陈述	得分
2	定期测量利益相关者的满意度	3.0
2	定期评估利益相关者管理	3.3
6	项目组织对新承包模式持开放态度	4.7
8	利用研究来改进项目	5.0
6	合同有优化的可能	5.0
8	项目组织使用新技术使项目更好	5.3
5	收集和分析项目机会	5.4
4	定期测量员工的满意度	5.7
5	所有项目员工均能感知风险和机会	5.8
8	具有知识管理政策	6.0

欧盟委员会应该高兴的是，对于所有15个项目来说，我们发现"合同是按照欧洲法律法规执行的"。利益相关者和项目员工则不太愿意面对评分较低的内容。

当我们看到排名最高的陈述时，有两点值得注意：

- 大多数陈述涉及规划、分析、报告、内部管理过程。
- 陈述涉及可控过程。

从排名最低的陈述来看，其他因素也出现了：

- 在利益相关者管理中，戴明（Deming）的持续改进循环（计划—执行—检查—行动）并非闭环：在利益相关者分析排名较高的地区，大多数项目都进行利益相关者分析，但是在很大程度上缺少对这些利益相关者进行测量和定期评估的方法。
- 一半的陈述涉及项目如何处理新方法、优化和开放性。例如，在15个项目中，对合同优化可能性的得分低于50%就是一件坏事。
- 项目对新技术的开放性相对较低（当我们仔细观察项目的单独得分时：1个项目得分为"否定的"，12个项目得分为"部分肯定"，只有2个项目被认为"肯定的"对新技术开放）。

在组织和管理的主题中，有3个人员管理问题，平均得分为6.2分，但两个硬性因素得分为8.8分。

基于单个项目的分析

我们的目的不是为项目提供一个基准（按照最高分或一个主题的最高分）。但作为一个例子，我们可以为每个项目显示得分最高和最低的主题，见表5.4。

表 5.4　每个项目的最高与最低分主题

项目	最高得分	最低得分
荷兰布滕佛铁路	法律许可	知识与技术
斯洛伐克布拉迪斯拉发环路	范围和目标	风险管理
瑞士圣哥达基线隧道	风险管理	利益相关者
荷兰高铁南线	法律许可	知识与技术
葡萄牙雷兹里亚大桥	投融资管理	风险管理
葡萄牙里斯本—波尔图高铁线	法律许可	投融资管理
瑞士勒奇山基线隧道	投融资管理	承发包
荷兰马斯河水路工程	组织与管理	利益相关者
波兰 A2 高速公路	投融资管理	利益相关者
波兰 A4 高速公路	法律许可	利益相关者
芬兰 E18 高速公路	范围与目标	风险管理
德国纽伦堡—英戈尔施塔特铁路	投融资管理	知识与技术
厄勒海峡通道	风险管理	承发包
奥地利下因河谷铁路	范围和目标	合同
英国西海岸干线	范围和目标	知识与技术

在表 5.4 中，我们给出了每个主题的总分。如前所述，得分最低的是管理与技术（得分 5.7）和利益相关者（得分 6.1）。这些主题没有一次作为主题的高分被提到。作为最低得分，这两项却被提及 8 次（共 15 次）。

上表列出的三个最高得分分别是范围和目标、投融资管理和法律许可，且作为一个主题的最高得分被提及了 8 次（共 15 次）。只有法律许可被作为最低分提到。

基于项目类型的分析

铁路项目与公路项目或水路项目的平均得分没有显著差异。

5.3　整体结论

定量分析的规模虽然不大，但很有用，我们得出了综合 15 个研究项目的主要结论：

- 总的来说，范围和目标、投融资管理和法律许可的管理和组织较好；
- 一般而言，利益相关者管理缺乏衡量标准，知识和技术缺乏组织性，人力资源问题似乎被忽视；

- "硬性因素"比"软性因素"更有条理；
- "控制"部分比"开放和自适应"部分管理得更好；
- 这些项目对优化、机会和新方法不是很开放；项目只有在有限的范围内才对研究、知识管理和新技术开放。

来自 NETLIPSE 调研团队协调员的个人观点

埃迪·韦斯特维尔德
荷兰 AT 敖司堡公司顾问、项目经理

　　随着时间的推移,无论是在个人层面还是专业层面上,NETLIPSE 对我来说都是一个很棒的体验。此项目成功的关键是获取和收集知识,并形成一个新的网络。我觉得由收集到的良好实践和热情参与者组成的网络可以成为改进跨欧洲网络项目管理的一个基石,这将对欧盟及其成员国大有裨益。

　　在收集的知识中,一个重要的基础是结合"由外而内"与"由内而外"两种观点。"由外而内"视角为我们提供了大量数据和信息基础,可以作为新建大型基础设施项目的参考。这可以与"由内而外"的视角相结合,后者帮助我们确定了项目管理机构人员的良好实践和经验教训。这两种观点/视角结合起来,可以帮助我们应对未来的基础设施挑战。

　　对我来说,协调 15 个项目的案例调研是非常了不起的。促成这 15 个项目参与 NETLIPSE 的研究也极具挑战性,但我觉得我们已经成功地组织了一个既遍布欧洲大陆,又包含顶级项目的团队。与调查这些项目的专业人员一起工作令人振奋、紧张且有趣。分析所提供的材料和与技术验证委员会密切合作进行比较案例分析也是如此。

第6章 良好实践与经验教训

6.1 本章简介

NETLIPSE 旨在从待研究项目中获得良好实践和经验教训，并将它们推广出去。考虑到这一点，我们将这些良好实践与经验教训整理成为 8 个主题：

主题 1：项目目标和范围；
主题 2：利益相关者；
主题 3：投融资管理；
主题 4：组织与管理；
主题 5：风险（威胁和机会）；
主题 6：承发包；
主题 7：法律许可；
主题 8：知识和技术。

研究结果显示，我们所研究的项目中确实有许多良好实践，亦存在一些经验教训。以下各节描述了我们认为最有趣的内容，同时也在必要时为读者提供了项目案例。

6.2 主题 1：项目目标和范围

基础设施项目旨在为利益相关者、整个社会及环境带来效益，而项目成果则要根据项目目标、项目产出、项目范围等进行评价。范围是指在规定工期内交付的基础设施实体，此实体必须满足相关的功能要求。

NETLIPSE 的研究显示，很难在项目的范围与目标之间建立对应关系。因为多数项目具有多个目标，而这些目标不能与范围一一对应。但目标与范围的对应关系却对组织管理而言至关重要，因为这种对应关系是与利益相关者对话以及确保决策参照清晰的必要条件。

利益相关者需要在计划阶段明确项目的范围，从而明确项目的影响和交付成果，但项目的不确定性造成了项目范围的模糊。

> **厄勒海峡通道：目标管理**
>
> 项目管理机构通常使用"目标管理方法"。"目标管理方法"遵循从企业愿景转化为整体经营目标，再从整体经营目标转化成为部门、合同和员工组目标的路径。这个过程每半年检查和更新一次，有助于协调各种活动并激发员工的积极性，亦为衡量绩效和进步提供了标准。目标管理是项目控制中的主要方法。

下文阐释了 NETLIPSE 所研究的项目用以贯彻项目目标、项目成果和项目范围的基本原则。

6.2.1 与利益相关者互动确定目标

项目管理机构和项目团队需要灵活地清楚定义目标，且有必要将其及时告知利益相关者，同时，外部环境变化和内部动机变更将不可避免地导致项目目标发生变化。此时必须主动进行变更管理，并保证与相关人员沟通的顺畅。

> **英国西海岸干线：关于项目范围的经验教训**
>
> 项目范围管理在项目的第一阶段处于失控状态。业主和发起人在对项目所涉及问题了解不足的情况下独立决策，且并未积极促进行业其他部门和利益相关者参与。

> **葡萄牙雷兹里亚大桥：特许权协议**
>
> 雷兹里亚大桥项目是葡萄牙政府与项目管理机构 BRISA 之间的特许协议的一部分。根据法律规定，该设计—建造—维护协议规定了该项目的目标、工期和特许权时间。

> **厄勒海峡通道：与利益相关者协商**
>
> 在项目初期，可行性研究对比分析了一系列的战略选择。项目范围的确定得益于项目管理机构与利益相关者的早期协商。这促使项目管理机构更认真地对待项目建设工作。

6.2.2 制定愿景

项目必须具备易于理解的愿景。如果项目目标很抽象，同时也没有定义项目所需达到的具体指标，那么该项目就很难成功。

奥地利下因河谷铁路：过度专注于项目交通容量只会分裂支持者和反对者

在可行性研究期间，在因河谷下游建造新线路的议题阻碍了项目推进。不同"专家"对现有铁路线所能承载的最大容量有着不同的看法。这条支线是柏林到巴勒莫铁路走廊容量的瓶颈吗？根据计算方法和技术升级的范围，线路的最大容量是每天320~400列火车。如果按照实际最大容量是320列/天，则意味着已经达到容量极限；如果日处理量为400列/天，那么现有的双轨铁路仍然可以处理额外的交通流量。这些议题是新下因河谷铁路的支持者和反对者之间进行政治讨论的核心。

厄勒海峡通道：广阔的项目愿景

厄勒海峡通道管理的主要重点之一是，业主厄勒海峡联盟制定的项目愿景远比单纯建设跨海大桥要广阔得多。"厄勒海峡地区在文化和经济方面成为新兴的欧洲发达地区"和"为厄勒海峡地区在经济、文化和心理上架设新的桥梁"的愿景驱使整个组织采用了更广阔的视野。该通道的后续决策始终围绕这一愿景，这比"仅专注于项目执行"更具挑战性，项目愿景允许将项目活动置于总体展望之中。

斯洛伐克布拉迪斯拉发环路：保持范围和目标的明确性

作为一项长期发展计划的一部分，斯洛伐克已经拟定了未来多年的基础设施政策和优先事项。尽管已部分更新了该项目的优先级，但项目目的仍然清晰且稳定。布拉迪斯拉发环路有效缓解了交通拥堵，缩短了出行时间，这离不开明确的项目范围和目标。

6.2.3 将目标转化为范围、工作包和里程碑事件

目标必须转化为可以管理的范围、工作包和里程碑事件。里程碑事件对确保项目计划可靠性至关重要。这种可靠性还取决于项目背景（情景）的发展。起点的标志应该是具体工作包的确定：在起始节点时，工作包就应被确定下来。

瑞士圣哥达和勒奇山基线隧道：与地方当局一同规划

隧道项目的关键成功因素之一是规划的可靠性，该规划立足于阿尔卑斯枢纽通用规划。联邦、州和地方当局在1995年4月12日发布的首版规划中就协调了空间规划，这对各级政府产生了约束。未来的所有规划都必须与此规划一

道加以考虑。如果地方当局发现后来的规划与此规划有冲突，则必须与联邦运输局基础设施司共同制定进一步的行动计划。瑞士圣哥达和勒奇山基线隧道的规划已成为一种动态指导工具，可根据需要加以更新、调整或修订。

荷兰高铁南线：设计阶段完成后变更项目构成

在投标阶段，承包商和联合承包商不能对5亿欧元以上的合同进行单独投标。所以，他们先分别投标21份合同，然后又将这些合同重新组合成5份主要合同。这个做法对项目的交付时间和总成本产生了负面影响。此外，在设计阶段完成后变更项目范围会引发很多其他问题。

6.2.4 评估并授权范围变更

对范围进行管理意味着要在柔性与刚性之间保持平衡。对各方提出的范围变更进行正确评估是项目成功的一个重要因素。多要素动态配置①是进行范围控制的良好实践（见6.2.5小节）。通过对技术需求和功能需求的区分，我们得以更快地处理范围变更，并且可以由合适人员作出变更决定。这样的区分明确了范围管理的责任与权限。

荷兰布滕佛铁路：功能及技术规范

在项目开始时，各方关于变更范围的讨论并未将功能和技术问题分开，这使得关于变更范围的讨论变得模糊，有关各方的权力和责任尚不清楚。拟议的范围变更通常会向上涉及最高层级的人员，从而迟缓了决策进度。通过区分功能层面和技术层面的需求，上述问题得到了解决。项目管理机构已得到技术规范变更的许可，但功能规范的变更只能在交通运输部的授权下进行。

英国西海岸干线：功能规范

作为最重要的基准文件，《西海岸干线功能规范》旨在建立一个由项目管理机构完成的业主与发起人需求明细表。功能规范必须在严格的变更控制程序

---

① 对于Configuration，在计算机等学科中被广泛翻译为"组态"，表达了条件组合的不同状态这一英文本来的含义，指的是环境、行业、技术、战略、结构、文化、主义、群体、成员、过程、实践、信仰和结果及其维度都是聚合为组态的形式。 在管理领域，少数文章翻译成"构型"，如刘小浪、刘善仕、王红丽在（2016，《南开管理评论》），在杜运周和贾良定（2017，《管理世界》）将其翻译成"组态"后得到学术界的普遍认同。在本翻译中，为方便广大读者阅读和理解，我们采用了更通俗的翻译"多要素动态配置"，这种视角认为"组织最好被理解为相互关联的结构和实践的集群而非分单元或者松散结合的实体，因而不能以孤立分析部件的方式理解组织"。

以及双方同意的情况下持续更新。该文档约有100页，包括对独立但有联系的、类似控制文档的交叉引用。拟议的范围变更是根据成本、产出价值、进度和风险来衡量的。项目制定了所谓的"权限变更程序"。范围变更授权需要得到铁路网(母公司)代表和交通运输部项目主任(业主/发起人)的批准。

荷兰马斯河水路工程：在早期阶段汇报范围变更情况

汇报范围变更情况绝非易事，因为政客们并不乐意看到变更导致的成本增加。马斯河水路工程的项目管理机构在项目的早期就认识到，尽早就可预见的范围变更进行沟通至关重要，这能够有效规避突发状况的风险。马斯河水路工程的新项目主管上任的第一件事就是对拟挖掘和运输的砂石量进行彻底再评估。尽管该评估导致了约86米的范围变更，但它避免了后续的意外情况，并因此赢得了项目业主与发起人的信任。

葡萄牙雷兹里亚大桥：为提高项目质量优化范围

尽管葡萄牙政府在初步研究之前就完全敲定项目范围及截止日期，但是承包商仍然提出了一个桥面重大变更(从2×2车道变为2×3车道)，在没有大幅度改变成本和工期的前提下改善了项目质量。

6.2.5 采用多要素动态配置方法评估范围变更的影响

多要素动态配置确保项目范围内的各部分影响都得到充分的考虑，这对于识别偶发变更的影响至关重要。多要素动态配置对铁路项目尤为重要，因为铁路项目的技术与界面复杂性更高，常常需要处理不同层级和不同合同之间的复杂关系。

荷兰布滕佛铁路：多要素动态配置

所有合同经理定期参加会议，讨论可能的范围变更。他们研究单个合同中的变更对关联合同的影响。一份合同的微小变动可能会对另一份合同产生重大影响。在识别偶发变更时，多要素动态配置必不可少。

葡萄牙里斯本—波尔图高铁线：评估流程

公共工程部、交通运输和通讯部商定了里斯本—波尔图高铁线的项目目标，并将这些目标转化为里程碑事件和工作包。范围变更的批准需要全面的评估程序。职能部门必须评估和测试范围变更，然后用有效的手段将其推广。在本项目中,用"专门应用于高铁的全新路线"这一现有方案替代"使用现有的部分传统线路"的最初方案,这一过程通过了测试和证明。

6.2.6 实施变更流程

由于范围变更可能是随机的和无效的,项目层面的变更流程可以更好控制范围变更。例如,变更单在施工初期必不可少,尤其在地下工程中,因为承包商通常会遇到设计人员没有预料到的问题。范围变更流程需要紧密地与项目开发过程联系起来,并促进变更决策。

> **斯洛伐克布拉迪斯拉发环路:变更单**
>
> 一旦项目上马,就几乎没有可能改变其范围。该项目在合同开始之前就已被充分设计,因此在计划执行的过程中几乎没有变更机会。然而,承包商遇到了设计者没有预料到的问题。此时,变更单流程被证明在控制成本和计划方面是有效的。

> **荷兰马斯河水路工程:在数据库中登记范围变更的信息**
>
> 仔细登记项目范围的变更。季度报告需要描述首次考虑范围变更的情况。一旦变更提议确定,就需向国务大臣发出说明函。如果他接受此提议,他将通知议会。下一季度报告将在费用及预算方面留出余地,从而确保国家预算信息能够体现项目情况。所有范围变更都应该在项目数据库中登记。

6.2.7 具备充分的专业知识以应对范围变更

有时,作出范围变更的决定是由于外部影响。过去十年,隧道安全规定变得更加严格。有时,必须在施工过程中实施变更的安全规范,这威胁到项目工期。为了能够充分评估和理解某一特定变更的后果,用合适的专业知识来评估变更对成本、成果或进度的影响至关重要。

> **斯洛伐克布拉迪斯拉发环路:业主/发起人组织的专业知识**
>
> 作为业主/发起人的交通运输部是项目中政治层面的责任主体,所以最终承担所有风险。所有变更单及变更方案都需经其批准。然而,直到目前为止,机构内部的技术专家仍未能为变更审批的授权提供支持。一旦认识到变更需要基于专业知识进行审批,该机构也就可以更好地对项目变更负责。

德国纽伦堡—英戈尔施塔特高铁线：处理变更标准

德国铁路的项目管理机构开发出一种迭代方法,通过在施工过程中变更实施方案最大程度地减少延期。例如,在隧道工程施工的过程中,隧道混凝土保护层的安全标准恰好被停用。虽然该隧道已经按照旧标准开挖并进行了混凝土浇筑,但是该项目管理机构设法与德国铁路和联邦铁路局达成了一项协议,从而使该项目得以继续进行。新标准被添加到后续阶段的实施计划中。

葡萄牙雷兹里亚大桥：外部专家组成的评估小组

该项目由外部专家团队不间断监测。团队成员主要是大学教授,他们专注于岩土、结构、地震、水力学和混凝土等方面的问题,并在项目实施之前提供技术建议以及经过验证的设计方案。

6.3 主题 2:利益相关者

我们的研究表明,所有项目管理机构都认为利益相关者的参与是有价值的,NETLIPSE 项目中的基本经验是,对话、沟通、合作与关注技术、合同和其他内部问题一样重要。了解彼此的利益可促进合作以及有助于避免误会。

此主题下的良好实践和经验教训可以简单地概括为"调整和组织利益相关者的参与"。项目管理机构必须区分不同类型的利益相关者。例如,当地居民与非政府组织的区别;政府、官员、项目管理机构及其上级组织的区别。不同的利益相关者需要以不同的方式嵌入与项目管理机构联系的结构中。这样,沟通会变得更加有效。

厄勒海峡通道：利益相关者管理

项目管理机构广泛地与 180 个不同的组织相联系,这些组织或直接参与了项目,或对该项目感兴趣。业主厄勒海峡联盟认为,侧重于计划、准备和开放的利益相关者管理是项目成功的关键因素。可以倾听利益相关者的意见(尤其是对项目的批评)通过并与其进行交流了解不同的观点,从而改善与利益相关者的关系以及公众对项目的看法。该方法还帮助业主厄勒海峡联盟在早期阶段识别、评估和处理问题。

与那些在项目初期就与利益相关者达成共识的项目相比,临时与利益相关者打交道的项目似乎遇到了更多问题。由于当地利益相关者直接受项目影响且利益各有不同,因此与他们达成协议通常十分困难。

信任的关键是建立互信。在大型基础设施项目中,由于环境的不可预测性,利益相关者在某些必须控制项目的地方会遇到困难。因此,将关注的重点放在软性因素至关重要。当然,这并不意味着利益相关者必须完全达成共识,而是指他们必须认真对待彼此的关系。总体而言,利益相关者不希望项目中存在未知信息。

> **荷兰布滕佛铁路:改变重点**
>
> 在早期阶段,项目管理机构专注于"路线决策",因为该决策将作为执行项目的法律依据。利益相关者管理在当时并不是主要问题。然而,利益相关者对该项目的强烈反对导致了工程范围的重大变更和成本增加。布滕佛铁路的经验表明,传统的内部管理风格不适合该项目,应该找到新的管理方法。该项目促进了利益相关者交互管理的发展。吸取教训后,重视利益相关者的管理和开放管理方法已成为20世纪90年代中期以来的良好实践。

以下7个良好实践和经验教训表明了组织和管理利益相关者参与的方法。

6.3.1 带动运营商和相关行业人员参与项目

开放的跨行业管理方法在利益相关者管理中十分有效。铁路安全系统和其标准很复杂,当考虑到基础设施和车辆之间的相互作用时,必须充分管理各界面。让铁路运营商参与的原因有两个:首先,基础设施最终将被铁路运营公司使用,而铁路行业有大量的运营和工程专业知识可以在早期阶段被吸收并有效地应用。其次,他们对当前和未来的业主需求有更清晰的认识。项目的施工和运营经常需要同时设计和安排,相关行业人员的加入可以使项目规划得更好、更清晰,从而降低成本、优化设计以及高效率实施项目。

> **英国西海岸干线:带动铁路运营商参与项目**
>
> 起初,在铁路交通迅速发展的时期,项目停滞了五年,这使运营商备感沮丧。英国铁路公司内部都未达成共识,更不要说火车运营商与英国铁路公司之间了。后来,英国铁路战略管理局决定采用开放的跨行业方法,准备将西海岸干线的项目规划告知整个铁路行业,并达成行业共识。2002年10月,项目发布了新的咨询文件。在英国铁路战略管理局(现为英国交通部)的领导下,铁路行业各单位积极参与了咨询文件的制定,并最终签署通过了该文件。该文件包括修订后的针对火车运营公司的特许经营规范。

> **奥地利下因河谷铁路:协调平台**
>
> 项目管理机构在多个层面建立了沟通论坛。例如,在直接利益相关者层面

上，建立了上级组织、交通运输部和未来运营商的沟通论坛，另外还有面向间接利益相关者的论坛。定期会议有助于评估与各方利益相关的不同议题，并有助于以连贯的方式解释该项目的计划。

6.3.2 促进与当地利益相关者和批评者的联系

利益相关者管理中最困难的任务之一是处理当地利益相关者的需求。尽管不同国家的制度背景不同，但我们发现在每个项目中，当地利益相关者的管理都被视为重要问题。

斯洛伐克布拉迪斯拉发环路：地方一级的批准

斯洛伐克政府最近作出了制度安排，以在更广泛地征询意见能消除地方对项目的控制。根据旧法律，该地区的市长对建筑许可拥有否决权，这样会产生不合理的要求，例如坚持用建设新的体育设施来换取建筑许可。新法规将确保标准程序在全国范围内统一实行。

英国西海岸干线：西海岸 250 的利益相关方代表

西海岸 250 是代表该路线沿线许多地方政府的网络，它甚至还有一个议会机构。业主/发起人、英国铁路网络公司内的项目管理机构以及火车运营商每两个月与该机构会面一次。沿线居住的居民也是铁路服务的使用者，他们会提供有关项目建设的"现场情报"，并且在与当地社区的沟通中发挥重要作用。

荷兰马斯河水路工程：赔偿受项目影响的当事方

马斯河水路工程的问题之一是，它可能降低比利时一侧边界的水位，从而导致自然保护区水资源枯竭。因此，项目管理机构在比利时路堤上设置了临界值标志以维持水位。

荷兰马斯河水路工程：与其他政府进行谈判，但要在项目范围和预算范围内

与市政当局和其他利益相关者的谈判只能进行到这一步，因为从广义上讲，项目范围和预算是固定的。所有谈判都必须在先前设定的范围（利益相关者已知）内进行。项目管理机构和利益相关者需在有限范围内寻求共赢。例如，项目的一个分部工程使用板桩预防洪水影响。但是，相关市政当局倾向于使用替代方案。经过成功的谈判，项目管理机构按照市政当局的首选方案进行了投资，但前提是市政当局应对所涉及的额外风险负责。

> **葡萄牙雷兹里亚大桥：关于环境需求的共识**
>
> 大桥项目地处沼泽地，当地农业和环境对项目选址具有敏感性，这要求项目重视利益相关者管理，尤其是非政府环境组织和当地社区。为了满足他们的利益并获得支持，有必要更改项目路线，即使这会影响项目特性。

> **波兰 A2 高速公路项目：创造就业机会获得利益相关者的支持**
>
> A2 项目为当地人创造了许多就业机会。这有助于提高社会认可度，并获得当地社区对该项目的支持。

6.3.3 避免混杂消息

业主/发起人和项目管理机构成员之间的沟通应保持同步。他们都应该在组织内部和组织之间传递相同的信息。只有这样，业主/发起人和项目管理机构才能被视为可靠的合作伙伴，以建立透明度和信任，从而减少利益相关者之间的冲突。

NETLIPSE 的研究中展示了几种已采用的方法。一旦引入了与任何外部团体进行沟通的有效程序，运用有效的沟通技巧便是每个项目团队成员的责任。当然，也可以将这个任务分配给一个专项小组。两种方法都有优缺点，但是无论如何，熟练的人员和清晰的信息至关重要。

> **厄勒海峡通道：将沟通整合到关键项目团队成员的任务中**
>
> 由于项目的规模和复杂性，项目管理机构不想将公共关系和利益相关者的管理限于业主机构中的一些媒体经理。相反，沟通技巧对于关键项目负责人来说至关重要，因此他们接受了处理公众和媒体事务的培训，并有权代表项目发言。沟通不是一项单独的任务，而是关键项目团队成员的职责。

> **葡萄牙里斯本—波尔图高铁线：与利益相关者打交道的专项小组**
>
> 到目前为止，在里斯本—波尔图高铁线项目中，"利益相关者的沟通"这项工作已分配给不同部门。行政部门与政治利益相关者打交道，而工程部门与设计师和咨询师打交道，环境部门负责与工业和旅游领域相关的利益相关者沟通。但是，在下一个项目阶段，项目管理机构打算将利益相关者的关系集中在一个由行政、环境和工程部门共同参与的专项小组中。

荷兰高铁南线：从分散到集中的利益相关者管理

在荷兰高铁南线项目开始时，利益相关者管理人员分散于合同团队中。而且那时没有与利益相关者沟通的一般规则和规定。这样做的好处是管理人员可以直接接触利益相关者。但是，由此产生的混杂信息引起了许多误解，尤其是在解决争端和法律诉讼方面。

在项目后期，项目管理机构的总行政和法律事务部门协调了涉及当地社区的所有程序。他们每月组织法律专家和利益相关经理开展会议。利益相关经理还可以就相关问题咨询合同团队中的专家，例如有关环境、景观、建筑、电缆、管道和空间规划方面。

荷兰马斯河水路工程：利益相关者经理和合同经理

在马斯河水路工程项目中，利益相关经理和合同经理的角色明显不同。这两个角色需要不同的技能，并且由不同的人担任。合同经理专注于合同，而利益相关者经理则与利益相关者以及其他对该项目感兴趣的人保持联系。角色和责任的明确有助于每个人都专注于自己负责的任务。这种区别还体现在项目的不同阶段：在启动和决策阶段，利益相关经理处于领导地位，但在项目后期，合同经理负主要责任。在交付过程中，利益相关者经理在管理项目情境方面起着重要作用，而合同经理负责活动的协调。

6.3.4 在招标前与利益相关者达成共识

一些项目展现出在招标之前完成行政手续的好处。在招标前阶段，与利益相关者讨论不同的备选方案更加容易，不会受到复杂的合同约束。但是，由于空间规划的限制或招标法规的限制，这并非总是可行的。

芬兰E18高速公路：在招标前阶段完成行政手续

利益相关者很早就参与了该过程。大多数利益相关者（例如地区组织和电信公司诺基亚）都从新E18项目中受益，并在议会游说以促进项目立项。环评期间，管理人员与利益相关者进行了密切沟通，预防了利益相关者在项目过程中的不确定性行为。

在招标前的阶段与利益相关者讨论备选方案比较容易，并且不会产生复杂的合同后果。采用这样的方式与利益相关者的合作就可以充分发挥沟通的作用。

6.3.5 使政府部门能够监督项目

与不同职能官员的沟通方式需要量身定制,这是确保长期政治支持的有效方法。在正式和非正式关系中达成共识是很重要的。另外,大多数大型基础设施项目的生命周期都比政府官员任期长,因此,与一个政党或团体保持过于密切的联系可能会适得其反。

> **瑞士圣哥达基线隧道:政治监督**
>
> 议会特别代表团对圣哥达基线隧道进行政治监督。新阿尔卑斯铁路枢纽网络监督代表团是阿尔卑斯山铁路新线规划和建设的上级监管单位,它保证了与不断变化的政府与项目主管部门之间工作的连续性。即使新阿尔卑斯铁路枢纽网络的内部角色或代表团团长的政治取向发生变化,也不会对工作的连续性产生重大影响。总体来看,此机构和代表团的工作为透明和长期的政治支持提供了保证。

6.3.6 与业主/发起人正式明确责任

项目管理机构必须向作出关键决策的业主/发起人证明其行动的合理性。各方应就项目安排达成共识。该协议可以解决报告结构、正式决策和日常工作中的问题,加快决策速度并有助于处理项目范围的变更。虽然协议有时仅列出授权原则,但无论如何都建议对职责和任务进行明确的安排。

> **荷兰布滕佛铁路:正式和非正式关系**
>
> ProRail 项目管理机构向 ProRail 董事会主席报告。董事会主席向荷兰公共工程及水管理局总局汇报,而总局再向荷兰交通运输部汇报,交通运输大臣正式负责批准范围变更。这一过程中也产生了其他交互活动,但它们与项目没有正式关系。例如,ProRail 董事会的负责人可以与交通运输大臣交换信息。

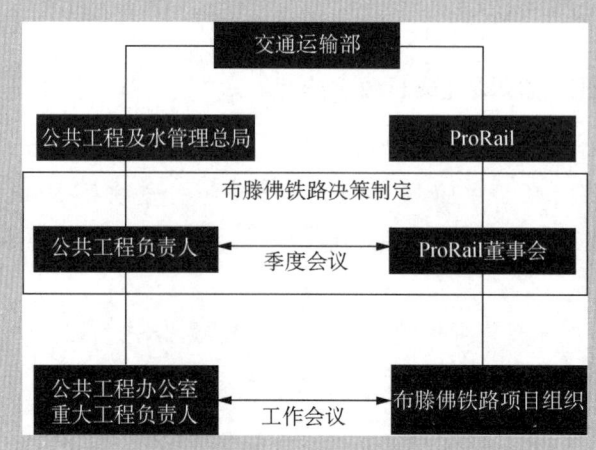

图 6.1 荷兰布滕佛铁路项目结构

6.3.7 项目品牌化

项目品牌化有时可以带来巨大的好处,开设一个信息中心、发布手册并维护一个结构良好且经常更新的网站,为利益相关者举办各种活动,例如组织参观建筑工地。品牌宣传可以展现该项目对直接用户和整个社会的积极影响,也可以加深当地居民和公众对项目的了解。品牌推广旨在以积极的方式影响人们的看法,并可以帮助公众建立信任并激发对该项目的热情。

> **厄勒海峡通道:值得骄傲的项目**
>
> 所有交流都集中在以下前提上:厄勒海峡通道应该成为该地区人民引以为傲的项目。该项目以丹麦和瑞典之间关于经济、社会和文化目标的协议中设定的目标为基础,与公众和媒体合作,以促进项目成为该地区有新闻价值的资产。

> **瑞士圣哥达基线隧道:强调为用户带来的好处**
>
> 最初,该隧道被称为革命性的技术突破。后来,该项目被重新命名为不同国家之间的"桥梁",并发生了从公路到铁路的模式转变。这对公众对该项目的看法产生了积极影响,随后又进一步将项目定义为"瑞士最大的环境保护项目"。

6.4 主题3:投融资管理

如同 NETLIPSE 研究中所示,投资巨大的大型基础设施项目融资方式多样。本主题侧重于投融资管理方面的良好实践和经验教训。简而言之,它们是:

(1) 使用适当的计算来支持决策

关于项目可行性的决策通常涉及为项目制定商业计划,这需要对成本和收入(包括财务)进行计算。决策还涉及非财务成本和收益的计算。第一类良好实践考虑了这些工具的正确使用(另请参见主题1)。

(2) 寻找投融资的可能性

通常认为,政府应该支付项目的全部费用,并考虑所有现金流量。但是,NETLIPSE 所研究的15个项目中亦有采用其他投融资方式的案例。

(3) 与项目范围有关的成本控制和预算

第三类良好实践是基于项目全寿命周期的成本和预算控制,并重点强调项目财务的透明。在项目成本和预算含糊不清的情况下,公共和私人利益相关者就可能对项目产生负面影响。

6.4.1 使用适当的计算来支持决策

四个方面的良好实践和经验教训展示了使用计算来支持项目决策的具体方式。

1. 定义计算和决策标准

基础设施项目的决策依托许多不同的标准。政府官员可能会因为其总收益要高于总成本而青睐某个项目。但亦会由于负担不起投资而拒绝一项非常有价值的项目。例如,尽管人口稠密地区的竞争项目价值更高,但他们可能选择在经济能力较弱的地区投资以减轻投资负担。一些商业计划包括了基础设施运营的内容,而其他案例则没有。无论使用哪种方法,我们都建议明确所使用的标准和计算方法。

> **英国西海岸干线项目:决策的三个标准**
>
> 英国西海岸干线项目的商业计划描述了如何处理风险和不确定性。它还包括乐观和悲观偏见。共考虑了三个标准。
>
> (1) 物有所值。计算收益成本比(Benefit to Cost Ratio,简称 BCR)。收益不仅是财务收益,而且还包括集聚和再生收益(Agglomeration and Regeneration Benefits)。可行项目的比例通常超过 1.5。英国西海岸干线项目得分很高,达到了 2.5。
>
> (2) 负担能力。需要考虑项目的投资规模,即使一个项目的成本效益比很高也可能出现负担不起的情况。
>
> (3) 投资分配。为了就项目规划达成共识,项目在不同的市场需求之间确定了投资的优先级,为货运、短程旅客以及长途旅客(项目的最初目标)都带来了良好而可行的收益。

> **英国西海岸干线项目:其他非财务利益**
>
> 在 2004 年,英国西海岸干线项目的整体净财务收益被评估为负数,这种负的净收益在几乎所有基础设施项目都很常见。估算总收益约为增加后的直接成本的 60%,但随后又被重新评估为约 85%。该项目的成本包括 20% 的增量基础设施成本和 80% 的保持线路"持续经营"的成本。
>
> 但是,非财务的整体收益改变了商业计划,使其成本效益比达到 2.5。

> **厄勒海峡通道:促进区域发展**
>
> 丹麦和瑞典之间的跨海通道不仅形成了一个基础设施实体,而且还刺激了通道两侧区域的发展。

2. 请注意,由于不确定性和政治解释,决策总是值得商议的

用于商业计划计算的数据始终存在不确定性。例如,由于市场条件会发生变化,因此项目的未来收益很难估计。由于存在主观性,广泛的经济利益更难以计算。因此,可行性计算通常是项目前期讨论的主题。NETLIPSE 的一些项目表明,基础设施投资基于政治决策,而对于政治决策,商业计划仅有微弱的价值,有时几乎没有用处。有两种意见可能对计算产生误差。乐观意见意味着收入或收益被高估。傅以斌(2003)从广泛的研究中得出结论,决策者自己很清楚,他们倾向于高估通过或者不通过决策的收益。悲观意见意味着项目通常仅由其(对财务收益的)直接影响来判断,而忽略了非财务收益,这些非财务收益在项目的早期阶段往往得不到充分的体现。

> **英国西海岸干线项目:乐观意见**
>
> 英国西海岸干线商业计划包括对基本建设成本 15% 的乐观估计,因为该项目已经明确定义并在该阶段已部分完成。在早期阶段,较多的乐观意见可能是合适的。

> **荷兰布滕佛铁路:战略决策**
>
> 布滕佛铁路项目得出的结论是,应就此项目提出战略决策,而不是具有虚假经济回报的投资。

> **奥地利下因河谷铁路:乐观意见是一个成功因素,具有相对短期的价值**
>
> 在获得授权之前,下因河谷铁路项目与其他奥地利基础设施项目存在激烈的竞争。前项目经理的强力游说是获得授权的主要原因之一,而批准的另一个原因是 2001 年的可行性研究。项目后来因交通成本过高而受到交通运输部的批评。关于成本的争议导致项目经理辞职并建立了双重领导,后来奥地利审计法院的调查证实了该观点。

3. 显示计算的不确定性和敏感性

计算不可避免地涉及不确定性和敏感性。其结果应当提供不确定性的范围,以支持决策。对成本和收入的洞察力将随着项目进行而增加,这有助于迭代地更新商业计划。参见上文提到的英国西海岸干线项目的乐观意见。

> **芬兰 E18 高速公路:净现值和支付费用的计算工具**
>
> 根据公路的可行性和性能,向服务提供商支付的费用会随时间波动。为了了解自身财务状况,芬兰公路管理局开发了一种计算工具,该工具也可作为应

付款项的参考标准。此外,双方同意服务供应商使用相同的工具,以避免解释上的分歧。

4. 项目价值受到范围变更的影响

范围变更直接影响成本和收益。在项目的初始阶段,需要考虑利益相关者的额外要求给项目预算带来的压力。另外,可以通过范围变更(价值工程)来产生积极影响。

斯洛伐克布拉迪斯拉发环路:通过资助足球场削弱商业计划

布拉迪斯拉发环路的项目管理机构必须为邻近城市的足球场提供资金,才能获得该项目的许可。尽管这有助于增加当地社区对环路项目的支持,但它降低了该项目的成本效益比。

英国西海岸干线项目:通过改变范围来改善商业计划

据估计,此项目在2002年审查时的投资超过130亿英镑。为了重新评估该项目的可行性,必须对项目范围进行大幅度的变更。因此,项目减少了不是为目标达成所必要的某些要素,添加或重新引入了其他重要元素。总体而言,这些措施使估算成本降低至83亿英镑,但同时也增加了项目价值,因此成本效益比得到了很大的改善,这使政府决定按变更后的项目推进。

奥地利下因河谷铁路:隧道维护可能是时间问题而不是位置问题

最初,隧道要安装维护壁龛以便在轨道使用时进行维护工作。这使得隧道的开挖直径要达到14.38 m。后来,对维护计划进行了修订,从设计中去除了维护壁龛,代之以服务间隙,这样可以利用列车不使用隧道的间隔对隧道进行维护,将开挖直径减少为13.08 m,在不影响质量的情况下节省了施工时间和成本。

6.4.2 寻找投融资的可能性

NETLIPSE项目案例展示了除依靠国家政府资助以外的资金筹集方式。

荷兰马斯河水路工程:环保的碎石工程

马斯河水路工程项目管理机构与碎石生产商、承包商和生态非政府组织联合体签订了合同。该联合体将挖掘碎石以拓宽默兹河,并同时开发新的自然保护区。这项工作的资金完全由出售碎石的收入提供。

瑞士勒奇山基线隧道：设立特殊项目的特殊资金

勒奇山基线隧道项目的资金完全来自石油税、重型车辆税和增值税。具有Finöv基金的系统可确保长期财务安全，并被各方视为该项目的最大优势之一。

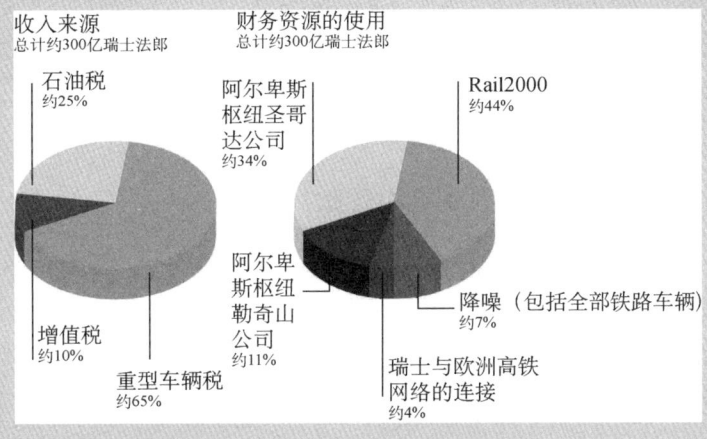

图6.2 瑞士勒奇山基线隧道投融资

葡萄牙雷兹里亚大桥：欧洲投资银行贷款

项目管理机构考虑了几种资金选择。欧洲投资银行被认为是此类基础设施的最有效替代方案。它所提供的贷款有一个初始宽限期和一个长期的分期还款时间计划，包括每年的固定分期付款。

厄勒海峡通道：两国达成协议并自由设定费率

丹麦与瑞典之间的政治协议在早期阶段就充分考虑了厄勒海峡通道的融资安排。这样就明确了该项目的预算，并使其不受任何政治意见的影响。该协议赋予项目和运营组织独立的权力来设置费率。这使得许多在政治上经常引起争议的决策可以在项目范围内处理，从而可以最大程度地实现项目价值。

波兰A2和A4高速公路：对卡车司机收费不起作用

A2高速公路收费使得许多司机更改了行驶路线。过多车辆的荷载超过了替代公路的载荷，导致替代公路很快损坏，而A2高速公路上的卡车交通量仍然相对较小。卡车司机存在大规模欺骗行为，他们选择了替代路线，但仍向其雇主提供事先购买的伪造的高速公路通行费发票。由于邻国的税收制度不同以及税务机关之间的合作缺失,这种做法无法被发现。波兰随后实施了一项规定,即荷载超过3.5吨的车辆只有获得贴标才能进入高速公路,贴标费用由国家公路基金补偿给了运营商。一个月后,高速公路上的卡车交通量增加了100%。以A2高速公路为例,卡车交通密度的增长很快,以至于运营商不得不将原本计划在2014年进行的高速公路路面整修提前到2007—2010年间完成。这一调整提高了当地公路的安全性。

6.4.3 与项目范围有关的控制成本和预算

以下四个良好实践和经验教训为成本和预算控制提供了指导。

1. 始终将范围变更与预算变更相关联

范围变更应始终计入成本并与预算关联。项目管理机构应登记所有应由项目法人授权并与适当预算关联的范围变更。

德国纽伦堡—英戈尔施塔特高铁线:范围变更和预算方面的经验教训

德国联邦铁路局和德国铁路股份公司对该项目的预算上限达成了共识。德国铁路建议限制国家融资,以使德国联邦铁路局不再询问资金使用情况。但是,这意味着该项目的额外费用必须由德国铁路公司自行承担。尽管德国铁路坚信能够在不超支成本的情况下交付该项目,但预算还是超出了预期。与最初预算中较便宜的安装镇流器底座相比,德国铁路必须支付与平板轨道使用相关的范围变更而产生的所有额外费用(相应地降低了整个生命成本)。德国铁路还必须承担因延期、技术进步和安全标准变更而产生的额外费用。

英国西海岸干线项目:处理变更说明中的范围变更

范围变更通过变更指令程序进行处理。该程序根据成本、产值、进度和风险标准评估范围变更。变更指令程序描述了变更、变更的类别(规格或范围)、变更的原因(业务理由)以及变更对项目规模、交付和成本的影响。这需要得到英国铁路网络公司的三名代表和交通运输部项目主管的授权。

瑞士圣哥达基线隧道:范围变更导致预算变更

乌里州的人民强烈抵制该项目,所以该项目未按计划获得建筑许可。因此必须对项目主要范围进行变更,这会导致工期延误和额外费用。项目管理机构认为,成本基准应由业主/发起人批准。业主/发起人认为,项目前期应预见到该问题,因此应用原始预算中的费用增长来弥补产生的额外费用。最后双方决定,在乌里州的适应性工作产生的额外费用可在预算项目"技术的安全与状态""环境和人员改善""与政治相关的延迟"中解决。

2. 始终将实际范围、实际成本估算和实际预算联系起来

当前的实际项目范围包括原始商定范围加上范围变更,以及项目期间的通货膨胀补贴。项目的实际范围和建造成本估算应联系在一起,从而使实际预算与最终估算成本联系起来。这样,可以很明显地看出该项目是否处于可控状态。

> **荷兰布滕佛铁路:平衡预算控制**
>
> 布滕佛铁路项目组织内的预算控制侧重于平衡,即实际预算与实际参考范围的平衡,当前范围与荷兰交通运输部已分配预算之间的平衡。实际范围包括原始商定范围、商定范围变更以及项目期间的通货膨胀。估计的最终估算成本应与实际范围参考相对应,需考虑实际范围与构建此实际范围的成本估算之间的平衡。
>
> 项目预算已与荷兰交通运输部商定,这是实际预算与实际范围之间的平衡。范围变更需要额外的预算,首先需要获得荷兰交通运输部的批准。

3. 就指数措施达成协议

通货膨胀修正可以使成本超支或不足产生差异。大型基础设施项目的预算非常庞大,因此再小的预算仍然是一笔不小的数目。建议使用指数作为预测和考虑价格上涨的一种手段。

> **荷兰布滕佛铁路:BOI 指数**
>
> BOI 指数是荷兰针对政府建设项目设定的全国价格指数。计算出的金额与实际情况之间可能稍有偏差,但是通常可以通过参考合同条款解决该问题。

> **瑞士圣哥达和勒奇山基线隧道,新阿尔卑斯铁路枢纽网络:新阿尔卑斯铁路枢纽网络价格上涨指数**
>
> 新阿尔卑斯铁路枢纽网络项目(即 Neue Eisenbahn-Alpen-Transversale 项目),为此引入了特殊的指数以提高成本透明度。瑞士基础设施项目的价格上涨以前是根据苏黎世住房成本来计算的,但这并不能为新阿尔卑斯铁路枢纽网络项目成本通胀率提供有意义的指导。新指数将价格上涨与隧道建设项目相关的成本类型相关联。成本的典型分布是施工(69%)、设计和规费税金费用(16%)、铁路技术(12%)及其他(3%)。

4. 项目管理机构的预算风险和业主/发起人的风险

所有项目都涉及风险，而项目管理就是要管理不确定性。所有 NETLIPSE 项目在承包商、项目管理机构和业主/发起人之间都有一定的风险分配组合。但是，政府官员和投资人通常不愿意在项目预算中包括风险准备金，因为他们认为分配给项目的每一分钱都会被用掉。这个问题在以下案例中以不同的方式得到了解决。

> **德国纽伦堡—英戈尔施塔特高铁线：风险与预算**
>
> 新建铁路的隧道工程许多地质风险，不幸的是，在施工开始之前几乎不可能进行勘探。除非付出高昂的成本费用，否则这些风险无法转嫁给承包商。不可避免的是，承包商会要求赔偿与这些不可预见的情况有关的额外费用。为此，虽然德国铁路设定了不可变更的项目预算上限，但将此原因合理化。项目管理机构可以在德国铁路的其他资源中弥补这一预算的缺口问题（如发生）。

> **荷兰布滕佛铁路：10%的应急预算**
>
> 不确定性在应急预算中得到解决，应急预算是商定总预算的10%。应急预算的一半分配给当地合同经理控制，另一半由项目总监控制。

> **瑞士圣哥达和勒奇山基线隧道，新阿尔卑斯铁路枢纽网络：突发事件预算为15%**
>
> 风险准备金已定为总预算的15%。瑞士交通运输部曾建议保留30%的风险准备金，但出于政治原因，采用了较低的数额。有人担心，这一规定一旦准予实施，这些风险准备金将被视为一般预算。项目管理机构必须尝试用其抵消其他方面的额外费用。如果风险准备金不足，则可以从交通运输部的一般风险准备金中获得额外的资金。交通运输部可能会为地质风险、建筑技术的不确定性、铁路技术的进步、防止工期延迟以及对安全性的需求增加而释放风险准备金。如有疑问，交通运输部将要求独立专家进行评议。拟定风险准备金的用途已得到充分记录。

6.5 主题 4：组织与管理

项目管理机构不能完全自主地采取行动。它们始终与外部各方（业主/发起人）以及整个项目环境的其他利益相关者（例如当地社区）联系在一起。通常，项目管理机构会受到这两类外部团体的压力。上级组织和项目管理机构的管理方式也对内部组织和管理产生影响。

以下内容展示了如何在不同组织中利用这些外部性的压力来实现更好的绩效。

7个经验教训和良好实践表明了项目组织如何与上级组织、业主机构以及外部利益相关者进行合作。

6.5.1　明确说明角色与职责：业主/发起人、项目管理机构、承包商

作为该项目的出资人，业主/发起人领导着项目的决策和产出成果，而项目管理机构则可以看作其主要供应商；尽管通常还会有其他主要供应商，例如铁路项目中的火车运营商。项目管理机构通常的工作是推动项目进行并委托承包商进行建设。NETLIPSE项目清楚地表明，只要职责划分明确，这种组织方法就是最有效的。NETLIPSE项目之间的主要区别在于，业主/发起人角色的政治参与程度不同。在这种基本结构下，决策的清晰性至关重要。自上而下的管理方法并不总是有效的，因为在这种情况下，角色和职责被单方面地进行分配并强加在组织结构图中。

参与各方之间通过讨论和协议明确角色和职责的方法使各方的协作性更高，该方法可以使项目交付更加有效和可靠。另外，应该指出的是，角色和职责在项目建设期间可能会发生变化，因此需要在每个项目阶段进行明确。

厄勒海峡通道：业主—承包商之间的强大项目管理机构

丹麦和瑞典两国是厄勒海峡通道项目的业主/发起人。项目管理机构设定在业主和承包商之间，并签订了各种招标合同。项目管理机构实力雄厚且信息灵通，角色和职责明确，其中两个特征被认为是良好实践。首先，两国都不需要过多地涉及相关细节的处理。其次，承包商可以依靠项目管理机构来保持一致性和有效性，并有效地推动项目向前发展。

荷兰马斯河水路工程：与上级组织的合作

荷兰公共工程及水管理局（上级组织）的一个单独部门负责维护马斯河水路工程中的现有水厂，并且项目管理机构需要在制定马斯路线开发计划时与之合作。最初，沟通不足导致了很多问题，但随后，情况有所改善。现在，项目管理机构在与项目法人讨论范围变更或计划变更之前，会先咨询该部门。他们也会将变更、延误和实施策略告知维护部门。在费用和预算分配方面也会进行密切的协商。

荷兰高铁南线：明确的责任结构是必要的

在项目开始时，项目业主并不明确。在荷兰交通运输部内部，有两个总局对该项目负责，负责客运的总局和负责公共工程和水管理的总局（荷兰公共工

程及水管理局)需要经常相互协商。最终,一个复杂的业主结构被协商确定。但事后看来,这种混淆应在问题明确后就尽快予以解决。

芬兰E18高速公路:对项目经理的足够授权

项目经理既是业主项目管理机构中的项目代表,又是业主完全授权的外部代表,具有非常重要的作用。项目经理的任务授权给了他与项目服务提供商打交道的必要权限,以及直接处理问题的能力,项目经理的权限可以解决大部分的问题。

英国西海岸干线:就各方负责内容交换意见

英国西海岸干线项目的良好实践是各方的角色和职责的明确。项目管理机构发现以自上而下的管理方式很难做到这一点。相反,它们发现与参与人员讨论各自的职责更为有效。在与有关人员讨论责任分配之后,才将职责确定下来。有趣的是,业主/发起人与英国铁路网络公司项目管理机构之间从来没有正式的合同。在目标明确的情况下,合同的无纸化是有帮助的,因为任何一方可以通过协商解决问题。

荷兰马斯河水路工程:与其他公共机构的关系

在与其他公共机构的关系中,项目责任可能会被混淆。马斯河水路工程交付组织负责许多不同方面的职责,而且有些与项目的主要任务并不相关。例如,负责爆炸物清理和拆除的省级部门单方面将此责任移交给了项目团队。为了避免这种行为,需要以双方同意的方式来规范与其他公共机构的关系。

奥地利下因河谷铁路:独立的项目组织

上级组织联邦铁路局将项目的所有责任分配给了一个独立的项目组织:布伦纳铁路有限责任公司。项目管理机构在清晰定义的合同界面下承担具体的任务和职责,其中包括承包商关系的处理。该代表团的成立被项目管理人员视为项目成功的关键因素。但是应指出,自2008年1月以来,项目管理已被更紧密地整合到上级组织中。

6.5.2　设计及实施汇报和决策的框架

大型基础设施项目的一个主要挑战是如何将预算(和进度)超支保持在最低水平。许多项目遭受各种问题的困扰,尽管这些问题确实带来了财务上的负面影响,而且可以被管理机构人员观察到,但是负责报告的人员却没有报告。因此,这通常会导致超乎预期的成本超支,对项目来说无疑是重大的冲击。为了解决该问题,有必要制定程序来处理范围变更并增加预算的请求,以及自下而上的报告程序,这些程序要求项目和业主机构内部有充足的权限以及明确的职责和义务。这样做可以使得项目稳定性增强,从而有助于决策的顺利进行。

> **荷兰布滕佛铁路:决策的三个层次**
>
> 布滕佛铁路项目包含三个层次的协调。在非正式协调的支持下,结构化的报告和决策对处理可能的范围变更和日常工作活动十分有效。
>
> 第一层次:ProRail 与荷兰交通运输部重大项目总部"项目法人"之间的协调。此级别对于通信交流很有用,但是这一级没有决策的权限。
>
> 第二层次:ProRail 主管(项目管理机构向其报告)和交通运输部的荷兰公共工程及水管理局负责人之间的协调。ProRail 董事会的负责人向荷兰公共工程及水管理局局长汇报。这涉及设定范围内项目的决策权限。
>
> 第三也是最后一个层次:交通运输大臣在决策层协调,这一级协调可负责正式批准范围变更。

> **葡萄牙雷兹里亚大桥:监视绩效指标**
>
> 雷兹里亚大桥项目的业主认为对大桥的绩效指标进行密切监视非常重要,这样可以及时预测技术和管理问题。该项目确定并使用了有关质量、安全、计划、财务和环境绩效的绩效指标,并促进了与项目团队之间以及项目团队内部的良好沟通。

> **瑞士勒奇山基线隧道:分配交流职责**
>
> 瑞士勒奇山基线隧道项目从一开始就已经明确分配了交流职责。例如,在公开讨论中,项目管理机构(瑞士 BLS 铁路公司铁路阿尔卑斯枢纽分公司)主要讨论了技术问题和实际进度。如果对财务问题有异议,则项目管理机构应将交通运输部和新阿尔卑斯铁路枢纽网络监督代表团视为责任主体。

> **荷兰马斯河水路工程：明确定义的项目阶段的完成**
>
> 马斯河水路工程中，管理层密切关注里程碑事件和项目阶段。在每个项目阶段完成后及下一个阶段开始之前，都要对项目可能涉及的所有风险进行分析。在项目总监和项目经理的正式会议上，决定风险分析通过与否。如果其余的风险可以接受，则项目经理上一阶段的工作才告一段落。

6.5.3 传播项目管理政策

项目管理政策可以激发统一的项目文化。如果管理层采纳并遵守政策，他们的事例会影响整个组织。某些 NETLIPSE 项目使用简单的口号来概括该策略。例如 3P 或 3V（参见下文）。

> **厄勒海峡通道：3P 模型——专业精神(Professionalism)、伙伴关系(Partnership)和主动性(Proactivity)**
>
> 厄勒海峡通道项目管理机构使用了 3P 模型。专业精神是指建立一支具有企业家精神和对承包商有极强领导能力的高技能团队，团队专注于识别项目的最大利益；伙伴关系意味着建立关系、信任和信心、开放、分享知识、具有鼓励支持而非责备的文化，并强调员工的保持稳定和发展；主动性旨在明确目标感，对项目流程进行计划和审查以预测潜在的问题，及早引入项目所需资源并以灵活的方式考虑替代方案。

> **瑞士圣哥达基线隧道：3V 模型——作为示例(Vorbild sein)、承担责任(Verantwortung übernehmen)、彼此信任(Vertrauen schenken)**
>
> 在圣哥达基线隧道中，管理策略基于 3V 模型。三个 V 分别代表示例(Vorbild sein)、承担责任(Verantwortung übernehmen)、彼此信任(Vertrauen schenken)。这种管理策略旨在促进合作，并且已经取得了成效。

6.5.4 解决和管理项目组织内的制衡

项目管理机构一方面与业主和上级组织紧密连接，另一方面与外部利益相关者紧密连接。通常，项目管理机构受到来自两个方向的压力。例如，上级组织可以影响项目管理机构的结构。传统的公共部门组织结构强调控制和问责制，但很少注意适应和协调的能力。一个均衡的项目管理机构可以同时解决这两个问题。

荷兰布滕佛铁路：解决项目组织中的制衡问题

布滕佛铁路项目的组织架构详细阐释了项目管理机构如何与业主和上级组织以及外部利益相关者打交道。布滕佛铁路项目管理机构寻求一种有效的方式，一方面确保报告机制的可行，另一方面又能够预测和指导未来的发展。这两种功能都可以在列出的方法中找到，左侧对应控制功能，而右侧对应预期功能。

为了确保对预算的集中控制以及对技术风险和机会的管理，项目管理机构在这些领域的专家之间建立了自上而下的会议关系。合同团队的专家可以纵向上报重要问题，而不是向合同经理"倾诉"所有事情。因此，项目团队中的项目控制专家可以向业主和上级组织的同事提出任何问题。

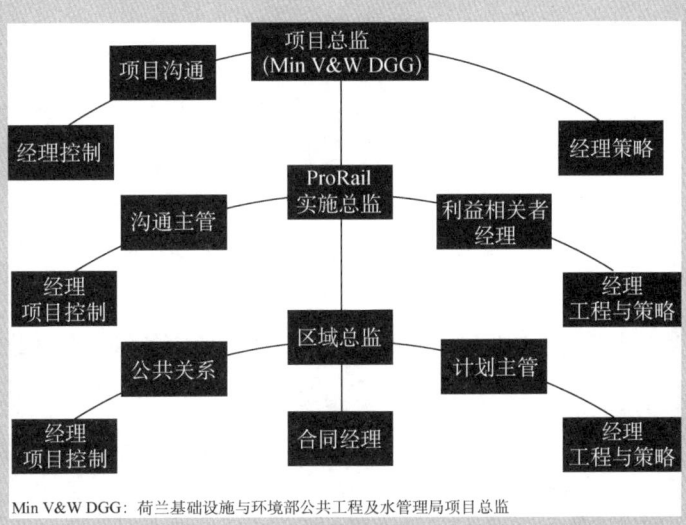

Min V&W DGG：荷兰基础设施与环境部公共工程及水管理局项目总监

图 6.3　荷兰布滕佛铁路组织架构

上述组织模型中的"制衡关系"已在项目管理机构集权与分权的考虑下构建。它有两个优点：首先，项目控制更加透明和有效。制衡的组织模型在组织内部产生了积极的或建设性的张力。其次，自下而上的报告机制满足报告信息水平一致的需求。纵向结构确保将问题传达给高层，同时也保证了参与处理未来风险和机遇的项目人员对项目有了更多的了解。

制衡的"彩虹"模型反映了"控制"和"交互"的双重管理方式。

6.5.5　在分散的项目组织中保持控制：质量管理体系

在项目管理机构内，过程可以分权或集权。分权有助于提高灵活性，但在不恰当的情况下也可能由于过度的自主思考而带来风险。与项目的其他实践一样，组织过程的分权或集权之间必须取得平衡，并且项目的规模和地理分布通常将是作出决定的关键因素。集权可以带来统一性，并使高级管理人员可以控制和协调界面。为了取二者之长，有必要建立一个可以对整个过程加以规范的质量管理体系。理想的报告机制应该是连贯且彼此一致的，从而确保信息以统一的方式从地方层面和部门向中心流动。使用这种结构作为咨询媒介同样重要。这可以增加对质量管理体系的支持。在项目开始时组织文档管理也很重要，它可以在搜索文档或将它们更新成新系统时节约时间。但是请注意，质量体系中的信息水平允许项目团队成员自由操作，但也不要过分注重细节，以免变得僵化。

> **英国西海岸干线：项目管理信息中心**
>
> 项目管理信息中心从单个局域网出发为项目提供管理信息和指南。它详细阐述了项目全寿命周期、项目控制周期以及成功交付项目所需的关键过程，并列出了《铁路投资项目指南》(*Guide for Railway Investment Projects*，简称GRIP)的要素。其中最重要的一部分即为项目管理手册，详尽描述了16个不同的流程(例如许可、项目计划、成本估算、管理计划等)。项目管理信息中心提供有关用户程序、支持工具、形式和相关项目管理文档的说明。它鼓励在英国铁路网络公司内部就与项目管理相关的主题进行反馈和讨论。

> **瑞士圣哥达基线隧道：新阿尔卑斯铁路枢纽网络控制条例定义了监督和控制过程**
>
> 新阿尔卑斯铁路枢纽网络控制条例被普遍认为是圣哥达基线隧道项目中的最大优势之一。它确定并记录了所有用于项目监督、控制和报告的详细流程。它包含总体工作分解结构，并根据法律和合同准则确定项目成员各自的职责。它是持续改进项目组织过程的基础，并会根据项目的具体情况进行定期的修订。

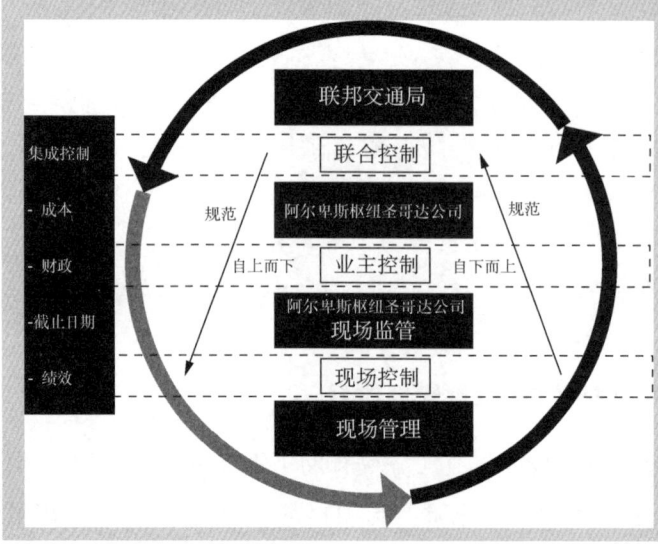

图6.4 瑞士圣哥达基线隧道新阿尔卑斯铁路枢纽网络控制条例

荷兰高铁南线：在文档管理系统中增加电子邮件功能

该项目通过电子邮件交换了有关荷兰高铁南线项目决策的许多信息和背景。但是，最初没有就如何处理电子邮件进行文档管理方面的正式程序。为了对项目的决策进行全面的了解，应将有关信息纳入项目卷宗中。随着项目的进展制定了详细的工作指南，以确保解决此类问题。

6.5.6 根据所处的工作环境开展工作，使组织适应不断变化的环境

项目管理机构应根据每个项目阶段必须实现的目标来确定自身的工作形式，项目管理机构必须能够适应不断变化的环境。在项目全寿命周期中，利益相关者的利益会发生变化，规则和法规也可能会发生变化，而这种变化是可以获取的。不同的项目阶段需要不同的人员。在项目启动阶段，需要开拓者和有远见的专家，能够在常规框架之外思考和运作。在实施阶段，工作重点转移到项目实现上，需要不同类型的项目团队成员。每个阶段的项目都必须明确定义其框架，并由经验丰富的员工组成的团队在规定的范围内工作。随着项目进入交付阶段，"根据所处的工作环境开展工作"也变得更加重要。

荷兰高铁南线：充满活力的项目开始阶段

负责荷兰高铁南线项目开始阶段的一群年轻而充满活力的成员将这一阶段称为非常激动人心的时期。管理层赋予了团队巨大的职责和信任，为探索新方法提供了动力。

葡萄牙里斯本—波尔图高铁线：适应项目阶段

管理人员调整了组织结构，以促进实现与每个阶段相对应的项目目标。因此，当关键优先事项是获得环境影响评价时，管理人员就会据此作出适当的安排。管理人员对该方法进行了审查，并为每个项目领域的工作人员制定了计划和适当的任务。

英国西海岸干线项目：适应项目阶段

在项目开始时，该组织的职能是基于中心控制的。后来，该组织逐步转化为一个区域控制的管理机构。

6.5.7　在人力资源和内部知识管理方面的投资

项目管理机构必须适应不同的情况和项目阶段。对于员工来说也是如此。项目管理机构会根据组织的需要临时雇用新员工。在项目中，人员组织的灵活性也很重要。为了克服工作关系中的困难，可能需要重新分配员工。连续性也很重要。所以仍然需要保留一些经验丰富的员工。NETLIPSE 项目的一个挑战是如何组织项目团队，以鼓励关键人物继续完成项目。需要意识到知识和经验的重要性。例如可以在项目结束之前奖励一直在项目中任职的员工，组织好知识转移交接，这样即使员工离开，他们的知识也会被保留。

> **荷兰布滕佛铁路：在项目持续期间的投资承诺**
>
> 在持续时间很长的项目中，必须在项目管理机构中保持对项目历史信息的了解，这是项目总监应重点考虑的事项。

> **葡萄牙里斯本—波尔图高铁线：连续性与转移**
>
> 在该项目中，项目负责人会采取措施来制定和实施一项政策，以确保组织中工程知识的保留，包括项目期间人力资源的连续性和专有技术的转让。

> **荷兰马斯河水路工程：在人力资源管理方面的投资**
>
> 在项目开始之初，荷兰公共工程及水管理局项目组织就为员工集中分配了特定的职能。现任项目总监会对员工的职责进行更改，从而为个人定制留出了更多空间。项目总监每年会与每个专职团队成员讨论职能分配的问题，例如，考虑项目优先级及其长期专业发展的问题。在某些情况下，项目经理可以与其他项目和荷兰公共工程及水管理局达成协议，以促进员工的未来就业。每年都会对荷兰公共工程及水管理局的员工满意度进行调查。该调查不会直接地测量每一名员工的满意度，而是在定期的非正式会议上讨论。

> **葡萄牙雷兹里亚大桥：固定不变的技术人员**
>
> 固定的、具备全面能力的长期技术人员是十分重要的。项目经理选择了由五十多名员工组成的项目团队，他们的职责随着项目性质的变化而在整个项目期间进行调整。该项目拥有一支对项目的各个学科都有专业知识的、训练有素且积极进取的团队，这是十分重要的。在这个案例中，外包团队的作用并不十分显著。

> **荷兰马斯河水路工程:促进主题小组的信息交流和统一方法**
>
> 由于已经实施了集成项目管理(Integrated Project Management,简称IPM),管理人员经常交换知识,从而为项目的知识管理创造了条件。项目经理通常在项目的两个部门中履行其集成项目管理角色。经理们会在主题会议中协商,所有合同经理都参与了一个主题小组,所有利益相关者经理都参加另一个主题小组,依此类推。一些主题小组还与上级组织荷兰公共工程及水管理局的其他部门的经理交换关于项目的知识和信息。

6.6 主题5:风险(机会)

所有大型基础设施项目都面临着风险。风险管理可以有效地解决不确定性问题。这些不确定性通常集中在对项目产生威胁的要素上。NETLIPSE的研究表明,了解项目风险并采取适当的措施对于大型项目的管理很重要。但是研究还表明,不确定性可能具有积极的一面:机会。这些项目可能会有一个难以预料的开端,但从长远来看这可能是有益的,而且很可能会产生突破性的想法。

风险管理的关键在于风险分析。在进行风险分析之后,需要采取措施并对其进行评估。风险管理不是单独的活动,而是定期管理程序的重要组成部分。

下面将说明在项目研究中处理项目不确定性的各种方法。

6.6.1 将风险分析的职责分配到一个独立的小组中

风险评估清单(包括机会)的制定应被视为独立的任务,以防止负相关责任的经理或员工自己保留这些信息。不同领域的员工可能视野有限,从而忽视整体风险。他们亦可能对风险的重要性有偏见,或者宁愿自己领域的人员来处理问题。他们可能看不到整个项目全局,以至于让风险越积累越多。独立的风险经理或团队不应依赖于合同团队或其他部门,并评估和报告风险。

> **荷兰布滕佛铁路:具体的风险管理部门**
>
> 在布滕佛铁路项目中,特定的风险管理部门负责将风险报告给管理团队。这样,他们就可以独立查看项目进度以及项目的风险状况。
>
> 在1999年之前,该项目中没有结构化的风险管理方法。至此,决定在项目组织内设立一个风险管理部门。
>
> 合同管理人员往往是其专业方面的专家,有时倾向于将可能的风险知识掌握在自己手上,部分原因是这些风险知识可能会使人们产生合同管理人员能力不足或不称职的印象。重要的是采取方法处理此类反应,并建立一种文化,强

调在免责的环境中公开识别和讨论风险。当项目团队成员要求确认风险及其后果时,他们往往会发现很难对风险及其评估采取客观的态度。因此,负责风险管理的人员必须有权独立接触和报告风险。

瑞士圣哥达基线隧道:风险管理的职责

在圣哥达基线隧道项目中,文明施工法规、管理手册(新阿尔卑斯铁路枢纽网络控制指令)中描述了风险管理的特定指南,其中包含了有关部门、项目管理机构与承包商之间的界面。

阿尔卑斯枢纽圣哥达公司是负责完成齐默伯格和切内里之间的圣哥达项目和其他"基线隧道"的建设项目管理机构。该公司在风险管理方面的职责是制定和控制风险战略和运营管理,编制半年进度报告,并更新总体进度计划。在圣哥达基线隧道项目中,风险管理部门是项目管理机构的内部顾问,负责发布风险报告。当确定有广泛影响的风险时,项目管理机构有法律义务立即向联邦交通运输办公室报告。

瑞士联邦交通局的项目法人有责任及义务来管理总体风险,在权限级别上对风险进行判断并每两年与项目管理机构交换一次意见。风险管理分析的基础是目标和要求、工作分解结构以及联邦办公室与项目管理机构之间的协议。

德国纽伦堡—英戈尔施塔特铁路:借鉴其他地区的经验

作为新建高铁的项目管理机构,德国铁路建筑公司的总部设在纽伦堡,它通过分析几个之前的大型基础设施项目制定了风险管理策略。德国铁路建设公司的方法用于主动检查大型基础设施项目中的机会和威胁。这证明了该方法适用于该项目,并且可以被其他大型项目采用。但是,此方法仅适用于大型基础设施项目,因为它体量大、耗时久。评估工作取得成功的关键是跨学科团队,其中包括来自其他地区的专家。

6.6.2 不要忘记识别机会

过于关注风险可能会给项目员工营造一种消极的工作氛围,并可能限制对未来项目阶段挑战的看法。风险只是一种不确定的因素。正如研究所示,机会常常是另一种容易被忽略的要素。将机会纳入风险分析中,不仅拓宽了不确定性的视野,还可以为组织带来新的活力。

参见圣哥达基线隧道进行风险分类的示例(第 6.6.6 小节)

厄勒海峡通道:考虑 B 计划

厄勒海峡联盟对风险管理采用了系统且积极的方法。相关部门评估了许多显性的风险,例如对瑞典水法院进程的范围及工期的影响,并提高了计划的灵活性以缓解这些问题。甚至通过一项新的"B 计划"克服了由于其中一个沉管隧道管节(E13)沉放事故而造成的延误,从而加速了该项目的生产效率。

6.6.3 在招标之前与承包商共同完成风险分析

在项目的招标和发包阶段使用风险分析,明智的做法是分析承包商对不确定性风险的识别水平并在定性基础上对投标报价的细节进行比较。这种方法减少了承包商之后再提出索赔的可能性,并降低了承包商在遇到意外事件时无法交付的风险。

瑞士勒奇山基线隧道:招标及投标评估中的风险分析

勒奇山基线隧道项目管理机构将其风险管理政策应用于招标及发包阶段。在招标之前,项目管理机构根据项目要求对项目的各个部分进行了风险分析。在招标过程中,承包商必须进行风险分析,并将其与投标文件一起提交。为此,他们能够从项目管理机构处获得所有必要的数据以准备其材料,承包商意识到风险分析是投标评估过程中不可或缺的一部分。

瑞士圣哥达基线隧道:招标阶段的风险分析

就圣哥达基线隧道项目而言,最大的威胁是地质情况。在招标之前,并不是 57 km 隧道的所有岩石特征都可以被勘探清楚的。因此,项目管理机构对施工的每个部分进行了风险分析。承包商从项目管理机构处获得了所有必要的数据,进行了项目的风险分析,并将其与投标文件一起提交。事实证明,承包商的风险分析并未发现项目管理机构自身风险分析所暴露的其他因素,但确认初始评估结果对于识别承包商的风险意识有很高的参考价值。

厄勒海峡通道:将风险分配给合同伙伴

风险分担是缔约过程的核心要素。项目管理机构确保在招标书中明确了由业主承担的风险,所有其他风险均分配给承包商。

德国纽伦堡—英戈尔施塔特铁路:风险分析有助于估计项目成本

在项目开始时,风险评估还不是项目规划阶段的一部分。事后看来,这可能是之后成本估算不准确的一个因素。德国铁路对另外两个大型基础设施项目进行的事后比较评估表明,包括风险评估在内的估算更准确地预测了实际的项目成本。

德国纽伦堡—英戈尔施塔特铁路：分担风险为共享问题开辟了道路

在线路的建设过程中，由于石灰石溶解在水中而产生了问题，石灰石在线路穿过的地面上形成了"溶洞"。项目管理机构成立了一个特殊的"喀斯特特遣队"，以识别这种现象所引发的项目风险和研究具体的解决方案。但是，此工作队并未涉及承包商的人员。由此得到的教训是，如果将承包商人员包括在内，将有可能分担解决问题的责任，并增加现有的专业知识库。

6.6.4 在成本估算中考虑风险以及风险保留金

项目如何使用风险保留金来覆盖预计会发生的风险？一些 NETLIPSE 项目会说预算已超支。其他人会说，该项目已保持在预算范围内，风险保留达到了预期目的。从我们对 NETLIPSE 项目的思考中得出的另一个讨论点是，是否应将风险保留金呈现在项目预算中。

德国纽伦堡—英戈尔施塔特铁路：基于潜在风险评估的实际成本预测

纽伦堡—英戈尔施塔特铁路项目的上级组织已根据对潜在风险的评估，为大型基础设施项目制定了现实的成本预测程序。通过审查已完工的两个大型基础设施项目的成本来推进此过程。以前，对风险问题是随机处理的——有时根本没有考虑风险，或者只有在高度重视时才考虑到风险。完全忽略了小风险的积累。新流程将利用以前项目的经验来估算新项目的成本。借助蒙特卡洛模拟方法，可以计算出最佳、最差及现实情况。

德国纽伦堡—英戈尔施塔特铁路：基于潜在风险评估的实际成本预测

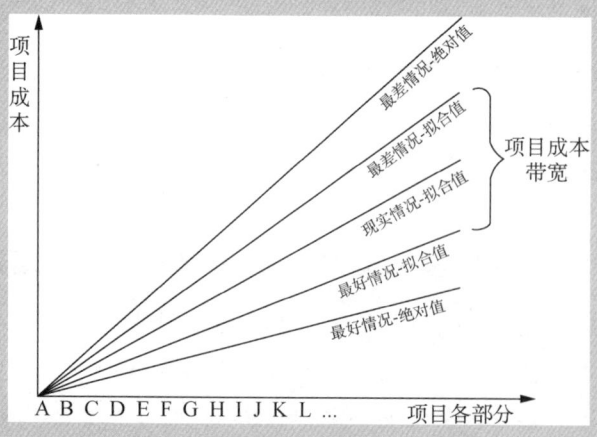

图 6.5 德国纽伦堡—英戈尔施塔特铁路的成本预测

奥地利下因河谷铁路：用于成本估算的风险分析

在奥地利，大型基础设施项目的成本是根据奥地利地质力学学会的标准估算的。奥地利地质力学学会明确将相关风险纳入了成本估算。因此，它符合商业谨慎原则。与这种方法一致，下因河谷铁路在2005年的成本预测中考虑了潜在风险。

瑞士圣哥达基线隧道：分配项目的风险保留金

事后看来，在编制项目总体预算时，最好包括项目的风险保留金。但是，只有在将风险保留金分配给新阿尔卑斯铁路枢纽网络的每个项目时，才有可能做到这一点。

6.6.5 采用风险数据库

建议建立和使用可以结构化和排序风险的数据库。风险部门应对来自项目组织不同部门的风险进行记录。并非所有NETLIPSE项目在项目开始时都具有风险数据库，但是现在似乎所有人都达成了共识，即数据库对于充分的风险管理至关重要。

芬兰E18高速公路：关于明确风险管理的经验教训

在E18项目中，风险是在招标阶段专门分配的，并成为服务协议的一部分。但是，在签订合同后，并没有将明确的风险分配坚持下去。交通运输部认为所有可管理的风险均已分配给服务供应商，因此未使用明确的风险数据库来管理此后的风险。然而，交通部仍对某些行政风险负责，例如狩猎区的铅污染、法律和索引的变更。因此，重新部署阶段开始使用的最新风险数据库将很有用，因为它将提高该部门对风险的认识能力，并会提供一种更加结构化的方法来评估风险。后来，交通运输部更精确地重新评估了指数化风险。

德国纽伦堡—英戈尔施塔特铁路：计算机支持下的风险管理系统

德国铁路建设有限责任公司的中央部门已经开发了基于计算机支持的技术风险管理系统（Technical Risk Management System，TRiM）。该系统旨在应对成本、计划和技术变更的风险。它可用于记录和管理项目期间的风险。它还通过进行潜在风险评估来帮助评估项目的事前风险。

英国西海岸干线项目：风险登记

英国西海岸干线项目中所有已识别的风险均被列入风险登记册中。在该登记册中，估计了风险的时间和成本后果。每个风险都必须分配一个所有者。风险信息可以随时添加到风险记录中。评估新风险和不确定性的影响并将其传达给相关的利益相关者。在风险登记册中使用了识别表。

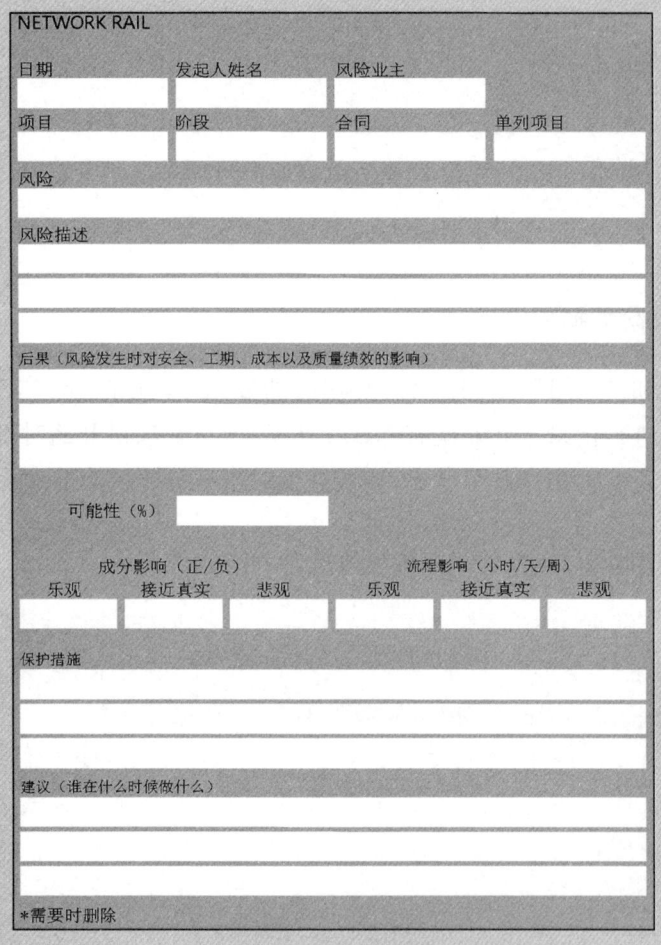

图 6.6　英国西海岸干线项目的风险登记册

6.6.6　对风险进行排序和优先级设定

项目管理不能专注于项目面临的所有风险，这会导致项目数据库很可能被随意填写。NETLIPSE 的一些项目已经指出，尽管风险管理是一个有用的工具，但应始终小心使用，并谨慎设置优先级。

优先级可以通过几种方式确定。可以通过将事件发生的可能性（威胁或机会）乘以事件对项目目标的影响来计算风险值,从而给出定量排名。排名的另一种方法是使用更主观的定性方法,专家评价法可以用来确定风险之间的优先级。

瑞士圣哥达基线隧道:风险分类

在风险评估报告中,C 表示机会(Chancen);G 表示威胁(Gefahren)。根据发生的概率该报告区分了三种风险类别。定量重点是根据对需求的危害程度以及相关风险因素定义的,这些风险因素是 5~10 个决定性威胁和 3~6 个决定性机会。策略是基于风险等级而制定的。组织关注那些可以通过项目管理措施适当进行管理的风险,残余风险需得到密切监控。

表 6.1 瑞士圣哥达基线隧道的风险评估报告

风险项	主题	风险潜在值			
C1/G2	地理/建筑土壤	$W = 1\ 656$	$W = 2\ 761$	$W = 394$	总计 1.511
C2/G2	项目变更	134	151	245	530
G3	修订	—	32	40	72
G4	界面	31	61	40	132
G5	规划许可与申诉	20	69	69	159
C6/G6	施工/执行	68	255	−50	273
总计		909	1.329	437	2.676
近似值		900	1.400	400	2.700

葡萄牙雷兹里亚大桥:使用关键路径方法对风险进行排名

业主和项目管理机构仔细分析了项目中的流程,以跟踪对项目成功至关重要的关键路径以及风险。例如,在项目开始时,环境方面至关重要,而在施工阶段,应特别注意技术过程中涉及的风险。在项目服务启动阶段,决定项目服务继续进行之前,要识别并验证所有操作、质量和安全方面的问题。

6.6.7 将风险管理作为常规管理程序的一部分

风险分析不应成为一种特殊的工具,而应被视为一项主流的管理任务。研究表明,从项目开始阶段就采取系统的方法,可以清晰地了解事件的起因和影响,并可以进行更有效的控制。风险管理本质上是引导。应该审查风险发生的原因以防止事件发生,同时可以了解影响效应,以最大程度地减少事件的影响。管理层应促进风险管理,以建立必要的"风险意识"和态度。但是,为了使该方法成功,必须向员工保证,相关风险的公开交流不会受到惩罚。直率的想法以及之后的创新思维应该得到相应的回报。

荷兰布滕佛铁路：系统方法 I

在布滕佛铁路项目中，风险管理部门协助决策制定，以支持合同经理和项目总监。风险控制活动是正常项目管理程序的一部分，每月需进行一次一般风险分析。此外，风险管理部门会在需要时准备并支持对风险进行具体分析。有时，这是与其他部门（例如质量部门）合作完成的。在每个合同团队中，都任命了风险经理（通常是计划者）。这些区域风险经理提供记录在（中心）风险数据库中的风险清单。中心部门的员工负责组织风险分析会议，在会议中详细分析了特定的风险。中心部门还负责在每月十大风险报告中汇总区域合同团队的风险。在每周的合同团队会议期间，讨论和监视风险清单并商定控制措施。然后，区域风险经理根据这些会议的结果对数据库进行更改。在布滕佛铁路全体管理团队会议中，讨论了前十大主要风险，并集中确定和监视必要的行动。

葡萄牙里斯本—波尔图高铁线：系统方法 II

在该项目中，风险管理被认为是至关重要的。它由合格的团队实施，并有适当的工具支持。它试图确定与项目相关的所有风险，并为每个风险生成详细的风险报告。参与风险识别过程的员工与不同领域的风险经理定期举行会议，以告知他们已识别的风险。员工需对风险进行详细分析，然后分类。此后，将为每种风险分配一名经理，由其充当"风险所有者"，并对其进行管理，定期监控风险，并重新评估各类风险的优先级。

瑞士勒奇山基线隧道：系统方法 III

勒奇山基线隧道项目风险管理是在早期阶段实施的。术语"风险"以非批判性的方式运用，视其对项目目标的影响而定，可以看作是（消极的）威胁或（积极的）机会。从联邦当局到承包商，各个层级都对"风险"进行了评估。新阿尔卑斯铁路枢纽网络控制条例制定了有关部门（瑞士联邦交通局）与项目管理机构之间界面的整体风险管理指南，而处理项目管理机构与承包商之间界面的方法则在瑞士 BLS 铁路公司阿尔卑斯枢纽分公司管理手册中进行了定义。

瑞士圣哥达基线隧道：风险部门的角色识别或缓解？

该项目最初的责任流程图表明，风险部门负责控制风险，各部门负责人仅协助风险部门。而 2004 年以来的流程图清楚地表明，风险部门的责任在于对风险进行定位以及确定风险的可控范围。风险部门本身是内部顾问,负责促进和报告风险识别流程。

> **厄勒海峡通道:对关键的临时工作进行质量控制,避免出现责备文化**
>
> 在项目实施期间,其中一个隧道管节意外下沉,幸运的是没有造成任何破坏,对隧道工程的延误也逐渐恢复。从这次不幸的经历中,我们获得了许多宝贵的经验教训,特别是采用协同解决问题的方法、协同工作以及避免责备文化的益处。对于部分临时阶段性的、在施工过程中并不可少的工作,需要更加重视其质量控制。

6.7 主题 6:承发包

承发包是大型基础设施项目的一个重要方面,它关注组织协作的组织。项目管理机构在建设项目的成本、质量和交付方面与承包商达成协议,并努力通过使用创新合同模式,例如集成设计、建造、融资、维护、运营(Design, Build, Finance, Maintain and Operate,简称 DBFMO),将成本降至最低。

不幸的是,无法预料的问题可能使这种关系有时变得扭曲。例如,环境问题可能会阻碍施工,合同间的界面可能不匹配。

NETLIPSE 项目的良好实践集中在选择合同模式、招标过程和对现有合同的管理上。

6.7.1 根据项目和国家的特点定制合同理念

没有最佳的合同模式。相关文献和各种 NETLIPSE 项目展示了多种合同模式。DBFMO 合同包含鼓励承包商优化设计的激励,规定项目维护是承包商的责任。传统合同使业主能够驾驭并适应不断变化的情况。通常,项目管理机构对合同类型具有优先选择权。

需要注意的是,良好实践不能一对一地应用到另一个项目中。合同签署的方法需要考虑到项目复杂的背景,并且也要适应国家司法体系和文化。只有了解良好实践所处的项目特征以及所要解决的项目的差异,才可以更好地应用良好实践。

> **英国西海岸干线项目:英国对基础设施 PPP 的辩论**
>
> 2000 年,英国政府就选择合同模式进行了很多辩论。与基础设施的合同期限(例如 30 年)相比,民间主动融资(PFI)在交通运输运营方面的合同期限更短(例如 10 年)。有三个原因导致该辩论尚未得到令人满意的结果:首先,铁路

行业的网络化使项目变得极为复杂——不能将一个基础设施或工程视为一个孤立的实体。其次,对于有效的公私合作伙伴关系和风险转移来说,铁路项目通常规模大且存在不确定性,尤其是在对西海岸干线等旧资产的确切条件定义不明确的情况下。最后,铁路项目存在很大的风险,特别是在仍处于运营状态的区域进行线路升级。由于这些问题在招标阶段无法很好地定义,因此很难确保项目物有所值。

芬兰 E18 高速公路:DBFM 合同的成功

E18 高速公路项目合同是一项 DBFM 合同。这条公路是在人口稀少的地区建造的,项目部对环境风险有全面的了解。TYO 联合体以最低的价格中标,前提是项目越早完成建设,则可越早获得收益。由于 TYO 是唯一的缔约方,因此他们无法将风险或责任延误转移给其他各方。TYO 的计划工期非常紧张——他们计划的竣工日期比最快的竞争对手要早 1.5 年。他们分析了关键路线并将精力集中在隧道建设上。在签订合同之前,TYO 已经投资了新设备,使他们能够在签订合同后立即开始隧道施工。TYO 还优化了建设和维护的其他方面——他们拥有优秀的财务规划师,并与融资银行建立了良好的合作关系。这使他们可以充分利用可用的投资方法。他们的项目管理机构"精打细算",并且由于合同的明晰和稳定,业主和承包商都比较满意。

荷兰高铁南线:DBFM 合同引起的问题

根据荷兰高铁南线的合同战略,该项目分为三个独立的部分:
- 地下建筑工程: 7 个 D&C 合同
- 上层建筑工程: 1 个 DBFM"基础设施供应商"合同
  (5 年 D&B,25 年 FM)
- 交通运输运营: 特许经营 15 年

为了能够投标下部结构工程,必须在上部结构承包商未来(潜在)需求的信息提供以后,再开启下部结构工程的招标工作。下部结构合同的投标远远高于预期,为了降低投标报价,政府随后承担了许多原本分配给潜在承包商的风险。在项目进行过程中许多之前预计的风险发生了,业主与承包商之间的关系遭到了破坏。

荷兰布滕佛铁路:价值联盟(Waardse Alliantie)合同非常成功

布滕佛铁路项目将 PPP 应用于斯利德雷赫特—霍尔克姆部分工程的下部

结构中,称为"价值联盟"。由于地下水位高,在该地区建设下部结构的不确定性很高。对于该合同,项目管理机构和承包商共同承担风险,建立共同基金,以支付因发生确定的风险而产生的所有费用。项目完成后剩余资金,将按1∶1分配。该合同是一个巨大的成功:没有法律问题发生,工作提前完成并实现了成本优化。联盟建立了独立的组织,该组织与整个布滕佛铁路项目组织分开运作。该组织的员工代表承包商和项目管理机构。人们非常注重团队的努力和组织的共同目标。这种方法效果很好,但是确实出现了问题:尽管降低了施工成本,但维护成本更高。在目前阶段,尚不清楚这将是谁的责任。

这种联盟方法是良好实践的一个例子,但是要使其正常工作,需要适当的环境和条件。高度的复杂性和风险以及优化的潜力才能使"联盟"最有效。价值联盟成功的关键因素之一在于不管个人是来自项目管理机构还是承包商组织,都要谨慎地为团队建立共同的关注点。这是一个重要的起始点。无法适应项目理念的个人会被派遣回其母公司。

英国西海岸干线项目:联盟由于外部约束而出现问题

如果联盟的成果定义明确,并且不受交付模式的掣肘,那么它就能够发挥作用。由于外部约束影响了西海岸干线项目的计划和成本,因此该项目联盟没有完全控制这个项目。其中的关键是安排线路的所有权,以使联盟的工作能够在正在运行的铁路上进行——这很大程度上受到列车运营商的影响,而不受联盟的控制。此外,业主/发起人对项目范围的控制非常薄弱,因此承包商的工作量和成本有所增加。

6.7.2　考虑成本以外的标准

在对投标进行比较时,成本或工期不是唯一的标准,质量也应考虑在内。因此,有必要以规范和应用质量标准的方式来组织招标。并尽量利用承包商的创造力。

波兰 A2 高速公路:乔木和灌木的质量和适宜性很重要

A2 项目包括乔木和灌木的种植,以充当自然的隔音屏,减轻高速公路噪声的影响。由于涉及的数量众多,被许可人不得不通过公开招标的方式来购买树木,从而导致外国供应商提供了大量的树木。

不幸的是,这些树木无法适应波兰的气候,需要更换。事后看来,最好是与当地供应商合作,因为他们可以提供适应当地气候和土壤条件的树木。经营当地树木苗圃的人对当地环境有最好和最广泛的了解,但是由于当地供应商的供应能力有限,因此必须将订单分成较小的部分。但在《公共采购法》的规定中这是不允许的。

葡萄牙里斯本—波尔图高铁线:成本和工期标准不应凌驾于质量之上

在项目开始时,合同受工期标准的约束,该标准由第十九届伊比利亚峰会的最后期限确定。然而,之后尽管没有压缩工期,但招标要求将成本作为主要标准。结果,项目的平均承包成本降低了。高铁线路公司意识到项目后期(设计阶段和施工阶段)必须注重工程的质量。

德国纽伦堡—英戈尔施塔特高铁线:上级公司可能对成本过于重视

德国铁路的公司政策是通过内部服务机构集中授予合同,并由德国铁路项目管理机构准备必要的文件。可以感觉到这种方法具有更高的价格透明度。另一方面,人们认为中心团队可能过多地关注价格,因此产生不切实际的假设,这就是为什么有些人希望将合同评估放在项目管理机构内的原因之一。

6.7.3 将风险分配给最适合承担风险的一方

NETLIPSE的研究倾向于在招标前识别风险,并在招标文件中列出相关风险。风险的分配方式应是将风险分配给最有能力管理风险的一方或个人。将责任和风险交给无法应对的参与方是无济于事的,风险被强加到无法管理的组织上,很容易导致工期延误和成本超支。在这种情况下,业主/发起人可能要支付两次费用以应对风险。第一次是支付规定的合同价格时,第二次是发现合同方无力承担风险时。了解相关各方的风险和风险管理能力将有助于防止项目延期和成本超支。必要时,分离业主和承包商之间的失控风险的财务影响很可能是有用的。

英国西海岸干线项目:招标前确定风险

在进行招标之前要对项目群中的所有项目进行风险分析。分析的部分内容是评估哪一方可以更好地管理风险:是英国铁路网络公司还是承包商。尽管承包商可能会对风险管理产生影响,但仍会采取风险补偿措施,因此应谨慎考虑将风险移交给承包商。财产方面同样存在承包商由于风险溢价过高而不能承担计划风险的情况。为了所有人的利益,英国铁路网络公司与承包商紧密合作,以确保工程按时完成。

芬兰 E18 高速公路：将风险分配给业主/发起人导致融资成本降低

在招标阶段与投标人广泛讨论风险分配问题。如果将风险分配给国家或采用更安全的付款方式，则直接导致投标人的利率降低。在某些情况下，银行要求的担保要比政府部门多，因此，如果政府部门承担这种风险，则投标价格会更低。在该项目中，欧洲投资银行参与项目融资并承担了一半贷款，从而降低了利率和成本。

斯洛伐克布拉迪斯拉发环路：与私人融资有关的风险未得到充分考虑

日本进出口银行为布拉迪斯拉发环路的 Lama 路段提供了资金。该银行认为，与日元相比，斯洛伐克克朗的货币前景不佳。因此，该银行坚持引用日元合同中的所有数据。兑换率在合同中没有确定，所涉及的贷款也没有任何风险。签订合同后，斯洛伐克克朗的价值与日元相比增加了约 30%。因此，国家高速公路公司（NDS）和交通运输部必须弥补随后的资金短缺。

波兰 A2 高速公路：设计和建造可以应对法律变更

高速公路的希维茨科—新托梅希尔部分贯穿山丘，这会给项目带来很大便利。高速公路路段的设计考虑了生态影响。但是，波兰加入欧盟并采用了欧盟有关环境保护的规定，使得在这一领域要满足的规划要求更加严格。设计和建造（D&C）合同非常适合这种瞬息万变的法律环境。承包商能够设计生态解决方案，并能很快地提出新的工作计划和成本估算。人们认为，没有其他合同模型能够如此迅速、灵活地实施大规模的设计变更。

厄勒海峡通道：管理合同界面是项目管理机构的一项关键任务

项目管理机构将工作划分为多个特定的合同过程，以确保单个合同可以通过市场进行管理和交付，从而吸引各个领域的专家。项目管理机构管理了这些合同之间的界面，但是在提议完成集成计划建设的后期阶段采取了不寻常的步骤。多达 9 个承包商在合同界面之间进行工作，并具有计划和执行此过程的必要权利。所采用的激励方法使工程能够提前完成。

6.7.4 在合同中使用激励措施

建议在合同中使用激励措施，以达到最佳质量、最低成本并获得承包商的及时交付。激励可以是奖励或罚款的形式，但人们认为奖金更有效。集成合同还可以包含激励措施,承包商不仅要建设基础设施,而且还必须维护甚至运营基础设施。因此,承包商有从整个生命周期成本角度优化设计、成本和融资的动机。

荷兰高铁南线:重罚

及时交付是该项目的主要要求。因此,财务措施被用来激励按时交付。项目管理机构处罚没有按时交付的承包商,这可能使承包商每天损失 300 万欧元。事后看来,按时交付的奖励或延期交付的处罚都是有效的。

芬兰 E18 高速公路:以固定预算开始招标阶段

议会将预算定为 7 亿欧元。这对招标过程产生了明显的积极影响。议会的任务规定仅对某些要求和付款方式进行修改。这导致最终出价降到了最低,使其重新回到预算之内。合同的预算为 6.38 亿欧元,其余的用于可能的范围变更。尽管付款将基于公路的实际可用性和性能,但已确定可提供的最大应付款额。

荷兰马斯河水路工程:将工作绩效与合同联系起来

联系合同与绩效的一种创新方法是,如果第一标段完成得很好,则为承包商提供第二个标段的选择。由于可以同时处理两个标段,因此可以激励承包商表现得更好,并减少承包商的工作量。

奥地利下因河谷铁路:与承包商共享其他建造方法带来的潜在节省

邀请承包商提供技术规范中规定的替代施工方案。由替代方案节省的所有资源都可以在项目管理机构和承包商之间共享。但是,不得允许使用其他施工方法来影响安全级别、风险分布或交付质量,这可能会减少节省资源的机会,尤其是因为变更必须在施工许可设定的框架之内。

芬兰 E18 高速公路:服务协议中的激励措施

E18 已作为整体服务协议签订合同。合同中的激励措施足够有效,可以在项目管理机构和承包商之间有效地发挥作用。激励措施原理很简单:不提供服务则不付款。漫长的维护周期通过营造所有权氛围来确保承包商交付质量,因为承包商在整个协议期内可以通过减少维护工作而受益,从而提高了质量。贷款银行的技术顾问还执行质量控制以确保长期支付。在芬兰的项目中,这种"生命周期模型"被认为是良好实践。

6.7.5 培养合同经理具备足够专业知识

做一名优秀的工作专员需要足够的能力。项目管理机构应具有专业知识,以判断承包商的表现并在发生纠纷时进行谈判。只有有关领域的专家才能评估或提出索赔,例如关于地质或技术的索赔,并且必须通过必要手段来获得专业意见。

荷兰高铁南线:不要害怕邀请专家来协助合同谈判

当荷兰高铁南线合同出现问题时,项目管理机构决定雇用上部结构的专家。当与建造者商讨额外费用时,专家可以验证项目团队能力以外的特定索赔。

英国西海岸干线项目:工程技能对于联盟合同至关重要

基于承发包策略的初级联盟在英国西海岸干线项目中是无效的,其中的部分原因是项目管理机构缺乏工程技能。英国铁路公司的建立是在没有工程技能的情况下进行私有化。尽管它是基础设施的所有者和控制者,但它不是"知情的买家",因此它永远无法验证联盟中承包商所建议的范围和成本。双方一直不能就工作包的范围达成一致。

荷兰布滕佛铁路:律师从始至终在现场支持合同

在项目管理机构内,专门设立了一个部门来处理合同管理的法律问题。项目管理机构试图确保由同一名律师来支持每份合同的准备、招标、合同管理和结案工作。这些律师需要在现场工作,与施工过程保持紧密联系。合同从头到尾,为律师提供了很多项目过往的知识,这对解决索赔非常有益。项目管理机构的人员变动少于承包商,这也使项目管理机构在这一方面具有优势。

芬兰 E18 高速公路:具有 PPP 经验的专业顾问

如果项目具有新颖性或创新性,那么储备专业知识来准备服务协议就尤其重要。关于支付机制或风险分配的决定不容易理解,因此重要的是要从法律、技术和财务顾问那里获得协调支持。项目管理机构必须意识到,必须根据当地情况调整专业知识,以防止因有关各方的不同期望而引起问题。例如,盎格鲁萨克逊发包模式不同于莱茵模式。

> **荷兰马斯河水路工程:评估与投标人和未投标人之间的合同程序**
>
> 对赞德马斯的合同的评估令人困惑,因为投标价格差异很大。已对这些成功和失败的投标人以及未投标人的合同程序进行了审查。项目管理机构想知道如何解释投标之间的价格差异以及某些公司不参与的理由。这将有助于项目管理机构在后续合同阶段的工作。

6.7.6 合作对于良好的合同至关重要

为了应对复杂性,需要在项目管理机构和承包商之间建立良好的关系。高度复杂项目中的合同很少是完美的。参与各方的态度和能力可以使项目各方面存在差异。业主和承包商需要互相帮助、共同解决问题,这应该成为日常工作方法中的一部分。

> **厄勒海峡通道:专注于信任**
>
> 尽管没有使用"基于联盟的"合同,但厄勒海峡通道项目管理机构还是赞成建立"合作方式"。项目管理机构凭借自身的经验和知识将自己定位为"强大的业主"。他们激励承包商提供出色的服务。当出现问题时,项目管理机构会全力以赴地解决这些问题,而在采取行动时并没有过多注意合同中所述的职责划分。相反,项目管理机构更专注于信任。

> **芬兰 E18 高速公路:促进投标人与合适的融资人联系**
>
> 相关部门安排每个投标人两次访问位于卢森堡的欧洲投资银行。谈判很重要,因为欧洲投资银行提供的低利率可能会降低投标报价,使投标人和该部门都受益。

> **荷兰马斯河水路工程:评估签约伙伴团队以促进合作**
>
> 项目过程中重要的一点是项目管理机构和签约伙伴的团队能够开展合作。为了激发这一点,马斯河水路工程项目管理机构已安排将团队成员能力的评估添加到津贴标准中(尽管事后看来,它更适合作为选择标准)。所有签约方都被允许向 4 名项目管理机构成员推荐 7 名员工。起初,项目员工和签约方对此想法表示反对,但项目管理机构开展了信息发布会进行解释。合同过程延迟了四个月,但最终所有投标人和项目管理机构本身都成功参与了评估过程。

葡萄牙雷兹里亚大桥：当承包商遇到风险时应提供帮助

高架桥采用桩基施工，但结果表明，用下沉桩的技术是不合适的。这使得使用初始方法无法继续完成工作。项目管理机构可以预见这一风险，并已将其分配给承包商。但是，为了项目交付的利益，项目管理机构协助承包商寻找解决方案。找到解决方案后，承包商在施工现场使用了更多资源以减少延误。尽管延误是由承包商造成的，但项目管理机构承认承包商为减少延误付出了巨大的努力，因此未要求承包商赔偿。

芬兰 E18 高速公路：业主/发起人与服务提供商之间的开放式沟通

项目管理机构的员工在承包商的现场工作。项目管理机构、服务提供商和承包商之间定期进行联合工作会议，沟通交流频繁。在这些会议中，讨论了承包商的工作计划，以使项目管理机构的现场报告能够基于承包商的报告编写。在非正式会议结构内，沟通可以营造良好的工作氛围并（促使各参建方）公开表达观点和关切。

荷兰高铁南线：升级上报程序

复杂的仲裁经验让所有参与方都尽量避免仲裁，而选择升级上报程序。例如，交通运输合同具有商定的升级程序，在发生纠纷且当事方无法在双方满意的情况下解决该问题时，可选择事先商定的升级上报程序。

奥地利下因河谷铁路：与承包商的关系可以建立在信任的基础上

在项目的早期阶段，项目管理机构与承包商之间的关系正式且冷淡。在项目管理机构知道承包商有权提出其他索赔的情况下，其应对的方法是等到时间超出索赔的时限。在改善关系的过程中，对该"策略"进行了修订，以便在出现引起法律索赔的情况时，项目管理机构能够在达到期限之前与承包商联系。

荷兰马斯河水路工程：帮助承包商合理提高利润

承包商处于健康的财务环境中，这促进了各方之间的合作。因此，低成本不一定是选择过程中的主要标准。项目管理机构还应基于质量定义标准。在合理的范围内，项目管理机构应尝试为承包商创造有利的机会。例如，赞德马斯的承发包过程必须考虑许多不确定因素——挖掘需转移的沙子的成本可能比在市场上实现的成本要高,但用其他方法同样可以实现可观的利润。该项目管理机构已帮助承包商寻找可以重复利用沙子的方法;与以往相比,允许承包商花费更长的时间来计划工作;并在承发包过程开始之前对承包商进行了必要的市场研究,以估计如何使用多余的沙子。

6.8 主题 7:法律许可

所有大型基础设施项目都必须遵守国家和国际法律规定。安全和环境问题以及利益相关者的利益只是法律许可的主题的一部分。此外,在项目进行过程中法律可能会发生变化。对于所有大型基础设施项目而言,管理法律许可是一项挑战。

NETLIPSE 项目中的良好实践通常将法律程序管理和利益相关者管理结合。NETLIPSE 建议项目组织对法律程序进行规划并保持其最新状态,该任务需要特定的专业知识。由于法律程序和招标程序密切相关,因此需要仔细协调以避免工期延误。

6.8.1 联系法律程序和利益相关者管理

项目受法律法规约束,这些法律法规为利益相关者或其他外部各方提供了阻碍或延误项目的潜在可能性。有效的利益相关者管理可以减轻这种潜在可能性。与利益相关者的公开交流可以以积极的方式影响各方态度,从而减少法律拖延的可能。

波兰 A4 高速公路:新法律加快了对房地产的收购,但引发了对当地商品的抗议

A4 高速公路的建设过程中必须征用土地,这是政府高速公路建设和运营局(ABiEA)的责任。在一些地区,小规模土地的所有权出现了问题。例如,在喀尔巴阡山省地区,要获得一公顷土地,必须获得五个单位的地块。地块通常没有规范的合法所有权,因为在先前的交易中土地没有得到合法的转让,或者土地和抵押登记册在战争期间已被销毁。

这些问题曾经由《关于准备和实现公共公路投资的特殊原则法令》处理。2006 年,该法令进行了修订,它的有效性扩展到所有公共公路,从而有可能加快公路开发的土地征用。但是,这也导致了当地社区的严重抗议,一些利益相关者感到他们没有充分参与规划过程。在这种情况下,可以通过开展信息交流活动并与受影响的利益相关者深入协商来缓解社会紧张局势并减少抗议活动。

荷兰布滕佛铁路:在施工过程中争取达成共同协议

在布滕佛铁路项目中成功取得法律许可的关键之一是项目管理机构与利

益相关者进行清晰、公开的沟通。项目管理机构事先与利益相关者和地方政府讨论了该计划的规划和开发办法，这使法律程序可以更顺利地进行。在施工初期，与当地居民和利益相关者开展了会议。项目管理机构提出并共享了项目理念，随后又补充了细节。项目管理机构在反驳当地利益相关者和政府的意见之前一直非常谨慎，这样做通常会更加容易和高效地达成共识。项目管理机构和地方当局还在谈判过程中确定了项目完工后的相关职责并达成共识。

波兰 A2 和 A4 高速公路：及时了解损失赔偿

目前，补偿土地所有者的程序非常耗时，在此期间，当地土地的价格经常上涨。为了避免社会紧张和抗议，政府明智的做法是将公路施工位置的决策与合理的时限内的市场补偿挂钩。

奥地利下因河谷铁路：利益相关者管理有助于缩短环境影响评价

从提交项目申请到发布公告的仅两年时间里，项目管理机构就对奥地利的基础设施项目进行了有史以来最快的环境影响评价。项目团队提到，利益相关者与项目流程的紧密联系是项目成功的关键因素。项目管理机构提供的全面支持文档也加快了该过程。

6.8.2 规划手续并保持更新

项目规划从一开始（通常是在招标之前）就必须符合法律法规的规定。有时程序和规章可以相互作用和影响。事先规划手续可以减少意外的发生。此外，由于大型基础设施项目的执行时间很长，因此在整个项目全寿命周期中，可能会出现新的国家法律或欧洲法律、法规。这些更改可能会影响项目并导致工程延期，因此进行跟踪并在可能的情况下预见此类变更非常重要。另外应确保将其影响正确地记录下来，以便进行项目管理和控制。

荷兰布滕佛铁路：上级组织清单确认程序

建立项目的所有法律程序，包括布滕佛铁路项目，都由 ProRail 组织（项目交付的上级组织）中的一个部门管理。根据相关法律规定，"路线决策"是对公路规划过程的最终决定，为项目的执行奠定了法律基础。通常将其视为布滕佛铁路项目通过决定的标志，并作为法律程序的起点。此后，使用包含所有可能过程的清单来确认项目的所有过程。该清单是根据 ProRail 的历史经验开发的。通过消除清单上不相关的项目,为该项目量身定制法律许可计划。该清单会定期更新,由内部专家组成的团队添加或删除必要的程序。变更既记录在程序列表中,也记录在项目的"案例历史记录"中。布滕佛铁路项目是第一个受"路线决策"法约束的项目,因此建立法律先例和程序比通常情况下更为复杂。

瑞士圣哥达基线隧道:手册中的程序

所有相关过程都在新阿尔卑斯铁路枢纽网络控制条例或阿尔卑斯枢纽圣哥达公司管理手册中进行了规划和发布。两份文档都经过反复审核,以确保程序的持续改进。

此程序中的第一个法律程序是全民投票,接下来是一个初步项目,然后是一个部门计划。出版及相关许可程序涉及当地利益相关者。这些磋商会直接影响施工许可证的签发或(通常是)后续的代付款的发放,这就要求在签发施工许可证之前对项目计划的细节进行修改。

荷兰马斯河水路工程:为政策变化做好准备

从国家或地区的角度以及从欧洲的角度来看,马斯河水路工程都将持续关注法律的变化或相关法规的更改。通过预见这些变化,可以快速确定其对项目的影响。由于项目内部的这种积极态度,项目在作出决定前会与相关机构充分讨论。

布拉迪斯拉发环路:清晰化流程

项目管理机构对所涉及的所有手续进行了相关分析,这些手续影响了土地、路线和市政当局,他们又反过来受项目大纲中的各种替代路线影响。由于要就各种不同的路线选择方案咨询市政当局和地方利益相关者,因此保证此分析的最新状态是至关重要的。如果文档过时,则可能会导致不必要的咨询。

6.8.3 确保有法律专业知识

规划手续、监测和预测变化以及支持合同团队是与法律许可相关的部分责任任务。NETLIPSE研究的所有项目团队都提到需要获得特定的法律专业知识来执行这些任务。

荷兰高铁南线：行政法律专业知识

荷兰高铁南线项目中的经验表明，该项目不仅是一个技术项目，而且还经常涉及法律诉讼。例如，由于交通运输合同有许多协商工作，因此其准备阶段要严格遵守法律。关于合同背景、内容以及合同形式的知识变得非常重要。此类工作是在项目的核心行政法律部门内进行的，并就产生的所有法律事务进行咨询。

葡萄牙里斯本—波尔图高铁线：跟踪规则和法规的团队

项目管理机构雇用一个多学科团队来跟踪和更新有关规则和法规的信息，并跟踪所有公开辩论的新项目。这样，项目管理机构可以对变更进行预测，还可以评估其对高铁项目开发的潜在影响。

荷兰布滕佛铁路：轨道特定部分的专家

已任命负责法律程序的专家，专门负责轨道的部分工作，并作为该地区相关合同团队的一部分。这意味着利益相关者在特定区域内的每个程序都由同一名法律专家处理。这为与利益相关者的法律往来提供了连续性和一致性。

荷兰马斯河水路工程：建立许可办公室作为项目组织的一部分

马斯河水路工程必须通过很多法律程序才能获得所需的 200 多个许可证。因此，在项目内建立了一个单独的许可职位来代表业主/发起人荷兰公共工程及水管理局和省级主管部门。

6.8.4 与当局积极沟通

通常，不止一个机构会参与评估法规和项目的许可证授权合法性。与这些主管部门定期开会对项目是有益的，可以商定应用程序和计划程序的细节，并在必要时安排许可上诉的内容和程序。

德国纽伦堡—因戈尔施塔特铁路：管理局与项目组织之间的定期会议

从 1994 年起，新成立的德国联邦铁路局成为联邦铁路的监督和授权机构，结果由其承担了规划批准程序的责任。规划批准的申请由工程师和咨询组成的"串联"机构处理。一旦德国联邦铁路局接管了规划批准程序的职责，便与项目管理机构举行定期项目会议,即所谓的协调会议。自1997年以来,这些会议每4~8周举行一次。这些会议的议程事先确定,并制定了规划批准程序。尽管人们常常有不同的立场,但双方均表示该会议具有建设性意义。项目管理机构经常利用这一机会在早期阶段展示规划中的变更。

葡萄牙雷兹里亚大桥:与当局保持良好关系

为了获得有关法律法规的意见,公路当局经常会咨询项目管理机构。与项目管理机构在研究方面进行合作,从而制定标准和法律,并探索新的解决方案。在某些领域,项目管理机构是制定此类变更的"社会伙伴",因此会对即将发生的法律变更有较早的了解。

德国纽伦堡-因戈尔施塔特高铁线:项目提交的计划不需要太多细节

许可程序的文件应仅需达到获得许可所必需的最低的详细程度。根据德国联邦铁路局的说法,德国铁路建筑公司为获得许可而提交的计划通常比必要的更为详细。计划不需要过于详细,在需要对计划进一步细微修改时,可以避免为了获得许可而提交新计划。提交的详细程度太高可能出现的问题是,即使在计划变动很小的情况下也可能需要全新的许可程序。如果计划仅提供了所需的最低详细程度,则德国铁路建筑公司可以避免一些其他程序的修改。

葡萄牙里斯本—波尔图高铁线:促进环境影响评价

在整个项目中拥有一个固定的评估委员对项目有很大帮助,因为在环境评估过程中有很多方面在考虑项目的不同部分时都会重复进行。这样,有关环境方面的分析和决策可以遵循相同的标准。更深层次的建议是鼓励环境主管部门监督进行评估所需的研究过程。

厄勒海峡通道:在跨境项目中同步国家标准

1991年,丹麦和瑞典之间的条约规定了该项目的法律框架。该条约显然是必不可少的第一步,对跨境项目的成功至关重要。这规定了该项目的规则,但重要的是并未试图改变受影响的两个国家的基本法律。相反,项目管理机构接受法律、法律体系、标准和政府角色方面的差异,并试图从一开始就进行规划和管理。瑞典水法院就是一个很好的例子,该法庭明确了项目对环境的影响。项目管理机构能够对此进行计划并确保可以适应其裁决而不会显著延长工期。

6.8.5 协调许可和招标计划

许可和招标计划应协调一致,这可以通过几种方式来完成。项目管理机构可以安排所有必要的许可证,然后招标。或者,可以在承包商不负责获取许可证的情况下进行项目招标。

> **芬兰 E18 高速公路:招标前已批准程序和许可证**
>
> 在这种情况下,所有的程序和许可在开始招标之前均已获得批准并具有法律效力。芬兰公路管理局项目管理机构在签约前已消除了管理风险。

> **德国纽伦堡—因戈尔施塔特高铁线:拆分规划批准程序**
>
> 为了完成规划批准工作,该项目分为 14 个"规划批准部分",它们代表了整条生产线,另外还有两个用于长距离牵引电力线的规划批准部分。这样可以划分规划批准的工作量,从而可以设定一定程度的优先级。

> **芬兰 E18 高速公路:在投标人的自由与管理风险之间取得平衡**
>
> 在招标开始之前完成所有管理手续可以降低管理风险,但同时也降低了投标人的自由度。公路的路线或多或少是固定的,几乎没有机会优化设计(物流相关的挑战例外)。尽早开始招标阶段将创造更多的自由,但也会带来管理风险。

> **葡萄牙雷兹里亚大桥:获得最终设计的环境许可**
>
> 国际公开招标是在环境合规性报告批准之前进行的,因为项目管理机构认为土地占用等方面不需要很多更改。但是该报告未获得环境合规性报告的初步批准,因此必须准备并提交新的报告。将来,考虑 D&C(设计与营造)合同中是否应有条款提及承包商获得环境合规性报告的责任会成为一种良好实践。

> **芬兰 E18 高速公路:鼯鼠使招标工作推迟**
>
> E18 项目因一项新的欧盟法规而推迟,该法规与居住在项目区域内的鼯鼠种群有关。它们属于欧盟自然指令附录 4A 中规定的需要特别保护的物种,这已在项目的中期计划中生效。E18 高速公路通过鼯鼠的栖息地,这对 E18 的建设造成了很大影响。在项目可以开始合法招标之前,需要获得几项豁免令,这将导致该项目延迟 2~3 年。

6.9 主题 8:知识与技术

新技术

在大型基础设施项目实施过程中,采用新技术可以提高质量、降低成本以及缓解紧张的计划进度带来的压力。政府通常是新技术的早期"适配器"。NETLIPSE 项目的研究涉及铁路基础设施安全系统、隧道技术安装以及新的隧道钻孔技术。应用新技术是一个挑战,以下与良好实践相关的部分聚焦于在大型基础设施项目中引入新技术的经验以及管理其应用的方式。

知识管理

尽管每个大型基础设施项目都是唯一的,并且具有自己特定的外部环境,但是整合其他项目的知识并共享经验是一种非常有效的手段。NETLIPSE 所研究的大型基础设施项目有很多共同点,一些研究项目具有特定的"知识管理"任务,这些任务是由业主机构赋予的,他们希望在未来项目中收集和使用相关经验。此外,对项目本身来说,知识可以交换和保护。在项目结束、员工继续从事其他项目之前,获取并整合项目中工作人员知识的工作十分具有挑战性。遗憾的是,NETLIPSE 的研究表明,知识管理在项目中往往被忽视和低估,实践证明,以有效和高效的方式组织及协调知识管理是一项挑战。

6.9.1 小心地进行实验

技术发展总是经历几个阶段,可能始于一个想法;或者可能发生了某些事件(例如事故)而要求采取新的方法。这些情况都有利于将处于概念和设计阶段的想法转化成技术。紧接着是试验和测试阶段,在此之后,已经出现的技术将应用于试点项目。最终,技术日趋成熟并被大众普遍接受。某些 NETLIPSE 项目面临实施新技术的挑战,导致成本和时间超支。新技术通常也会给项目带来新的风险。

> **厄勒海峡通道:避免实验,激发最先进的技术**
>
> 厄勒海峡通道项目管理机构不鼓励使用实验技术,而更喜欢使用验证过的先进技术。项目委任承包商在设计和建造(D&C)合同中应用创新,在实践中使用了独特的隧道单元构造方法。该方法结合了经过验证的技术,但以一种全新的方式出现,从而该项目得以及时交付。项目管理机构了解到,只要对实验保持谨慎,创新就可以成功。

> **英国西海岸干线项目:在铁路交通管理方面努力创新技术**
>
> 英国西海岸干线项目的第一个计划包括使用基于无线电的信令进行"移动

闭塞信号"的传递,这既没有可以借鉴的功能规范也没有具体的交付计划。如果成功的话,那将是铁路交通管理中的一项重要创新。随着时间的流逝,程序陷入困境。在向政府承诺提高速度以及与运营商维珍铁路签订有关成果的合同承诺之前,英国铁路公司尚未评估该技术的技术可行性。

维珍铁路已经订购了一批可以高速行驶的新型倾斜火车。之前从未在任何线路上实现移动闭塞信号发送,更不用说欧洲最繁忙的混合交通铁路了!由于这项技术未能实现,因此预计最终成本的估算有大幅度增加。最后,英国铁路公司决定不使用闭塞信号,而是选择了另一项新技术:欧洲铁路运输管理系统(ERTMS)。直到2000年,它还没有准备好在西海岸这样的测试环境中应用。但是,英国铁路公司需要ERTMS来满足维珍铁路在频率和速度方面的合同规范。随后,英国铁路公司在ERTMS的研究上投入了大量资金,但到2002年,该技术仍未实现可用的交付成果。

英国铁路公司的继任者英国铁路网络公司和英国铁路战略管理局要求信号承包商以固定的价格在固定的时间范围内交付所需的产品。承包商表示无法做到这一点,因此英国铁路网络公司将ERTMS转移到一个单独的国家开发项目中,并决定坚持使用经过验证的英国西海岸干线项目技术。事后看来,这个迟钝的决定导致了为期3年的延误,并花费了数亿欧元,却无法确保交付的成果。

葡萄牙雷兹里亚大桥:广泛测试新的收费系统

上级组织的既定政策是,该组织通常会采用普遍认可的技术,或者内置系统副本以确保交付结果。然而,雷兹里亚大桥采用了新的收费系统。该系统在实验室进行测试后,又在测试线路上进行了内部收费测试;最终在控制系统的服务费中进行测试以获取双倍数据。完成这些测试程序后,将其安装在桥上。即便如此,一些在实验室和现场进行了全面测试的技术在应用于实际情况时仍然表现不佳。

瑞士圣哥达基线隧道:小国家需要成熟的技术

对于像瑞士这样的小国,圣哥达基线项目在各个方面都是独特的。为了避免不必要的风险,该项目的政策是使用完全成熟的技术。只有在特殊情况下才需要使用新技术。例如,塔维舍尔亚地块的地层压力极高,因此需要一种新的加固方法。为此,开发了柔性钢拱作为初始支撑,另一项创新源自必须处理开挖中大量碎石的问题。当时,当圣哥达基线项目的建筑工作开始所使用时,最新技术不允许将隧道掘进机开挖的锋利碎石用作混凝土骨料。经过大量实验，阿尔卑斯枢纽—圣哥达可以提供证据证明这种碎石能够用作高级混凝土的混凝土骨料，之后才使用了这种材料。

> **德国纽伦堡—因戈尔施塔特铁路：仅使用获批准的技术**
>
> 德国铁路的政策是，在获得公众和法律监管机构德国联邦铁路局批准之前，不得使用任何新技术。德国联邦铁路局的批准证实该项目不存在安全问题，而且新模型在技术上是可行的。在深入检查之后，德国联邦铁路局将为在使用状态下的测试提供初步批准（通常为 5 年）。然后，德国铁路发出"用户声明"，指出该新模型将在一个专门命名的位置作为试用版使用。

6.9.2　应用新技术需组织创新管理

在大型基础设施项目中实施新技术需要密集的管理方法。通常情况下，新技术的应用是与私人企业签订的合同的一部分。当技术应用的不确定性导致问题出现时，有关各方往往会互相指责，这不仅会破坏项目各方之间的关系，还有可能导致项目延误。NETLIPSE 的良好实践表明，最好将新技术的应用作为单独的创新项目进行管理，但是如果主项目依赖于成功的技术，则可以建立清晰紧密的联系。这意味着有关各方应留出足够的开发时间，并应密切合作。他们应该研究技术的适用性并安排处理不确定性的过程。

> **荷兰高铁南线：多项创新使项目控制非常困难**
>
> 由于独立合同中的功能说明对创新没有足够的容忍度，因此很难将下部结构与上部结构相联系。签约时规定的技术标准不足以适用于新的高速线，ProRail 和承包商都不习惯在很小的容忍范围内工作。此外，荷兰高铁南线项目中的技术和组织创新不仅增加了项目的复杂性，而且还增加了项目风险。

> **葡萄牙雷兹里亚大桥：使用冗余系统**
>
> 在重要问题上，项目管理机构使用冗余系统以确保交付结果。例如，桥梁监测系统具有电流仪表，包括与光纤传感器关联的振弦传感器，可在保持对结构的观察的同时获得更多可靠的数据。

> **英国西海岸干线项目：联合管理，不考虑合同以解决创新问题**
>
> 阿尔斯通、维珍铁路和英国铁路网络公司组织成立了一个联合管理团队，

以解决英国西海岸干线上新列车的实施问题。英国铁路网络公司是项目管理机构,维珍铁路是运营商,阿尔斯通是火车和火车系统的供应商。他们的共同挑战是保持高速列车在一条非常繁忙的运营线上可靠、安全地运营,该高速列车在4轨区段上每小时处理多达26列火车。联合方法包括合作开展与高速列车控制系统有关的工作。在潘多利诺(意大利品牌电车组)投入交通项目会议中,双方每周与业主/发起人举行一次高级会议。他们通过采用最合适的方案成功解决了所有问题,而无需严格解释合同中规定的角色和职责。这种做法与1998—2001年间的英国铁路公司明显不同:英国铁路公司对列车的容量关注不大,因为按合同规定,它希望将列车的延误归因于列车的供给不足,而不是承认基础设施的延迟或无法交付。各方都有过错,因此,一旦认识到这一点,各方就必须合作解决问题。

荷兰高铁南线和布滕佛铁路:应用新技术需要创新管理

荷兰高铁南线和布滕佛铁路项目是与英国西海岸干线项目同时建造的。在世纪之交,公共和私人团体仍然对欧洲铁路运输管理系统(ERTMS)充满信心。技术问题并未被视为对该项目的潜在威胁。但是,随着系统实施的临近,出现了很多问题,并且两条线路的全部通行都出现了严重的延迟。荷兰得出的结论是,未来的项目应将新技术的应用作为创新项目来对待。其中应包括为处理不可预见的事件和问题提供资源缓冲的规定,并且不应与重要的成果挂钩。

6.9.3 在项目组织内部组织专业知识交流

根据我们的研究,建议应借鉴最先进的经验来评估技术策略。该技术以及评估该技术的专业知识可能会导致更高的成本,但也可以带来更高的收益。在项目管理机构内部进行知识管理也是明智的。

葡萄牙里斯本—波尔图高铁线:路线优化方面使用的专业知识

该项目管理机构聘请了在路线优化方面具有专业知识的顾问来利用软件工具和数据库考虑项目的地形因素,可以使得优化布局的计算可以非常快速地进行,其中包括限制(例如保护敏感的社会、环境和文化遗产区域)以及铁路参数(例如,最大设计能力和持续坡度,地层宽度以及水平和垂直曲线的最小曲率半径)。使用的数据包括成本、限制和传播时间等要素。这种方法使与北线现代化相关的成本降低了约50%。同时,它减少了在计划停靠站附近的部分路线的投资。在这样的位置,没有必要为了确保每小时 250 km 的速度而使用昂贵的基础设施。

荷兰布滕佛铁路:知识管理部门

项目管理机构的"独立"地位不利于与其母组织 ProRail 交流学习经验。这使得项目管理机构建立了一个部门,以促进知识管理。该部门组织了有关特定主题的知识会议,发表文章和出版书籍,例如"在软土地上钻孔""沃辛斯联盟""质量管理"和"经验教训概述"。此外,还建立了一个专门的网站 www.kennis.Betuweroute.nl,其中包含所有主要参考文件和项目的质量体系(包括项目计划、程序和格式)。ProRail 和荷兰公共工程及水管理局签署了一项协议,该项目和网站将在布滕佛铁路项目完成后继续进行。该协议将规定项目三年内的知识管理工作,重点是扩大知识网络,其他基础设施项目也可以加入,例如荷兰高铁南线项目。

瑞士圣哥达基线隧道:内部知识管理

对于内部知识管理,项目管理机构依赖于诸如数据管理之类的常见方法。诸如新圣哥达铁路线一样的具有设计和施工周期的大型建设项目必须给予关注,每个人都使用相同的规划数据,并且始终了解该项目的最新状态。同样,当项目完成时,必须向隧道的未来所有者和运营商提供完整的施工文件。在阿尔卑斯枢纽圣哥达公司,该信息以数字形式在参与项目的人员之间管理与交换。项目人员可以根据这些数据生成施工现场所需的基本图纸计划。新阿尔卑斯铁路枢纽网络控制条例和项目组织的管理手册都定义了数据管理和文档编制过程。内部和外部专家组(如专业部门"阿尔卑斯枢纽技术监控团队"和瑞士联邦审计署)的评审与审计也为知识管理流程提供了服务。

6.9.4 联系其他组织

知识交流可以在直接参与该项目的各方之间进行。但是,它也可以发生在没有直接参与该项目的组织中,例如科学网络和知识机构。

葡萄牙里斯本—波尔图高铁线:通过智能招标进行知识转移

在迄今为止签订的合同中,高铁线路公司对投标人的要求之一是提供一支在铁路设计领域具有公认能力和经验的人员队伍。这种情况迫使参与其中的葡萄牙公司与外国公司建立了联合体,后者已经在高铁设计领域拥有重要的专业知识,从而确保了知识的转移。

葡萄牙雷兹里亚大桥:由高校和国际公司的研究人员参与

上级组织葡萄牙国际运输公司与高校和国际公司签署了协议。葡萄牙国际运输公司大约有60名研究人员正在研究涉及环境、结构设计、交通控制、安全和通信等领域的项目问题。

葡萄牙里斯本—波尔图高铁线:与多家机构的合作协议

项目管理机构与该领域的国际专家一起促进并资助了一些研讨活动。该项目管理机构已经与几个机构建立了合作协议,主要包括波尔图大学工程学院。该学院已经完成了数篇硕士和博士学位论文。其他涉及的机构有高等技术学院、里斯本工程学院、米尼奥大学和国家土木工程实验室。

瑞士圣哥达基线隧道:外部知识管理

项目管理机构使用各种渠道进行外部知识管理。相关人员经常参加勒奇山基线隧道的项目管理机构的协调会议,也会在高校、国际代表大会上做演讲。该项目管理机构是瑞士隧道协会的成员,也是一年一度的瑞士隧道大会的东道主之一。尽管该项目的成员赞同新阿尔卑斯铁路枢纽网络控制条例可以应用于其他项目,但迄今为止尚未在官方级别平台上发布相关信息。

厄勒海峡通道:受益于大贝尔特桥项目

厄勒海峡通道的项目管理机构从另一个类似的项目中受益。大贝尔特桥项目包括三个独立的航道、两座桥梁和一条隧道。项目管理机构在该项目中获得了大量知识和经验,例如通过雇用同一个人而将知识转移到了厄勒海峡通道项目。这使项目管理机构处于混凝土技术研究与开发的最前沿。这项技术改进了厄勒海峡通道项目解决方案并降低了风险。目前,与此相关的知识已经转移到了连接德国至丹麦的费马恩通道项目中。

来自调研团队成员的个人观点

弗兰克·沃登波尔
研究助理
瑞士苏黎世联邦理工学院工程建设管理中心

某种意义上说,在当地调研团队中担任研究人员是一种独特的经历。首先,你有机会学习有关建筑技术和大型基础设施项目特殊程序的许多知识。一直以来最大的挑战之一是在国际项目组织中找到针对不同文化和不同特征的适当方法。除了要面对研究案例的复杂文化背景,日常挑战还包括与众多不同国籍的合作伙伴一起参与国际研究项目。

我意识到,案例研究的开放性和合作意愿是这种努力的最大动力之一。但是,有些人渴望分享自己的知识,并作为回报从其他项目中学习;但有时候,我们似乎又花了很多时间才能说服伙伴,让他理解像 NETLIPSE 这样的项目所带来的好处。

就个人而言,NETLIPSE 通过为你提供对大量基础设施项目的深入了解来拓宽你的视野,这是你通常无法在单一工作生涯中获得的,更不用说扩大个人和专业人际网络的可能性了。

第7章 项目成熟度——基础设施成熟度工具

7.1 背景及目的

欧盟委员会、成员国和其他国家大量投资基础设施,皆以全欧交通网络为指引,这涉及许多大型基础设施项目的部署。为了能够为新建公路、铁路或水路项目提供充足的资金,欧盟委员会需要洞悉获资助项目在资金、规划和范围方面的成功可能性。如第一章所述,大型基础设施项目通常具有(不可预见的)进度延迟和成本超支的特点,这会导致欧盟委员会投资的无效使用。欧盟委员会需要提高对这些项目可行性和执行力的洞察能力,以便提高其资助效率。

要判断大型基础设施项目的可行性,需要足够的交通流量预测和经济模型(成本效益分析),但项目管理和组织方面的评估存在缺失。为了填补这一空白,NETLIPSE团队提出了开发基础设施成熟度工具的建议。该工具的最终目标是支持国家和地区政府以及欧盟委员会更有效地开发大型基础设施项目并为其提供资源支持。此外,出于相同的原因,欧洲投资银行和世界银行等组织也可以从该工具中受益。最终,我们希望看到,作为启动前研究阶段和项目执行期间监控的一部分,基础设施成熟度工具的使用成为强制性的要求。这使得项目投资更有效,交通运输政策更有可能成功执行。尽管不能给出100%成功的保证,但是如果正确使用基础设施成熟度工具,则可以及时洞察成本超支和进度延迟发生的原因,从而减少超支和延迟的可能性。

上述功能以统一的方式实施项目管理机构执行之前、执行期间和执行之后的"测量"。收集到的所有信息也可能以不同的方式使目标群体受益。在知识管理方面,可以建立未来的基准,以比较特定主题的项目并共享相应结果的信息。项目管理机构还可以使用该工具"改善"自己的组织。基础设施成熟度工具被设置为质量模型,可以在项目执行阶段为设计项目组织和流程提供参考。图7.1显示了基础设施成熟度工具的功能。可以从项目早期阶段就使用基础设施成熟度工具来判断项目的可行性;在执行的连续阶段中,在项目交付和运营开始时作为监控工具;以及事后评估中也可以使用。

NETLIPSE项目的重点是传播有关大型项目管理和组织的良好实践和经验教训,因为传播是欧盟委员会第六框架计划的核心主题之一。另一项可交付成果以报告形式提交,该报告探讨了基础设施成熟度工具的可实现性。

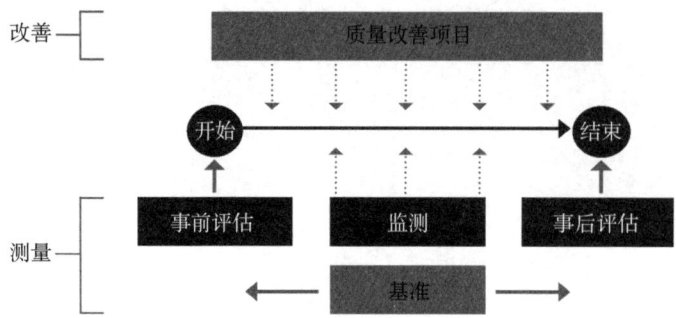

图 7.1 基础设施成熟度工具的功能

在基础设施成熟度工具的设计方面，NETLIPSE 研究提供了基础设施成熟度工具的内容要素（第 7.3 节）和使用方法（第 7.4 节），还探讨了该工具的开发和管理组织（第 7.4 节）。本节的灵感来自研究其他类似的管理模型（第 7.2 节）。

7.2 关于其他管理模型的基础设施成熟度工具

衡量和改进工具的想法并不新鲜，但都基于质量管理理论不断改进的基本原理。这其中已经开发了各种模型。NETLIPSE 团队研究了一些最著名和使用最广泛使用的模型。这些模型比所提出的基础设施成熟度工具更通用，基础设施成熟度工具是专门为大型项目设计的。通过关注这些项目，我们期望基础设施成熟度工具对大型项目和模型用户具有更大的价值[①]。

当对比不同的基础设施成熟度工具时，两类管理模型似乎与之最相似：
- EFQM 卓越模型（及其相关模型）
- Prince2（受控环境项目）

EFQM 卓越模型及其相关模型

EFQM 卓越模型（The European Foundation for Quality Management Excellence Model）于 1988 年引入，作为评估组织获得欧洲质量奖的框架。根据 EFQM，"它现在是欧洲使用最广泛的组织框架，并且已成为大多数国家和地区质量奖的基础"。

EFQM 卓越模型的使用很有趣，因为它在以下几个方面与基础设施成熟度工具里的因素类似：
- 作为自我评估的工具；
- 作为与其他组织进行基准比较的一种方式；
- 作为确定需要改进领域的指南；

---

① ISO 规范也包含相似之处，这些规范并不复杂。 由美国项目管理协会发布的 PMBOK（项目管理知识体系）也比英国 Prince2（受控环境项目）项目管理方法要复杂得多。 平衡计分卡是一个有趣的战略计划和管理系统，使组织能够阐明其愿景和战略并将其转化为行动，但是 EFQM 与拟议的基础设施成熟度工具更具有可比性。

- 作为通用词汇和思维方式的基础；
- 作为组织管理系统的结构。

特别有趣的是，该模型区分了"促成因素"和"结果"。EFQM 对这些内容的描述如下："促成因素"标准涵盖组织的工作。"结果"标准涵盖组织取得的成就。"结果"是由"促成因素"引起的，而"促成因素"是根据来自"结果"的反馈得到改进的。

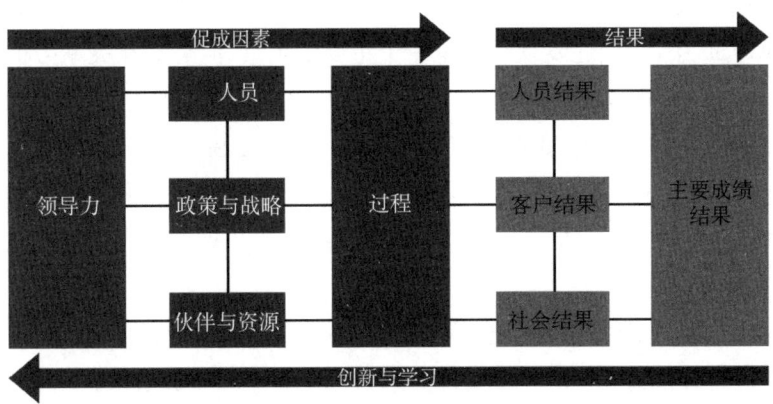

图 7.2　EFQM 卓越模型

1991 年，荷兰将 EFQM 模型转换为荷兰语版本（INK-model）。与 EFQM 模型相反，INK 模型引入了五个成熟度组织阶段（第五级是最高级别：一个优秀的组织）。

EFQM 模型也进行了适应性修改，以使其适合项目组织。埃迪·韦斯特维尔德在 1999 年开发了"卓越项目模型"。韦斯特维尔德在模型中也使用了五种项目类型，但淡化了通常认为第五级始终是最高级别的想法。相反，以项目的特征和环境确定最适合的项目类型。卓越项目模型的基本用途是评估和改进项目组织。

在德国，由国际项目管理协会（IPMA）管理的另一种同名"卓越项目模型"的模型。我们将这种模型称为国际卓越项目管理评估模型（PEM-IPMA）。该模型主要用于评估获得年度项目管理和卓越项目奖的项目组织，也评估项目经理认证。国际团队在此模型的框架下结合专家评价来评估项目。

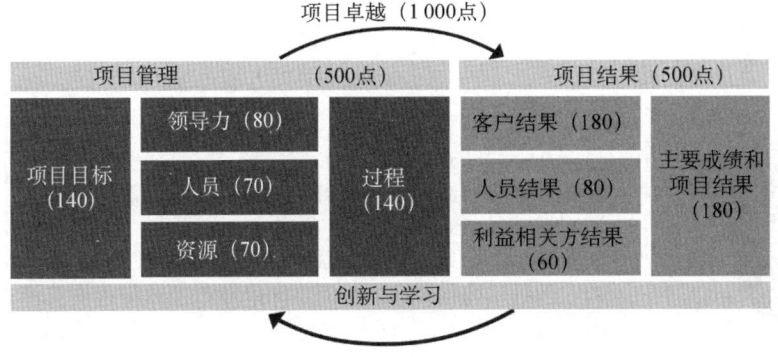

图 7.3　国际卓越项目管理评估模型

Prince2

Prince2,受控环境中的项目(PRojects IN Controlled Environments),是英国的项目管理方法,于 1989 年以 Prince 命名专门针对 ICT 市场开发,并根据良好实践在 1996 年改进为一种更通用的模型"Prince2",它基于过程提供了一种整体方法,并提供了详细的使用模型。它与传统系统管理的一个显著区别是商业计划。Prince2 比 EFQM 更具规范性。EFQM 描述"什么",但 Prince2 建议"怎么做"。Prince2 专注于拆解:将项目分为可管理和可控制的阶段。在 NETLIPSE 中,我们还发现拆解是一个重要的工具,但是它在关系方面可能具有挑战性。在拆解过程中,重要的关系丢失了,为此,界面管理并不总是有合适的解决方案。我们的研究还强调了这样一个事实,即环境不能总是被"控制"。

对于基础设施成熟度工具的发展特别感兴趣的是 Prince2 模型本身的管理组织结构。Prince2 是可以改进的"事实上的标准"。可以(通过此模型)提出改进意见,而董事会可以按此进行改进。

国际项目管理协会和 Prince2 均提供项目经理认证服务。国际项目管理协会引入了四个级别的认证,从项目管理助理(D 级)到项目总监(A 级)不等。Prince2 为项目员工提供"基础"级别的认证,他们并不一定需要成为项目经理或"努力成为"项目经理。

7.3 基础设施成熟度工具的基础要素

从第 4 章的主要发现以及从第 6 章中学到的良好实践和经验教训中,我们得出了基础设施成熟度工具的 7 个基本要素,这些要素对于确定项目的成熟度至关重要。

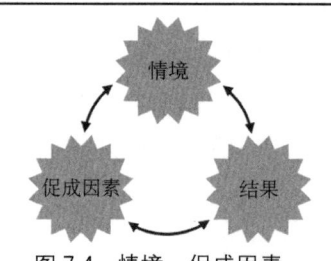

图 7.4 情境—促成因素—结果之间的关系

1. 情境—促成因素—结果之间的关系
   EFQM 卓越模型和两个项目卓越项目奖都使用"促成因素"和"结果"。在 NETLIPSE 中,我们在比较良好实践和经验教训以及阐述主要发现时情境的重要性。基础设施成熟度工具应添加表征情境的元素。

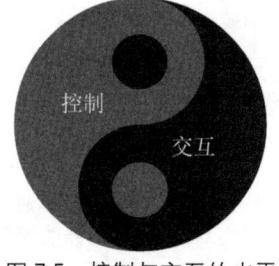

图 7.5 控制与交互的水平

2. 控制和交互的水平
   在大型项目的组织和管理中,关键的成功因素是双重关注:控制是 Prince2 的主要关注点;交互是我们从 NETLIPSE 研究中得到以表示灵活性、开放性和适应能力。基础设施成熟度工具应该反映这两个极端要素之间的张力。

(续表)

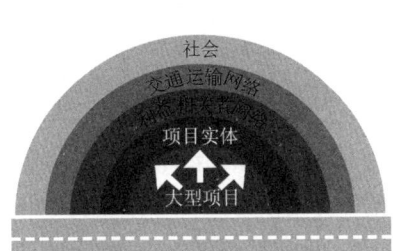 图7.6 共同的认知水平	3. 共同的认知水平 什么是基础设施项目？ 它是： • 需要根据投资、进度和范围要求执行的物理项目吗？ • 满足利益相关者(发起人、团队成员等)的方法？ • 改善交通运输联系的方法？ • 对经济和社会可持续增长的贡献？ • 还是所有这些因素和其他因素的优化？ 基础设施成熟度工具不仅应在其实际环境中关注该项目，而且还应根据其具体需求，在更广泛的范围内关注。
 图7.7 硬性因素与软性因素之间的关系	4. 硬性因素与软性因素之间的关系 硬性因素和软性因素是基础设施成熟度工具的一部分： • "促成因素"：资源计划、工作分解、法律许可是硬性因素；人力资源管理、领导力和团队合作是软性要素。 • "结果"：重要的硬性因素是投融资、进度和范围。利益相关者和项目团队的相互理解水平是软性因素。 • "情境"：法律是重要的硬性因素，文化是重要的软性因素。
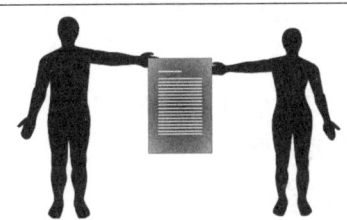 图7.8 模型和专家评价法	5. 模型和专家评价法 基础设施成熟度工具中的测量将基于案例研究和访谈，并提供标准格式。这样就有足够的空间进行专家评价，尤其是在有关情境和其他软性因素的问题上。通过评估小组中的讨论进行专家评价非常重要，尤其是在考虑情境、促成因素和结果之间的关系时。
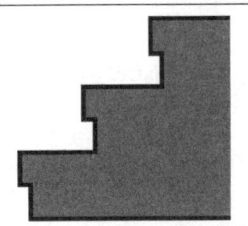 图7.9 基础设施成熟度	6. 成熟度 基础设施成熟度工具"测量"项目的组织和管理成熟度。这意味着将制定和定义特定的成熟度。例如，初始级别着重于内部和硬性因素，而最高级别则在控制和交互以及硬性和软性因素方面具有良好的平衡。这些级别可以用于评估和基准(测量)中，也可以为改进项目组织提供指导。
 图7.10 大型项目的八个主题	7. 八个主题 大型项目具有八个主题，事实证明这是描述和分析案例研究的良好基础。因此，它们包含在基础设施成熟度工具中： 主题1：目标和范围 主题2：利益相关者 主题3：投融资管理 主题4：组织和管理流程 主题5：风险(威胁和机会) 主题6：承发包 主题7：法律许可 主题8：知识与技术

7.4 基础设施成熟度工具的发展和新研究的建议

基础设施成熟度工具设计的初衷是供管理和组织基础设施项目领域经验丰富的专家使用。对于这些专家，它必须是易于使用且高效的工具。结果应该容易、清楚地传达，并且对于业主，如欧盟委员会、银行、国家和地区政府以及项目组织，应该同样易于理解。如前所述，专家评价是该工具的基本要素。

对于基础设施成熟度工具的"改进"方面（如国际卓越项目管理评估模型 PEM-IPMA 和 EFQM 卓越模型），基础设施成熟度工具可以用作确定项目组织内以及前面提到的八个主题中需要改进领域的指南。它应为项目组织的管理系统提供基础，以促进通用词汇表和思维方式的发展。

通过开发 NETLIPSE 知识协议和研究 15 个项目，已经为开发基础设施成熟度工具提供了良好的基础。NETLIPSE 团队内部的研究讨论被证明非常有用，参与者包括项目发起人、学者、项目经理和其他专家。这些讨论为第 7.3 节中的基础设施成熟度工具提供了基本要素。我们认为，基础设施成熟度工具的基本元素绝对适合进一步开发。此外，借助上述两个卓越项目模型的经验，基础设施成熟度工具中的评估方法也可以得到进一步发展。

我们得出结论，基础设施成熟度工具的开发既是值得的也是可实现的，因为：
- 欧盟和其他组织需要一种监控工具来更有效地部署大型项目；
- 项目组织需要提高绩效，并从他人的学习经验中受益；
- 与来自不同背景的专家讨论了基础设施成熟度工具的可行性，并认为这是有益的。

开发基础设施成熟度工具的一种可能方法是编写业务计划，以便实现：

（1）组建项目团队并确定内部业主；

（2）与可能的（外部）业主机构对有关基础设施成熟度工具目标和使用进行最终讨论；

（3）制定基础设施成熟度工具的结构，包括使用说明；

（4）与专家进行有关其结构和用途的讨论；

（5）根据这些讨论，在用户手册或指南中最终确定结构；

（6）测试工具和手册；在必要时进行调整；

（7）交付工具。

第 8 章 未来的 NETLIPSE[①]

为了开发基础设施成熟度工具,应该与专家和项目经理一同建立一个"非营利"基金会。尤其要重视在基础设施成熟度工具的开发过程中与潜在业主的联系,例如欧盟委员会、国家和地区机构以及金融机构。

基金会将根据质量管理的良好实践定期改进模型。所有人都可以提出改进建议,同时也可以从对模型本身的评估中得出建议。

基金会的最初研究应集中在基础设施成熟度工具的开发和使用上。

基金会应为经过认证的评估人员制定培训计划并在基础设施成熟度工具中应用,该计划应重点关注:

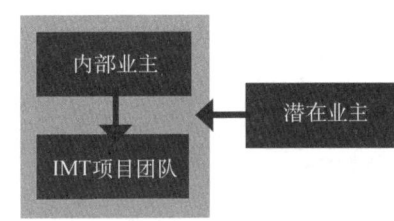

图 8.1 基础设施成熟度工具组织结构开发阶段

- 评估项目的客观性;
- 独立性;
- 具备倾听和有效沟通(口头和书面)的能力;
- 在情境中考虑项目的能力;
- 与基础设施项目的联系;
- 首席评估师具备的评估经验。

NETLIPSE 基金会不仅将重点放在基础设施成熟度工具的开发上,还将积极支持 NETLIPSE 项目中已启动的知识网络。基金会将通过各种形式传播有关大型工程管理和组织的经验和知识,例如网络会议、研究和实地考察。此外,还将开始研究开发和完善高级专家网络的其他可能性。NETLIPSE 基金会将继续遵循 NETLIPSE 原则,通过分享经验和相互学习来改善大型工程的管理和组织。

---

① 译者注:此处所指的"未来"是相对于 2008 年的 NETLIPSE 而言的。

下 篇
NETLIPSE 十年回顾·2016

第9章 NETLIPSE 十年回顾概述

9.1 NETLIPSE 的进一步发展

从 2006 年到 2008 年，NETLIPSE（www.NETLIPSE.eu）项目研究了欧洲的 15 个大型基础设施项目，寻找这些铁路、公路和水路项目在管理和组织方面的良好实践。从那时起，NETLIPSE 已经发展成为一个由业主发起的知识网络，在这个网络中，项目业主、发起人、项目管理机构和研究人员定期会面，讨论项目中的挑战和新方法。该网络的主要目标是改善大型基础设施项目和项目群的交付。

从 2011 年起，NETLIPSE 项目得到了一些公共组织的资助，并通过每年两次的网络会议继续蓬勃发展。这些会议试图就管理和组织复杂交通项目进行深入讨论。考虑到许多欧洲国家所面临的困难经济环境，NETLIPSE 项目还举办了其他活动，如关于承发包和采购、新研究和网络倡议、培训和基础设施项目评估工具评估（IPAT）等特定主题的项目负责人研讨会。

目前，主要的参与者有荷兰公共工程及水管理局，瑞典交通局，芬兰交通局，丹麦公路局，他们不断提供着资金和资助。同时，英国交通部，意大利 SEA 米兰机场，奥地利联邦铁路公司，波兰国家公路和高速公路总局，奥地利维也纳经济大学，比利时根特大学，荷兰代尔夫特理工大学和荷兰 AT 敖司堡公司也提供了宝贵的支持和资助。此外，AT 敖司堡公司还提供项目群管理和支持服务。

十年后的今天，该网络的一些成员回顾了 2008 年的研究成果，以确定当时所描述的经验教训发生了什么变化。当时与目标和范围、利益相关者、投融资管理、组织和管理、风险（和机会）、承发包、法律许可和知识与技术方面相关的议题在多大程度上与今天的情境仍旧相关，这样的探讨很有意义，甚至已经成为项目管理日常活动的一部分。此外，下篇中，NETLIPSE 主要参与者提供了他们对项目管理、组织、战略和当前挑战的看法，以及他们对未来十年的期望。除了整体的回顾以外，下篇还记录了 NETLIPSE 网络的成员们针对不同的主题积极发表的个人观点。

NETLIPSE 从一开始的研究项目，已经演变成了一个充满热情的非正式知识网络，合作伙伴之间签署正式协议的网络。相信只要合作伙伴认可 NETLIPSE 的价值，它就会继续下去。未来的挑战将是以可持续的方式扩展网络。

9.2 NETLIPSE 的目标

NETLIPSE 在其战略计划中确定的首要任务是通过积极有效的知识交流,改善大型基础设施项目和通道的开发、交付和运营,为欧洲的可持续发展作出积极贡献。NETLIPSE 网络主要由来自业主、项目管理机构以及研究机构的代表组成。NETLIPSE 的目标融入了他们的理念:

- 如何成为更好的业主;
- 如何实现(并组织)更加物超所值的交通基础设施建设目标;
- 如何从成功的项目(在时间、预算和质量限制内实现)和不太成功的项目(通过分析遇到的困难和应用的解决方案)中学习。

NETLIPSE 组织

NETLIPSE 是欧洲大型基础设施项目管理和组织知识传播网络。NETLIPSE 网络由参与交付大型基础设施项目的各个合作伙伴组成,他们希望在管理和组织这些项目方面发展和交流知识和经验。与部分在 NETLIPSE 第一阶段(2006—2008)就参与 NETLIPSE 研究团队的组织不同,很多组织可以或者已经通过多种方式加入这个项目中,如提供资金,举办会议和活动,进行进一步的研究,支持 IPAT 的应用。合作伙伴和过去的代表来自大约 23 个欧洲国家,包括项目的业主/发起人,例如:交通运输部门、项目管理机构、大学及其他知识和研究机构。

9.3 下篇的目的

在 2016 年,NETLIPSE 庆祝成立十周年。NETLIPSE 由欧盟委员会于 2006 年 5 月正式发起的一个研究项目,到如今已成为一个由项目业主和发起人、项目管理机构和研究机构代表组成的知识网络。所有这些都是基于一个理念,即这些组织可以从彼此的经验中获益。

下篇的目的在于:
- 反思最初 NETLIPSE 研究(2006—2008)中定义的主要良好实践(本书上篇,第 3 章);
- 收集与大型基础设施相关的项目管理主题的额外知识(经验);
- 了解大型基础设施项目管理十年来发生的变化;
- 未来十年管理大型基础设施项目的挑战;
- 推动 NETLIPSE 成为一个与欧洲采购和管理大型基础设施项目相关的有趣的知识交流论坛。

9.4 方法和途径

在回顾最初提出的良好实践时,下篇采用了双重方法。在收集个人和群体的定性信息之后,对 NETLIPSE 最初研究的定量结果与今天的经验进行了定量比较。这两种方法的核心问题是:
- 这种实践在多大程度上仍然适用于今天?
- 良好实践在何种程度上不再相关,并且/或所描述的良好实践是否已成为项目管理实践的常规部分?
- 业主/发起人和项目管理机构在未来的项目管理方法中面临哪些挑战?

下篇作为十周年纪念,回顾了十年来该网络中传播的知识。就十年前研究过的相同主题,下篇记录了来自合作组织的 29 个项目代表的新洞见。通过这种方法,下篇比较了最初八个项目管理主题的 50 个陈述,分析的结果将在第 10 章中描述。

2015 年波兰克拉科夫网络会议的与会者和对此感兴趣的新项目代表与许多合作伙伴还以各种方式评估了 2008 年定义的"良好实践"。例如,在克拉科夫网络会议上,所有代表组织了一次工作会议,他们分组讨论良好实践的主题。此外,NETLIPSE 伙伴提供了许多定性的贡献,并进行了几次访谈和审查。第 11 章描述了这种定性的内容。

第 12 章介绍了 IPAT。NETLIPSE 成员作为评估员和被评估项目积极参与的评估工具。

第 13 章总结了 2008 年写作团队关于 NETLIPSE 迄今为止取得的成果和未来的挑战的个人观点。

网络核心成员已经审核了为这个周年出版物收集的定性与定量资料,在此我们应向很多人(见附录 H)致谢。期待下一次有趣的讨论!

宝莲·斯塔欧合菲尔 NETLIPSE 项目总监
汤姆·克雷默斯 NETLIPSE 项目总监

图 9.1 NETLIPSE 委员会

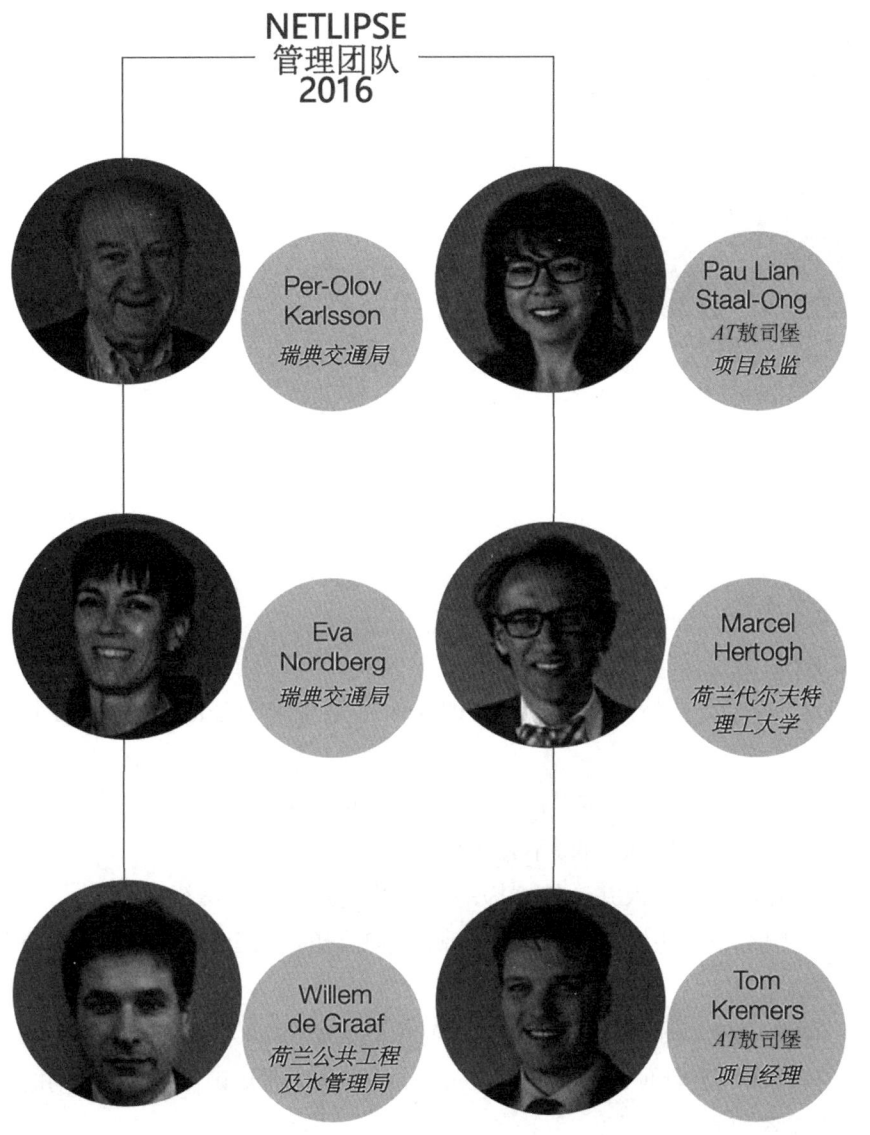

图 9.2　NETLIPSE 管理团队

塞斯·布兰德森
荷兰公共工程及水管理局
局长

NETLIPSE 的优势

NETLIPSE 对荷兰公共工程及水管理局而言是一个十分值得关注的网络,主要原因如下:

(1) 一个由项目发起人和参与单位组成的专业化网络。

(2) 有助于扩展我们的视野(不夸张地说)。

(3) 我们可以通过加入并支持这样的网络挖掘并逐渐增长新知识。

(4) 研究曾经是其主要管理驱动力,现在,其最初目的已经淡化为荷兰公共工程及水管理局的背景。

请参阅我们的市场前景分析文件来了解我们面临的最大挑战。在复杂的大型基础设施项目中,确保风险管理的开展一直是重点。成本管理知识需要拓展,同时需要认真听取利益相关者和公民的意见。

政治家需要有长远的眼光,并能够作出长期的决策。同时,他们又希望通过循序渐进的小型决策来推进项目。这两个相互矛盾的做法,在 2006 年时就表现在项目实践中,并且正变得越来越尖锐。如今,在项目交付过程中,我们会反复讨论项目的影响和必要性,却很少创新,项目的可持续性和成本问题也没有得到有效解决。这些现实问题从项目开始就应当受到重点关注。

约翰·比尔
瑞典交通局
大型项目总监

NETLIPSE 对瑞典的有何助益?

项目经理之间的国际经验交流和个人关系非常宝贵。

瑞士交通局未来十年的挑战有哪些?

随着正在进行和计划中的大型项目不断增加,我们必须不断发展我们的项目管理技能以应对挑战。挑战包括环境问题(例如减少二氧化碳排放),工作现场的安全性,引入欧洲铁路运输管理系统(ERTMS)作为增加铁路系统容量的方式,使我们相当古老的铁路走向现代化并引入 BIM(Building Information Modelling,建筑信息模型)。关于这些内容,我认为还需要进一步的知识交流。

NETLIPSE 如何助益于应对这些挑战?

利益相关者管理、安全和风险管理、项目管理教育和领导力等主题一直都是至关重要的议题。NETLIPSE 通过将这些内容纳入议程来帮助和支持瑞典交通局的工作。

安东尼奥·莱蒙德·德·马塞多
葡萄牙国立土木工程实验室交通处处长

以下内容以访谈形式呈现。

1. 你（组织）加入 NETLIPSE 的原因是什么？

出于欧盟委员会的提议，葡萄牙国立土木工程实验室于 2005 年加入 NETLIPSE，旨在根据欧洲第六框架计划进行融资。在项目经理的邀请下，葡萄牙国立土木工程实验室委员会决定通过其交通处以项目合作伙伴的身份参与到 NETLIPSE 中。葡萄牙国立土木工程实验室作为土木工程的公共研究实验室，一方面研究葡萄牙有关大型交通基础设施项目议题，另一方面也可以从其他欧洲国家不同专业领域的合作伙伴提供的知识交流和经验中受益。在 2008 年该项目完成后，葡萄牙国立土木工程实验室停止直接参与 NETLIPSE 网络活动，但此后一直与之保持联系并关注其发展和规划。

2. NETLIPSE 提供了哪些支持？

NETLIPSE 项目通过采用合理的方法对欧洲具有代表性的案例进行透彻的分析来实现其目标，汇编和传播大型交通运输基础设施的管理和组织的良好实践。此外，该项目还开发了一种实用的工具，各级决策者可以在项目评估过程中系统地应用该工具并从中获益。对于葡萄牙国立土木工程实验室而言，这些结果为其（特别是对负责葡萄牙交通基础设施的部门）开展高级技术支持活动提供了新思路。

3. 葡萄牙国立土木工程实验室未来十年的挑战有哪些？

葡萄牙国立土木工程实验室一直遵循一项定于 2013—2020 年的研究和创新战略，该战略与欧洲和葡萄牙的政策以及科学技术、建筑业和环境等各个领域的战略选择保持一致。该计划中明确了面临的主要挑战，即自然和技术风险、气候变化、人口变化、城市土地占用的增长、可持续性、经济竞争力等的挑战。因此，葡萄牙国立土木工程实验室交通处针对这些专业领域制定了详细研究计划。在交通运输基础设施方面,根据NETLIPSE提供适当指标和高级资产管理系统的内容,它们将重点关注基础设施(公路、机场、铁路、桥梁、隧道、港口)的整个生命周期,以增强其功能和结构性能并保证耐久性以及维护和修复的效率。总而言之,拟议研究的总体挑战是要有助于新一代"智能"的、"绿色"的基础设施交付,这些基础设施应当有利于包括能源在内的资源的优化利用,并从整体上改善交通运输系统的韧性。

4. NETLIPSE未来十年应该关注哪些内容?

NETLIPSE应该与大型基础设施项目管理的参与单位建立网络,继续发展和更新其规划,从而在持续的学习过程中交流该领域先进和成熟的实践和知识。NETLIPSE应关注那些综合性项目(例如公路和铁路、铁路和港口、物流项目),评估其优势并识别面临的困难以及总结克服它们的方法。从大型的单个项目到基础设施网络(包括维护和修复计划),再到基础设施投资的总体规划,都应得到更广泛的关注。

第10章 项目管理的十年

10.1 本章简介

以前的 NETLIPSE 研究包括定性和定量研究方法,着眼于八个项目管理主题(目标和范围、利益相关者、投融资管理、组织与管理、风险(机会)管理、承发包、法律许可、知识与技术)。为了出版这一周年纪念刊物,我们在十年后重建了相关的定量研究,其中包括 NETLIPSE 网络中的许多现存的项目,这使我们有机会以定量的方式反思所分析主题的发展情况。下篇反映的主要问题是:与十年前相比,当今的大型基础设施项目面临着什么挑战?

请注意,以下是 2008 年得出的结论①:

(1) 一般来说,范围和目标、投融资管理和法律许可是表现最好的组织过程。

(2) 总体而言,对利益相关者的管理缺乏测量,知识和技术缺乏组织管理,人力资源事务似乎被忽略了。

(3) "硬性"因素要比"软性"因素组织得更好。

(4) "控制"部分比"开放和自适应"部分组织得更好。

(5) 项目并不是很能接受优化、机会和新的工作方式。

(6) 项目仅在有限的范围内接受研究、知识管理和新技术。

10.2 研究方法

八个项目管理主题中的每个主题都对应 4~8 条描述,被调查者可以对这些描述作出回应。在 2016 年工作组重复了此活动,邀请所有参与的项目代表根据他们的项目经验,通过选择以下选项之一对本调查中的这些陈述打分:

- 否定的:事实并非是这样(0 分);
- 部分的:部分事实是这样(1 分);
- 肯定的:事实完全是这样(2 分)。

---

① 译者注:此处所涉的 2008 年结论即为本译著上篇的主要内容。

分数反映了围绕这些特定主题的组织水平。

对于每个主题,将计算得出最终分数。出于比较目的,将重新计算所有分数以创建十分制量表,因此每个主题的最高分为10分。2016年,我们收集了29个项目代表的意见,其中13个项目代表也参与了2006—2008年的研究。他们参与的项目概况以及参与者名单可以分别在表10.5和附录H中找到。

注:这项调查是为了本周年纪念刊物而进行的,不应被视为一项科学可靠和经过验证的研究结果。调查的目的是进行简单的差异性分析。因此,本章中的结论应被视为对项目管理主题发展的建议。

10.3 分析

总体得分是7.7分,比2008年的分数(7.3分)有所提高,这意味着在我们的项目中实施了更多主题的项目管理工作。下图比较了每个主题的得分。

粗略观察后,似乎只有几处重大变化需要说明。与2008年一样,"投融资管理""范围和目标"似乎是实施得最好的主题。分数仅有略微变化。同样值得注意的是,"知识与技术"主题的得分依然最低。此主题中包含的活动似乎在大型基础设施项目中实施得仍然不够好。

"利益相关者""风险管理"和"承发包"主题得到了提升。这些主题的重要性在过去十年中明显增加,第11章中的观察结果进一步证实了这一改进。

奇怪的是,"法律许可"是唯一得到更低分数的主题。为该调查提供的意见并没能为减少的原因提供任何可能的解释。

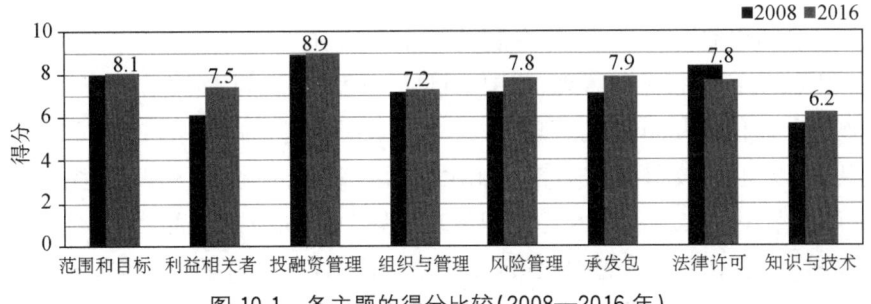

图 10.1 各主题的得分比较(2008—2016 年)

表 10.1 按照最佳实践的顺序对项目管理主题排名

序号	2008 年		2016 年	
1	投融资管理	8.9	投融资管理	8.9
2	法律许可	8.3	范围和目标	8.1
3	范围和目标	7.9	承发包	7.9

(续表)

序号	2008年		2016年	
4	组织与管理	7.2	风险管理	7.8
5	风险管理	7.1	法律许可	7.8
6	承发包	7.1	利益相关者	7.5
7	利益相关者	6.1	组织与管理	7.2
8	知识与技术	5.7	知识与技术	6.2
	平均	7.3	平均	7.7

10.3.1 按主题比较

如前所述,所研究的大多数主题得分均高于2008年。当前的前三名包括投融资管理、范围和目标以及承发包,见表10.2。

表10.2 正向发展的流程前五名

序号	描述	主题	2008年	2016年	增量
1	项目组织乐于接受新的合同方式。	承发包	4.7	7.4	2.7
2	利益相关者管理得到定期评估。	利益相关者	3.3	5.7	2.4
3	项目范围要和其他利益相关者(合作伙伴)共同确定。	范围和目标	6.3	8.6	2.3
4	项目组织具有包容的文化。	组织与管理	6.4	8.6	2.2
5	会定期对利益相关者的满意度进行评估。	利益相关者	3.0	5.0	2.0

根据这些数字,尤其是在过去十年的大型基础设施项目中,利益相关者(+1.3)、承发包(+0.8)和风险管理(+0.7)等主题的组织和实施似乎有所改善。值得注意的是,"硬性"管理主题(例如投融资管理、范围和目标、承发包)在列表中居前三位,而"软性"管理主题(例如利益相关者、组织与管理)位于列表末尾。基于此观察,我们可以得出结论,与"软性"因素以及"开放和自适应"部分相比,大型工程中的"硬性"因素和"控制"部分继续保持了较好的组织和实施。技术与知识管理主题位于列表的底部,并且到目前为止得分最低。项目似乎对①知识管理政策,②使用新技术,③使用研究以及④与其他项目和组织进行积极的知识交流没有(或很少)关注。同时,调查参与者强调,需要对该主题进行更多关注。这也许是NETLIPSE将来可以在网络会议中进行调查的有趣话题!

10.3.2 通过陈述进行比较

参与者总共评估了50条陈述。仔细审阅评价结果可为我们提供有关主题发展的更多具体信息。陈述及其结果的完整概述可在附录I中找到。表10.2和表10.3"正向发展"和"负向发展"分数排名展示了对各自前五名陈述的分析。

表 10.3　负向发展的流程前五名

序号	描述	主题	2008 年	2016 年	增量
1	该项目具有明确用于范围变更的登记册	范围和目标	9.0	7.1	−1.9
2	会定期对手续的管理进行评估	法律许可	7.7	6.0	−1.6
3	定期对合同缔约和合同管理进行评估	承发包	7.7	6.6	−1.1
4	项目组织了解现有手续的新发展和变化	法律许可	9.0	7.9	−1.1
5	项目组织渴望与利益相关者合作以节约时间	法律许可	8.0	7.1	−0.9

在过去的十年中,欧洲的许多业主机构已经开始开发和尝试新形式的合同和采购策略。在有关的数十条陈述中,这一发展态势显而易见。

显然,对利益相关者满意度的定期测度得到了更多的关注,这意味着与 2008 年的结论相比,这是一个巨大的进步:"利益相关者的管理缺乏度量"。使利益相关者参与项目正在成为一个更好的组织过程,并且也需要定期进行更好的测量。

在调查中,有一些陈述与流程的定期评估有关。值得注意的是,这些陈述中的大多数得分都低于十年前,因此看起来比以前更加缺乏组织。当考虑到评估是项目和项目管理机构不断改进的关键因素时,我们会感到更加好奇。当观察哪个主题的定期评估结果更好而哪个不好时,表现最好的是利益相关者管理,最差的则是(法律)程序管理。见表 10.4。

表 10.4　流程评估变更概况

有所改善的定期评估项目:	有所下降的定期评估项目:
利益相关者管理(+2.4)	(法律)程序的管理(−1.6)
	合同管理(−1.1)
	员工满意度(−0.7)
	风险管理(−0.5)

从业主和项目管理的角度来看,最令人关注的变化是项目在组织范围变更的识别和控制方面的得分降低。一些参与调查者在其澄清声明中明确表达了这种担忧。随时间推移,处理范围和目标的变更被认为是被低估的主题,尤其是在构建项目管理系统中应充分考虑这种复杂性。

10.3.3　按项目类型比较

受访者来自不同模式的项目。该调查(2016 年)的结果囊括了在不同欧洲国家进行的公路(12个)、铁路(9个)、公铁两用(1个)、水利(5个)和港口(1个)项目的数据。

在调查结果中,项目管理主题的大部分改进似乎都在铁路项目中实现了(图10.2)。这些项目的得分始终较高。铁路项目的平均得分上升了1.6个百分点(2008年:6.9和2016年:8.5),而公路项目的平均得分则上升了0.2个百分点(2008年:6.5和2016年:6.7)。调查中给出的评论并未对此观察结果做出解释,但这对于接下来的NETLIPSE活动来说无疑是一个有趣的话题。

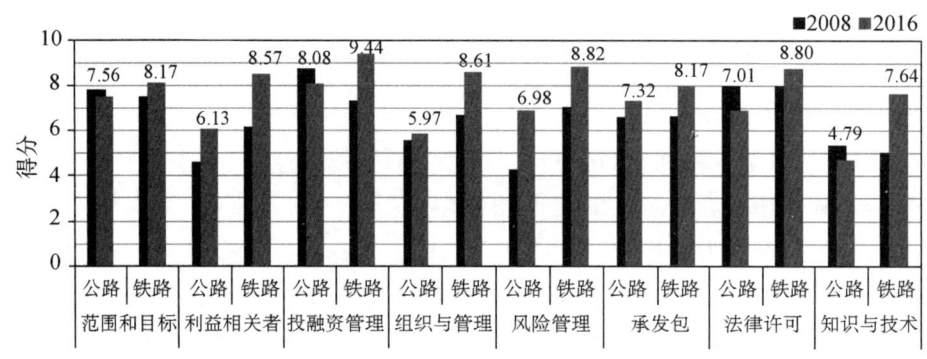

图 10.2 公路和铁路项目的得分比较

10.4 结论

根据收集的数据,我们可以说,2008年研究的大多数结论在今天仍然有效。在过去的十年中,大多数主题(法律许可除外)似乎都有所改善,但也仅仅是略有改善。此外:

- 管理大型基础设施项目的"硬性"因素和"控制"部分似乎仍然比"软性"因素和"开放和自适应"部分得到了更好的组织。
- 范围管理的得分似乎有所下降,这表明它的发展非常令人担忧。
- 与先前的研究相比,利益相关者的管理,尤其是对此过程的定期评估,似乎已经大幅度改善。
- 与公路项目相比,铁路项目在调查中的得分似乎更高,这说明在调查中,这些项目的项目管理主题实施得到了改善。
- 知识和技术主题得分最低。调查参与者的评论强调,在他们的大型工程中需要更多地关注这些主题。

调查参与者在解释其分数时发表的评论表明,项目与业主机构之间的知识传递仍未达到应有的发展水平。此外,人们普遍认为,这是改善基础设施项目管理所普遍需要的。当下知识共享的缺失为NETLIPSE的延续提供了充足的必要性。

表 10.5 2016 年研究中包含的项目清单

项目名称	项目类型	国家
A1 高速公路(阿佩尔多恩—阿泽洛段)	公路	荷兰
A6 阿尔梅勒	公路	荷兰
A9 巴德霍韦多普段改建	公路	荷兰
A12 乌得勒支—埃姆尼斯—阿默斯福特	公路	荷兰
伯明翰门户	铁路	英国
布伦纳基线隧道	铁路	意大利/奥地利
斯德哥尔摩城市铁路	铁路	瑞典
R1 高速公路	公路	斯洛伐克
海运码头福西纳高速公路	港口	意大利
利梅尔水闸	水利	荷兰
1/68 姆尼斯克·纳德·波普拉多姆—国家边境线 SR/PR	公路	斯洛伐克
凯拉瓦附近 148 公路升级	公路	芬兰
马斯河水路工程	水利	荷兰
马斯河水路工程—马斯路线	水利	荷兰
D3 高速公路(Svrcinovec—斯卡利特段)	公路	斯洛伐克
里昂—都灵新铁路线	铁路	法国和意大利
地铁南北线	铁路	荷兰
玛丽霍姆线换乘点	铁路/公路	瑞典
劳马海峡和港口扩建项目	水利	芬兰
还地于河项目群	水利	荷兰
阿姆斯特丹阿尔梅勒史基浦国际机场	公路	荷兰
斯德哥尔摩地铁	铁路	瑞典
维也纳主火车站	铁路	奥地利

以及另外 6 个匿名提交的项目。

伦特·布特
NETLIPSE 董事长
荷兰公共工程及水管理局(2006—2013),已退休

2004 年,荷兰公共工程及水管理局决定参与荷兰和瑞士项目之间的比较分析(荷兰高铁南线、布滕佛铁路、A73 高速公路项目;瑞士圣哥达隧道、勒奇山隧道和一条瑞士高速公路)。

在与马塞尔·赫托接触时,我们决定看看是否可以扩大分析范围,以包括欧洲更多的项目。我们安排了与欧盟委员会的会议来讨论该提案,并为了获得资助与八个组织结成的联盟一同向第六框架计划申报了该提案。2006 年,NETLIPSE 获得资助并诞生了。

我进行知识交流的动力源于我作为项目发起人和项目总监的长期经验。在我看来,我们组织中没有太多的知识共享或优秀经验的共享。对比分析证明,瑞士在管理大型基础设施项目方面与荷兰面临同样挑战。

对我来说重要的问题是:文化背景对这些项目的管理有什么影响?对于"硬性"项目管理方面,有可用的管理工具、系统和方法。但是在招标过程中以及在项目团队中建立信任这一人为因素,似乎是许多业主组织正在处理的问题。通过分享经验,我们都可以受益。

从 2006 年到 2013 年,我担任 NETLIPSE 执行委员会主席。我见证了 NETLIPSE 网络随着组织的发展而扩大。NETLIPSE 的独特之处在于它是作为网络平台运营的,所以没有沉重的制度化组织框架来束缚。在每两年举行一次的非正式小型网络会议上可以亲切地展示和讨论实际的业主问题。

对我来说,过去十年的亮点是:

(1) NETLIPSE(2008 年):欧洲大型基础设施项目管理。这是一项为期两年的研究成果，以欧洲 15 个大型基础设施项目为基准；

（2）2010 年开发了 IPAT；

（3）讨论已经浮出水面、许多业主机构正在努力解决的主题：采购和承发包（联盟、最佳价值采购、澳大利亚模式、英国商业计划）以及利益相关者管理和沟通中的主题。

NETLIPSE 将持续多长时间？

只要人们仍然热衷于继续支持网络以及组织和参加会议，NETLIPSE 就将持续下去。但至关重要的是，要有一些人来组织它。宝莲和汤姆对网络非常重要，没有他们网络将难以维持。NETLIPSE 网络需要有人来管理和组织其活动并管理资金，这不是靠自愿能够完成的。另外，还需要愿意付出时间和精力的人。

自 2010 年以来，NETLIPSE 一直自给自足。政府组织有足够的兴趣继续支持该网络。尽管 NETLIPSE 中不再有欧盟委员会资金，但对 NETLIPSE 方法的引用仍被特别提及为良好实践，例如，欧洲审计院的报告"提高跨欧洲铁路轴的交通运输性能：欧盟铁路基础设施投资是否有效"（2011 年）和欧盟委员会内部政策总司的报告"关于大型全欧交通网络项目的投资"（2014 年）。

未来的提示和建议

重要的是，NETLIPSE 网络必须继续关注广泛的项目管理问题。项目管理的陷阱和障碍，包括基本的项目交付主题：在预算范围内按时交付并达到质量期望。与 NETLIPSE 开发和使用的 IPAT 相一致，项目交付本身和业主满意度也是重要的问题。但最重要的是：

（1）利用网络的优势。继续营造非正式和开放的、相互信任的气氛，使代表们能够讨论他们面临的关键问题；

（2）确保财务捐赠的可持续性，以保持该网络正常运行。

第11章 十年来项目管理的良好实践

11.1 本章简介

除了定量反思外,作为周年研究的一部分,NETLIPSE网络还开展了几项活动,对2006—2008年NETLIPSE研究中定义的良好实践进行定性回顾。需要回答的最重要问题是:

(1) 2008年定义的良好实践在多大程度上成为常规项目管理方法?

(2) 我们(业主/发起人及项目管理机构)在管理项目时,是否会面对与十年前相同的挑战?

(3) 未来几年的项目管理挑战是什么?

为了能够比较2006—2008年和2016年的结果,我们组织了包括2015年秋季的波兰克拉科夫工作会议以及访谈等各种活动,此外,一些项目经理和研究人员被要求对以下主题(与2006—2008年相同)进行反思:

(1) 目标和范围;

(2) 利益相关者;

(3) 投融资管理;

(4) 组织和管理;

(5) 风险(机会);

(6) 承发包;

(7) 法律许可;

(8) 知识和技术。

本章包含上述所有主题的主要研究结论。必须重申,本章提供的信息并不完整,但可以被视为由经验丰富的业主/发起人、项目经理和参与欧洲大型工程建设和管理的研究人员所提供的有趣观点集合。

11.2 目标与范围

十年前所描述的良好实践非常清楚地表明,进行深思熟虑的范围定义对大型工程十分重要。项目管理需要对项目目标有一个清晰的愿景,利益相关者需要参与进来,以确保定义一个完整的、受支持的项目范围。为防止由于范围变更而导致的巨大成本超支,管理可能的范围变更显得十分重要,因此也必须与承包商灵活地签订合同。

以下是10年前定义的良好实践:

(1) 在与利益相关者的交互中定义目标;

(2) 制定愿景;

(3) 将目标转化为范围、工作包和里程碑;

(4) 评估和批准范围变更;

(5) 使用多要素动态配置评估范围变更的影响;

(6) 实施(范围)变更的程序;

(7) 组织足够的专业知识来应对范围的变化。

11.2.1 2016年有什么不同

围绕目标导向的目标和范围管理,主要考虑工作包分解和里程碑确定是否遵循正确和科学的过程。尽管这是一个迭代的过程,但范围和多要素动态配置对于成功是非常重要的,尽管项目仍然会遇到困难,例如在早期阶段无法清楚地对成果目标加以界定。随着项目的推进,过程中可以得到一个更先进、更具适应性的方法来进行管理。当前项目面临的挑战之一是避免过多地强调范围控制和风险管理,因为这可能导致对机会(比如增加额外的范围、创新和/或其他新想法)的关注较少,而这些机会甚至可能比原来的项目范围更有利于实现最初所设定的目标。

拉登·科维奇

自始至终保持明确和清晰的项目目标仍然是项目的主要挑战之一。

显然,在过去10年里,重大基础设施项目的建设目标定义变得越来越广泛。十年前的目标是使A地和B地之间更畅通,而今天的目标是激发城市路网转型。因此,越来越多的项目群被定义为一组相互关联的项目。这意味着路网或路网的一部分,如通道,变得比单个项目更重要。这个更高的项目层级应该优先考虑,以实现整体价值最大化。同时,在单一项目中,业主管理机构可以从这些项目中学习,使整个项目更具适用性。一般来说,就项目管理策划而言,通过战略计划将小项目联系在一起是更灵活和易于管理的。但有时,大型项目需要对路网进行大规模干预和协调,而这需要政府官员确保项目预算得到支持。

我们参与的大型工程往往比一届政府任期更长。由于政治参与而引起的范围变化仍然是一个挑战,需要不断地进行处理,因此,项目管理者需要花大量的时间来与政府进行沟通协调。驾驭政治风险最有效的措施是项目经理经受这种影响的成熟度,以及他们是否能够通过商业计划分析工具用数字证据来提供变化影响分析。当然,良好的沟通技巧和灵活性也是必需的。

卢波什·迪纽持

交通、政治和社会现实的发展速度远远超过了咨询和设计师（当然还有政府官员）的设想和/或预测。因此，在项目实施期间和开放交通之后会发生"惊喜"（斯洛伐克的密那瓦－塞内卡 D1 高速公路项目和/或欧盟现在面临的移民问题都是很好的例子）。

我认为未来的挑战是大型工程的复杂性将会增加，将有必要纳入诸如应对气候变化的方法。新的挑战与车流的构成有关（使用电动汽车、智能车辆）。即使是一种保守的方法，也必须承认：当新能源汽车将成为通行主力时，现有的缓解措施将是多余的（例如，设置隔音屏障或拓宽公路基础设施的保护区）。

一般来说，大量部署无人机来运输货物和人员，会对整个交通运输部门产生重大影响。

贾斯珀·蒂尔斯

目标和范围这一主题中最大的挑战是项目中稳定坚实的范围与灵活性—敏捷性之间的交互作用。大型基础设施项目需要一个坚实的基础，这个基础可能无法适应利益相关者因各种情景的变化。

西吉·赫尔佐格

维也纳主火车站项目总协调员

奥地利联邦铁路公司

项目的条件和周围环境（法律、技术、利益相关者、政治等）变化得更快，基础设施项目无法或者可能不该以同样的方式变化。这导致了：

- 变更管理必须变成对变化的管理（特别是在特定的项目附加补充中），以及何时（和如何）对这些项目范围的增加说"不"的管理。

公开建立并维持对大笔投资的承诺。这是因为西方国家的金融危机和公众的参与需要对项目的需求进行繁琐的论证。公众要求对大型项目的目的进行合理的解释。项目管理必须在整个项目生命周期中对这些问题作出回应。

11.2.2　未来 10 年的期望和挑战

过去和现在主要的挑战都仍然是目标和相关项目范围的定义和稳定性。挑战在于保持目标和项目范围之间的关系，以确保实现项目成果目标。一方面，基础设施项目越来越大，项目工期也越来越长；而另一方面，技术也发展得更快。这种更长的过程和技术开发共同导致了更高的风险，即项目的成果目标可能在完成之前就过时了。

因此，当主要的挑战是维持目标和项目范围之间的关系时，项目管理可以提供哪些方法来迎接这个挑战？方法大多与验证和确认相关，而 2016 年的良好实践中缺少这些关系，系统工程和功能性规范等方法越来越关注这些关系。

大多数情况下，项目及其目标被独立地评估。未来的挑战在于单个项目目标与其整体目标的一致性。

更大、更好、更快、更省

NETLIPSE 发现，项目目标和商业计划（项目策划）仍然高度相关。项目目标设定要重点关注战略视角，考虑技术、业务和社会组成部分的平衡，至今仍被视为良好的方法。事实上，重大项目生命周期较长，在项目实施过程中往往受到执政党的强烈影响，而执政党经常会发生变化。因此，自始至终保持明确和清晰的项目目标仍然是当前项目面临的主要挑战之一。每一个大型工程都受到巨大利益的驱动，这些利益凌驾于各种交叉主题的复杂性之上，为项目管理带来巨大挑战。社会需求和环境保护的坚实基础应该突出成为每一个大型工程的主要方向，充分保证项目是为社会服务的，不仅仅是为一代人，而是为整个社会。商业计划从项目阶段到交付阶段转变过程中，其实现仍然是一个值得关注的问题。它包括处理各种利益、风险、变化、限制和观念差异，只有顶级的项目管理能力才能应对这种巨大的挑战。对所有基础设施项目来说，在早期或前期阶段所采取的决策和方法仍然至关重要。很明显，大型项目治理成为该阶段成功的关键驱动力。与此同时，需要作出更多努力，制定有关项目成功和项目管理成功的清晰标准。"更大更快更省"的车轮正在越转越快，因此新时期的每一个新项目都将面临新的挑战。

姆拉登·科维奇

投资组合和资产管理是实现多个项目和总体目标价值最大化的工具。管理者需要有能够在项目的边界之外发现机会的技能和为了赢得更多的机会而放弃整个项目的勇气。

为了做到这一点，我们需要适应性的管理策略。寻求附加价值应该从项目初始阶段就开始并不断探索（机会框架），这些项目不仅仅是建成后的实体基础设施；这可能意味着项目范围的灵活性需要增加,以更具弹性和更开放的方式面对机会。近期的机会与车流的构成等因素有关,那么,为方便用户日后的发展,现在的基建项目需要怎样做?

马西莫·科拉迪

"在公路建设方面,交通预测几乎是立即被突破的,新的高速公路带来了更短的旅行时间并提高了安全性。"2008年的这一主要发现至今仍然有效。

根据惯例,公路交通预测通常与经济增长相关,且大多数情况下与GDP增长趋势相关。然而,有一些关于交通流量与GDP脱钩的新兴理论出现在文献中。这对于货运公路交通需求来说尤其真实,因为工业生产的非实物化严重影响了这一需求,工业产品产量下降,供应链效率下降,而第三产业却在增长。

此外,几十年来,欧盟委员会一直在推动从公路到铁路或其他更可持续的交通运输方式的模式转变政策。此外,"食品里程"和"零公里政策"的概念将日益改变公路使用者的行为。共享汽车、技术发展、土地综合利用和交通规划的推进,逆转了机动车化和城市无序扩张的趋势。

11.3 利益相关者

大型基础设施项目管理机构永远不会完全独立地采取行动。它们通常与内部和外部组织都有紧密的联系,例如上级组织、业主/发起人组织、本地社区(居民、商店老板、企业、最终用户)、非政府组织和利益集团以及临近项目等。所有这些人都会影响项目组织和项目范围。我们将项目利益相关者定义为受项目影响或认为自己受项目影响的任何组织或个人。

在2006年NETLIPSE研究中定义的良好实践非常注重识别利益相关者及其重要性。定义了以下良好实践:

(1) 就获得开工许可和批准而言,利益相关者对项目管理机构非常重要;

(2) 对利益相关者采取开放的态度有助于建立项目团队的信誉;

(3) 与关键影响者和法律许可审批员进行积极联络至关重要;

（4）在整个项目中，利益相关者的广泛支持对于政治支持非常重要；

（5）根据利益相关者对项目的影响将其分类；

（6）项目品牌为项目提供了非常清晰的标识；

（7）维持与利益相关者的关系并判断与利益相关者沟通的效果，可以以极低的时间和支出获得巨大收益。

11.3.1　2016 年有什么不同

在回顾 2008 年定义的良好实践时，在 2006—2008 年研究的项目中发现的许多主题都明显与利益相关者在获得项目的法律许可过程中的参与有关。从那时起，处理利益相关者及其需求，主动联络和建立可持续的利益相关者关系已成为我们项目中更多领域的常规项目管理实践，而不仅仅是获得法律许可。在大多数欧洲国家，以结构化方式让利益相关者参与，并在项目全寿命周期中加强利益相关者的参与已成为日常工作，甚至在某些国家（例如荷兰和瑞典），利益相关者的主动性得到了详尽的阐述。虽然利益相关者不是决策者，但平衡利益相关者的主动性、兴趣和利益仍然是一项挑战。

与利益相关者打交道的最佳方法仍然是开放和主动。诸如阿姆斯特丹南北地铁线之类的项目经验教训告诉我们，公开透明的沟通可以提高项目团队的信誉，并增进社区对项目中正在发生的事情的了解。即便如此，在某些文化背景中，与利益相关者团体打交道仍然是一个挑战，有时会迫使项目组织重新考虑其战略并造成拖延。例如，负责将意大利和法国的高铁网络连接起来的里昂—都灵高铁隧道就是一个有趣的研究案例。项目组织不仅与外部利益相关者群体打交道，而且还与参与管理如此大规模跨境项目的内部利益相关者打交道。经过多年的谈判，两国最近成立了一家新公司来管理该项目，即里昂—都灵隧道公司，这是意大利政府和法国政府之间的"50∶50"合资企业。这是一种管理项目的创新方法。

在 2010 年至 2012 年期间，NETLIPSE 成立了一个特别兴趣小组，重点关注利益相关者管理这一主题。该小组进行的第一个讨论是关于"利益相关者管理"的名称。当时的普遍共识是，我们根本无法"管理"利益相关者，因此我们需要更改名称。从那时起，特别兴趣小组被称为"利益相关者参与及沟通"，它代表的思想是，在我们庞大而复杂的基础设施项目中，通过各种交流形式来建立利益相关者的参与，是一种比传统利益相关者管理方法更为有效的方法（确定利益相关者、描述他们的需求和愿望、观察上述内容是否随着时间而改变）。

该特别兴趣小组成员作为参谋参加的另一项活动是由美国项目管理协会资助的研究"反思！项目利益相关者管理"；这是维也纳经济大学和南丹麦大学开展的一项研究项目（2012—2015 年）。该研究开展的背后原因是：

（1）尽管利益相关者管理是项目成功的关键，但仍有许多项目失败或受到项目利益相关者的极大挑战；

(2) 可持续发展的全球性要求增加了项目利益相关者管理的需要；

(3) 从业者和研究人员都需要对如何实施利益相关者管理以支持收益创造有更深入的了解。

NETLIPSE 的代表参加了一些工作会议和研习班，与研究小组讨论了研究方法和（中间）结果。该研究最重要的结果是，与会代表意识到，正如玛蒂娜·呼艾曼所述那样，利益相关者方法已经发生了转变。项目不再是"管理"他们的利益相关者（管理利益相关者），而是在项目全寿命周期中都发展与利益相关者（为利益相关者管理）之间更全面、更主动的联系方法。尤其是在项目全寿命周期的后期阶段，似乎更有效。

从利益相关者管理到为利益相关者管理

尽管利益相关者的话题变得越来越重要，但 2008 年以来的所有良好实践仍然有现实意义。在基础设施项目中采用利益相关者管理方法的积极程度在很大程度上取决于文化/国家背景以及项目所需条件。荷兰或斯堪的纳维亚地区的国家与东欧国家之间在采取这种积极措施时有很大差异。

在过去的十年中，我们从该主题中学到了什么？实际上非常多。

我所了解的一些事态发展是：

- 研究人员将项目利益相关者管理与利益相关者理论联系起来。管理利益相关者以及为利益相关者进行管理的方法已被描述为项目的利益相关者策略/方法。在可持续发展的背景下，"利益相关者"管理方法非常适合并支持共同创造的过程。但是，项目管理机构需要具备处理项目中利益和期望的相互矛盾和冲突的能力，否则利益相关者利益的内容仍然是表面的，从而导致失利和困惑。因此，项目业主/发起人和项目管理团队需要更多的社会能力和不同的方法来处理矛盾和复杂性，而这种矛盾和复杂性是通过更加认真地对待利益相关者及其利益而凸显出来的。

- 利益相关者管理被认为是分散在项目中的任务，而不是利益相关者或沟通经理的唯一责任。但是，我们发现在大型基础设施项目中，明确的利益相关者或沟通经理的作用体现得更加明显，这正反映了该主题的重要性。

- 研究人员已经研究了系列方法来为项目团队提供帮助，以使他们应对利益相关者环境复杂性，这样的方法，例如系统委员会系列、系统管理系列等。

玛蒂娜·呼艾曼

> 对于维也纳主火车站(2006—2015年)项目的沟通交流策略而言,利益相关者管理是项目成功的重要支柱之一。该项目分为三个阶段:规划阶段、施工阶段和运营阶段。在2007年,它从与利益相关方密集的交流开始,主要侧重于传递项目情况、有关数据和项目的影响。举办了好几次展览,公众可以与专家和规划者详细讨论该项目。
>
> 在施工阶段,我们邀请公众参加所谓的"施工现场开放日"活动,以参观项目现场。超过1.7万人借此机会对项目进行了具体了解,并仔细观察了建筑工人的工作情况。42米的高平台吸引了38万多游客,该平台上设有项目信息中心"Bahnorama"。在建筑工地的完整景观以及在充满娱乐性和信息丰富的体验中,通过参观400平方米的展厅中来加深对项目的了解,人们充满了热情。
>
> 在2012年火车站运营阶段开始时,开展了更加激动人心的具体活动。在项目的所有阶段,都与利益相关者达成了共识。提供信息是项目管理机构的责任,并且无论与相关方、记者还是来访者,都应及早、积极地沟通,保持信息透明、持续沟通及在个人层面上交流。众多的公关奖项和荣誉奖项证实了这八年来沟通工作的成功。
>
> 卡尔·约翰·哈蒂格

11.3.2 未来十年的期望与挑战

在询问 NETLIPSE 成员对利益相关者管理(或者我们应该称之为:利益相关者的参与及沟通)的期望和挑战是什么时,所有人都同意大多数业主和项目管理机构都面临相同类型的挑战。最大的挑战之一是如何在不断发展的复杂利益相关者舞台上实施基础设施项目:如何使各方更关注项目目标而不是仅仅关注自身利益。此外还有:

- 利益相关者得到了更好的组织协调;
- 利益相关团体获得了更大的发言权,信息越来越灵通;
- 在某些国家,利益相关者期望参与设计过程;
- 对期望的管理被低估;
- 新媒体的影响;
- 新媒体的使用,需要与利益相关者在现实条件和考虑风险背景下进行沟通;
- 欧盟委员会更多地关注两国间的通道而不是单个项目;
- (跨境)合作的需求日益增加。

除了这些挑战之外,至少在荷兰,利益相关者管理方法似乎发生了变化。与战略性利益相关者管理方法相一致,大型基础设施项目不再通过识别和监控利益相关者的个人或群体来达到目标。相反,这些项目通过确定与特定项目阶段相关的问题而采取了不同的方法。定义相关问题，包括定义利益相关者及其对特定问题的看法和兴趣。这些利益相关者的影响力大小以及他们的职业背景，确定了项目管理机构重要议题和/或实施的利益相关者战略。因此，利益相关者管理已成为一个战略主题，并已成为荷兰交通运输部大多数项目实施的5步集成项目管理模型中的正式任务（5步集成项目管理模型的其他过程是：项目管理、技术管理、合同管理、项目控制）。

总体而言，NETLIPSE成员认为找到合适的工具来平衡不同利益相关者的利益和影响是未来挑战。在项目全寿命周期中，管理他们的期望并能够预测利益相关者的长期影响是当前讨论中关注的主题。

有趣的是，这是未来的另一挑战：随着与承包商之间的越来越集成化的合同成为业主机构长期战略政策的一部分，是否有可能对利益相关者管理进行招标。业主和/或项目管理机构是否应该招标？业主或项目管理组织是否应该对此主题负责到底？

简而言之，足够有趣的主题可以在以后的NETLIPSE会议和计划中进行讨论和进一步研究。

未来十年利益相关者的挑战

基础设施项目在建设项目中占很大的比重，但是需要对它们进行框架设计和更全面、更整体地考虑。项目成功远不仅仅是交付单一的基础设施成果。

从投资者的角度来看，大多数交通运输基础设施项目都是为地区发展作出贡献的开发项目（或项目群）。因此，需要明确考虑一些要素的变化。它需要改变观念，利益相关者变得越来越重要。例如，维也纳市越来越多地考虑其（基础设施）项目的社会嵌入性，这使人们对该项目成果的接受度更高。

为了实现项目的社会嵌入，例如新的火车站，隧道或新的地下管线等项目需要专业和积极的利益相关者参与，以确保利益相关者对项目（过程）和成果的接受，尤其对于新的地下管线项目中的终端用户。

专业项目营销（拥有品牌只是其中的一部分，它有助于交流）需要由项目管理机构、投资者和供应商组织来完成。

社交媒体将在利益相关者的参与、交流以支持共创的过程中发挥越来越重要的作用。可以将开放式创新的思想融入基础设施项目，以更好地将最终用户纳入过程中。

我期望将来利益相关者管理、收益实现管理与可持续性问题之间的联系更加紧密。

成功交付大型基础设施项目的新挑战

需要一种新的思维方式，即（几乎）不再有纯粹的建设/基础设施项目，而建设/基础设施只是更全面的开发项目/项目群的一部分。因此，在更整体地构架项目时，越来越多的利益相关者变得愈发重要。为了实现项目的社会嵌入性并确保项目成果得到完全接受，需要利益相关者的积极参与和为利益相关者管理，而不是对利益相关者进行管理。这意味着要使利益相关者更重视可持续发展，诸如合作、共同创造、成本和收益的透明度以及综合商业案例等不同的价值观和行为,(尽可能/充分)考虑利益相关者利益是其前提条件。

> **玛蒂娜·呼艾曼**
> 我期望将来利益相关者管理、收益实现管理与可持续性问题这三者之间的联系更加清晰。

> **宝莲·斯塔欧合菲尔**
> 什么是利益相关者管理?它应该是通过建立利益相关者的参与并创建正确的沟通工具来支持实现的。

一些新参考文献

- Aaltonen, K., Kujala, J., Havela, L. & Savage, G., 2015, Stakeholder Dynamics During the Project Front-End: The Case of Nuclear Waste Repository Projects, Project Management Journal, 46(6),15-41.
- Eskerod, P., Huemann, M. & Savage, G., 2015, Project Stakeholder Management Past and Present, Project Management Journal, 46(6), 6-14.
- Eskerod, P., Huemann, M. & Ringhofer, C., 2015, Stakeholder Inclusiveness — Enriching Project Management with General Stakeholder Theory, Project Management Journal, 46(6), 42-53.
- Gareis, R., Huemann, M. & Martinuzzi, A., 2013, Project Management & Sustainable Development Principles, Newtown Square, PA: Project Management Institute.
- Huemann, M., Eskerod, P. & Ringhofer, C., 2016, Rethink Project Stakeholder Management, Newtown Square, PA: Project Management Institute, in press.
- Silvius, G., 2016, Strategic Integration of Social Media into Project Management Practice, Hershey, PA: IGI-Global, in press.
- Turner, J. R., 2016, Risks in Project Marketing. In C.-N. Bodea, A. Purnus, M. Huemann & M. Hajdu (Eds.), Managing Project Risks for Competitive Advantage in Changing Business Environments. Hershey, PA: IGI-Global, in press.
- Williams, N. L., Ferdinand, N. & Pasian, B., 2015, Online Stakeholder Interactions in the Early Stage of a Megaproject, Project Management Journal, 46(6), 92-110.

11.4 投融资管理

在评估投融资管理主题时,NETLIPSE小组研究了业主如何为项目提供资金以及项目组织在项目全寿命周期中如何计划和控制成本。从范围、进度计划和风险到正确的财务模型的转换,都需要支持项目决策,从而确保项目资金充足。显然,投融资要素与整个项目的各个方面都息息相关,这使其在项目中变得日益复杂。诸如多种资金来源,多种合同模式和项目范围与资金关系等情况使这个主题变得更加有趣。

十年前定义了以下良好实践:
(1) 使用适当的计算来支持决策;
(2) 寻找投融资的可能性;
(3) 与范围相关的成本控制和预算。

斯图尔特·贝克

> 通常,可以从经济角度确定更好的解决方案,却不得不选择一个合适但更便宜的选项来满足预算。

11.4.1 2008年的项目目的、目标和商业计划教训

- 必须根据特定的成果要求和战略目的来正确定义大型基础设施项目。应根据这些既定成果确定项目在多大程度上有助于解决交通、经济或社会问题,对项目进行开发、评估和确定优先次序问题。

- 应当在国家或欧洲的基础上发布一套清晰的项目评估指南,以便进行有效的比较,从而为项目选择的优先级和可负担性选择提供依据。这将有助于减轻项目风险,因为它们是某些政客或政党的特殊"孩子"。

- 良好实践涉及乐观偏见的程度,即在早期评估时留有余地,以认识到项目早期的许多要素尚未量化或确定。随着项目进行和定义水平的提高,乐观意见的百分比会降低,直到在"前进"阶段被总项目成本内的边际风险所代替。在某些项目中,在项目开发的前期阶段确定价格范围是有益的。

- 大型项目实施需要很多年,通常要比政府在任的时间长得多,要使项目不因政党更迭或关键人物的变动而受到政府的阻碍,那么明确的目的和商业计划就至关重要。同样,应寻求尽可能多的"各方支持"以确保该项目被广泛理解为具有超越政党层面的、上升到国家层面的重要性,而不是各政治团体之间的争论焦点。

- 研究的几个较小的项目构成了交通网络的长期战略计划的一部分。对主要网络的评估和考虑可以在可承受性考虑允许的范围内实现整体目标,这是一种良好实践。

- 明确的项目目标(如果能在早期阶段定义的话)对于项目管理机构在定义设计

参数和项目规范以及进行咨询和员工沟通方面非常有帮助。
- 项目目标应明确转换为功能性规范,并进一步转换为所需的技术成果、工作范围、工作包和里程碑。

11.4.2　2016年这方面有什么不同

财务数据是决定启动项目的关键驱动力之一。为了作出正确的决策,有必要对项目目标和财务数据进行完整、正确的确定。换句话说,什么是项目商业计划?下面的文本框包含先前研究中有关商业计划与项目目标二者关系的相关发现。

英国的商业计划

即使研究已进行了几年,NETLIPSE从2008年开始提出的明确建议仍然相当有效。清晰的项目目标是非常关键的,这个目标必须与投资目的、需求和所要解决的问题定义相关。在英国,我们最近开发了一种"5个问题"评估程序,该程序针对可能的投资方案提出了简单明了的问题。虽然对经济评估的要求已经很高,但是在其他关键因素之间也取得了平衡。如图11.1所示。

在此框架内,有一个非常详细的强制性经济评估框架,其中对项目的定量评估有非常严格的规定,这是由英国财政部设定的。这个国家评估框架能公平地比较整个公共部门投资范围内的项目。例如,在交通运输项目中,人们可以重视节省旅行时间、舒适性、质量和其他各种参数。继傅以斌教授在2003年完成《巨型项目:雄心与风险》之后,英国的指导方针要求包括"乐观主义偏差",这实际上是一种保护和防范,防止项目发起人过分乐观带来项目风险。推动项目获得资助的人们不可避免地倾向于低估项目成本和风险,而高估项目将带来的收益。乐观偏差需要根据项目开发的阶段进行校准的——开发阶段越早,不确定性就越大,应该校准的乐观偏差就越大。

随着时间的流逝,应该通过借鉴已交付项目的完成情况来更新商业计划方法。随着人们习惯的改变,它也会随着时间而改变。例如,对于商务旅行而言,除了最远距离的旅行以外,所有商务旅客的旅行时间价值都已发生变化——无处不在的移动信号、笔记本电脑和平板电脑等创新技术已将旅行时间从"浪费"时间转变为工作时间。

各种模型通常是增量式的——例如投资所节省的一分钟路程时间的价值。在此级别上,模型是高度准确的,但是当投资导致路网连通性发生变化时,它们的准确性可能会降低。例如,NETLIPSE的工作组了解到,丹麦和瑞典之间的厄勒海峡通道的交通需求评估是基于较早的大贝尔特桥交通经验得出的,该经验极大地简化了丹麦境内的长途旅行。结果是,在厄勒海峡通道上的休闲交通减少了很多,但由于瑞典侧生活成本较低,通行厄勒海峡通道的上下班的人流量大大增加。总体的流量预测结果虽然是准确的,但完全是误打误撞!

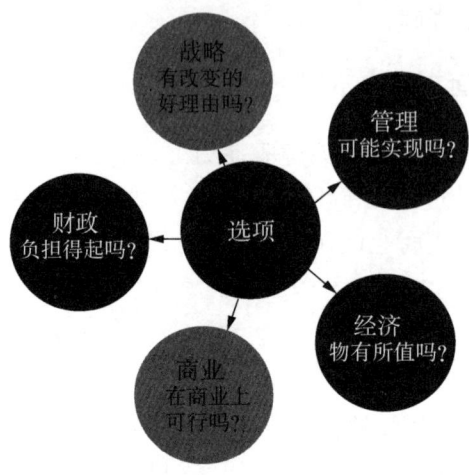

图 11.1 "5 个问题"评估程序

对经济案例进行大量评估工作可以极大地帮助选择要推进的方面,但是,模型中五个"是否负担得起"的问题总是需要考虑的。通常,可以从经济角度确定更好的解决方案,而仅需选择一个合适但成本更低的方案来满足预算。

在 NETLIPSE 项目研究了 10 年的许多欧洲项目(研究和 IPAT)中,商业计划模型的使用非常混杂。在大多数国家中,特定投资具有强大的驱动力,但是高度政治化的项目、在经济评估中表现强大的项目以及价格(或可交付性)被大大低估的项目之间差异可能很大。

我的预测是,随着对土地使用的限制越来越大,对系统分析评估的使用将在未来增加,环境将变得更加重要,而主导因素(资金)变得越来越稀缺。

斯图尔特·贝克

11.4.3 未来十年的期望和挑战

关于大型基础设施项目投融资管理的建议在 10 年前就已确定,并且随之而来的挑战仍然存在,但也出现了新的挑战。过去几年在 NETLIPSE 会议上的讨论集中在以下主题:
- 大型基础设施项目的经济价值和生态损失的定义;
- 包括项目融资在内的集成合同模式;
- 确保在项目全寿命周期中获得项目资金。

首先,定义基础设施项目的经济和生态成本与收益仍然是一个挑战。这些因素对于决策至关重要,因为从纯粹的财务角度来看,有些项目只是花钱。应用模型支持决策越来越普遍。对于正确的项目决策而言,最重要的是潜在关键指标作为这些模型的输入假设。在大多数情况下，如果将这些模型用于项目优先级排序以争取最大的资金价值，则这些潜在关键数据需要保持一致，但情况并非总是如此。

关于这一主题，为项目评估确定一套清晰的评估准则以有效比较不同的项目倡议（建与不建）仍然是一个挑战。如 2008 年的研究所述，这些项目可能是某个政客或政党的"宝贝"。我们认为，对准则的评估仍然可以作为解决这一问题的重要工具。未来几年，我们面临的挑战是改进这些用以评估和审查商业计划的准则和评价指标。

里格特·安德森

我相信基础设施管理中的下一个重大挑战是资金。我们的资源有限，并且由于社会的其他领域需要更多的资金，项目可能会缺少资金。

此外，公共机构目前提出多种论证，拟将集成合同的项目投融资与市场结合。在整个欧洲，我们在讨论中看到了关于这个话题的不同考虑因素。

一方面，从财务角度考虑，公共机构可以提供比私人机构更多的资金支持。拥有更多资源的国家更愿意为自己的项目提供资金。另一方面，当私人机构有经济动机来优化设计和施工策略时，可能会更有效率。这一原则已在荷兰得到应用，导致人们意识到，通过提高效率可以弥补项目私人融资可能产生的额外费用。此外，需考虑的因素还包含社会争论，例如将公共支出推迟到下一代。

无论如何，这种发展增加了集成合同的财务复杂性，在最近十年中越来越多地出现了这种情况。NETLIPSE 以前的研究没有提到大型基础设施项目中的这种"新"现象。

最后，基础设施项目具有长期的前景，需要稳定的资金。由于其经济价值，项目资金与政治直接相关。基础设施项目融资的主要挑战之一是独立于政治活动而获得安全的项目资金。例如，在荷兰，它被嵌入 MIRT 计划（基础设施和空间规划与交通的多年计划）中。为了克服这一挑战，有必要明确定义政治、业主与各个项目组织之间的关系，并使这些安排正式化。

卢波什·迪纽持

在代表斯洛伐克共和国发言时，主要挑战是大型基础设施项目的"可持续"融资。目前（到 2020 年）可以确保通过欧盟筹集资金（最多 85%），但是欧盟成员资格的现实和变化（新成员，潜在的英国退出和/或国家内部或欧盟层面的政治变化的影响）可能危及欧盟的大型基础设施项目的融资甚至目标。由于缺乏普遍的政治共识，使用 PPP 仍然有一个问号，但是新的融资手段可能有必要包括 PPP。

11.5 组织与管理

由于项目具有一次性特征,因此需要专门为特定项目设置项目管理机构。项目管理机构具有自己的组织结构、文化和对人力资源开发的需求。组织和管理涉及项目如何管理这些组织方面的问题,这与业主/发起人的组织架构,如何实施和执行项目流程,如何定义和执行业主/发起人和项目管理机构的角色以及他们在项目中如何与人打交道有关。

在 2006 年至 2008 年的 NETLIPSE 研究中,有关业主/发起人和项目管理机构角色的良好实践是:

- 需要明确定义业主/发起人和项目管理机构的角色,并正确管理它们之间的界面;
- 应做好范围管理和控制的安排;
- 需要有一个知情的、有意识的业主机构,有足够的权限、资源和能力来领导该项目;
- 业主需要保持一致性和有效性,并应建立正确的框架来识别和解决问题。

关于对项目角色和责任的执行以及项目流程这一主题的调查结果是:

- 沟通和利益相关者管理不应被视为一个单独的功能,而应完全整合到关键项目团队成员的任务中;
- 项目管理机构应该量身定制,以满足项目阶段的特定需求;
- 项目管理不仅仅是一个技术性建设过程,界面管理应该是成熟项目管理的关键部分;
- 由于项目团队会习惯于聚焦项目内部情况,所以项目团队更应该关注项目实施和交付阶段的新威胁、机会和变化。

关于项目"人力资源管理"的调查结果涵盖了以下主题:

- 忽视内部利益相关者,项目管理团队没有建立投资者与承包商、普通劳工之间的联系,很少考虑员工满意度;
- 大型项目的发起人和项目团队缺乏适当的培训;
- 在项目接近完成时保留人力资源、稳定关键人才队伍的挑战。

11.5.1　2016 年有什么不同

在 2006—2008 年的 NETLIPSE 研究中,管理和组织主题中大多数侧重于业主/发起人和项目管理机构的角色以及人力资源、管理的良好实践在今天仍被认可,并被视为相关发现。

11.5.2 未来十年的期望和挑战

在未来十年中,业主机构在角色、人力资源管理和项目流程方面所面临的挑战很大程度上在于寻找并保持必要的专业知识,以便能够有效地执行大型基础设施项目。随着服务型领导力的慢慢引入,业主机构面临着"新的角色和理论挑战"。让专家来做专家的工作是新的原则,但说起来容易做起来难。

在组织和管理方面被低估并且在未来几年仍是业主和项目管理机构挑战的其他活动是:

- 具有软性技能并花时间讨论正在发生的事情(高可靠性组织的原则)。
- 即使有足够的工具来进行范围、投融资、风险、许可和质量管理;在一个直属管理运行的项目管理机构中,被赋予20%的冗余目标,并且禁止与外部专家签约,这使得组织管理团队成员很困难。当团队成员都是项目兼职方式时,组建团队也具有挑战性。
- 业主机构的重组及其对项目的影响符合以上观点。
- 大型基础设施项目通常由技术人员管理。我们认为,该类组织、组织内的人员以及管理方式的重要性被低估。
- 太少强调员工和人员的管理,以及他们的发展和激励。特别是在英国的公务员体系中,从头到尾地参与项目可能会限制职业发展。
- 未来最大的挑战是如何管理与其他公共政府在新架构中的项目合作。

> 关于定义项目管理机构、发起人和出资人的角色,发起人的角色(尤其是在意大利)通常与寻求最大程度地增加收入的建筑公司有关。结果,这可能会增加施工阶段的成本,因为它将带给项目发起人最多的创收而冲抵成本。
>
> 因此,在这些情况下,项目管理机构还应考虑项目中利益相关者的经济利益,并最终重点进行建设阶段的成本细分审计。
>
> 在2006年至2008年NETLIPSE研究中,某些项目是较长距离通道的一部分,有时位于国家各城市中或在多个国家中。在意大利,包括跨境部分在内的基础设施项目非常具有挑战性,特别是对于角色不同的项目管理人员面临的项目调度和协调问题,两个国家在规划建设阶段时经常遇到困难。
>
> 以下欧洲良好实践或许可以提供解决方案:
> - 通过建立临时的伙伴关系/联合体,例如在里昂-都灵隧道的案例中,该公司有权管理里昂—都灵隧道基础设施投资的建设,但要遵循与两国活动步调的一致性和进度计划;
> - 此外,瑞士和意大利政府之间的运营协议虽然侧重于意大利铁路基础设施的发展,但为两国都带来了社会效益。
>
> 马西莫·科拉迪

关于项目人力资源管理，所有发现仍然具有相关性。该主题已变得越来越重要，并可以进行更全面的构架。与之不同但与此重叠的是项目领导力主题，在调查结果列表中我没有明确地将其视为主题。

在过去的十年中，我们从该主题中学到了什么？

学者（与实践合作）已经对项目人力资源管理进行了研究。我在项目中了解到的一些发展是：

项目中的人力资源管理与常设组织的人力资源管理之间存在区别。尽管许多组织都了解永久组织中的人力资源管理流程，但很少有人意识到项目中也有人力资源管理流程。特别是在大型基础设施项目中，它们是可见的。项目中的人力资源流程包括（Huemann，2015年）：

- 向项目分配人员。
- 管理项目绩效。
  - 发展；
  - 评估；
  - 奖励。
- 项目人员的分流。

临时项目中的这些流程与永久性组织中的人力资源管理流程如何联系，以支持项目经理和项目人员的职业和发展，会给项目管理带来新挑战。人力资源管理在面向项目/基于组织的角色分布非常广泛，包括部门经理、项目经理、项目业主、项目组合、项目管理办公室，当然还有人力资源管理部门，该部门将继续制定政策。但是，人力资源部门需要与项目管理专家（项目管理办公室或类似人员）更加紧密地合作，并且项目必须加强对项目人员需求的支持。

在实践中，可以观察到"将培训带到项目中"的策略。从而，减小了课堂培训与实际应用之间的差距。项目团队成员可以一起学习，并针对需要在项目中解决的非常具体的问题得出结论。

指定项目业主/发起人的角色得到了一些发展，但在许多组织中还没有很好地确立这种角色。我想提及针对项目发起人的GAPPS指导框架（2015年），这对于尚未发育充分的角色达成共识是很重要的，对于项目的成功也至关重要。

大型基础设施项目越来越多地以联盟或伙伴关系的形式进行，这需要不同的思维方式，并要求各方能够合作以及适应在文化冲突中共存。

玛蒂娜·呼艾曼

关于业主/发起人和项目管理机构角色，项目、实施和项目流程中的人力资源管理，丹麦公路总局提出了2006—2008年NETLIPSE研究中定义的良好实践。

我们同意在一个复杂项目中,不宜将公关和媒体技能局限于专业的公关和媒体团队来处理。事实上,培训少数技术和项目人员来处理公众和媒体事务,并赋予他们充分的权力代表项目发言要有效得多。在复杂的丹麦项目中,公关和媒体技能是项目管理机构的一项综合任务,尤其是当地利益也非常关注这一问题。在某些情况下,新闻发布会可能由我们的中心公关团队处理,但始终需要与项目关键团队的成员协调。与当地环境/公民的良好关系以及他们的参与,对复杂的大型项目具有巨大的价值。

我们同意其他良好实践中的所有观点,强调在大型项目中进行界面管理的重要性,需要采取主动方法识别项目范围的新威胁、机遇和变化,而这需要强有力的组织保障措施。

在处理货币和/或利率问题时,我们同意需要做出明确的定义和风险清单。在越来越多的国际承包商竞标丹麦市场的情况下,为投标人设定合适的价格是一个非常复杂的问题。

埃里克·斯蒂格·约根森

在未来 10 年中,大型基础设施项目组织和管理面临的挑战如下:项目的生存能力和矛盾处理能力将成为项目人员的一项关键能力,其中包括处理文化冲突。作为领导力的基础,对社交能力的要求甚至更高。领导力将越来越成为项目管理团队和项目发起人团队(伙伴关系/联盟形式包括来自不同内部组织的代表)的共同任务。吸引和关心员工将成为吸引和保留最优秀的人才来从事项目管理工作(在基础设施项目中)的重要话题。横向领导也称为"分布式领导",团队/小组领导将作为研究主题并在实践中得到更多的关注和重视。

成功交付大型基础设施项目面临哪些新挑战?

新挑战的本质仍然与前一致,但它们会呈现新的形式。主要的挑战仍是吸引合适的人员参与该项目,并为他们提供可以发展其才能的环境。另外,我认为需要一种新的思维方式,不再有(几乎没有)纯粹的施工/基础设施项目,施工/基础设施只是更全面的项目/项目群的一部分。从人力资源的角度来看,支持这种范式转变并为项目人员配备适应变化情况的能力是一项挑战,对我而言,这包括项目经理和项目人员所需的最重要的能力。这也是处理矛盾和将变化视为创新而非威胁的源泉。

玛蒂娜·呼艾曼

相关参考文献

GAPPS,2015,A Guiding Framework for Project Sponsors,Sydney:Global Alliance for Project Performance Standards.

第 11 章 十年来项目管理的良好实践

Huemann, M., 2015, Human Resource Management in the Projectoriented Organisation: Towards a Viable Project-Oriented HRM System for Project Personnel. Gower, Aldershot.

Müller, R., Geraldi, J. & Turner, J. R., 2012, Relationships Between Leadership and Success in Different Types of Project Complexities, IEEE Transactions on Engineering Management, 59(1), 77-90.

Müller, R. & Turner, J. R., 2012, Project-oriented leadership, Gower, Aldershot.

Turner, J. R., Huemann, M. & Keegan, A. E., 2008, Human Resource Management in the project-oriented organisation: employee wellbeing and ethical treatment, International Journal of Project Management, 26 (5): 577-585.

汉斯·鲁伊特

未来的挑战是如何促进项目管理机构学习。这不仅关系到项目本身，还与其他相关方(市场、环境等)有关。换言之，我们需要选择一种更全面的方法。面临的挑战将是如何更多地反映我们自己的运营策略，并在业主机构的效率和有效性之间实现更多的平衡。

卡尔·约翰·哈蒂格

2003年，业主/发起人在建设意向书(LOI)中制定了明确的战略决策，以开展维也纳主火车站项目。意向书由奥地利交通部、维也纳市议会和奥地利联邦铁路公司签署。维也纳市的责任是建设必要的城市基础设施，奥地利联邦铁路公司负责主火车站的建设和必要的铁路基础设施。奥地利联邦铁路公司不再需要将铁路运营的区域出售给私人和公共投资者，这些收入用于投资部分铁路项目。此外，维也纳市对奥地利联邦铁路公司进行了分区管理，从而经济可行地进行房地产开发和出售。

由于业主/发起人的角色很明确，因此建立了适当的整体"战略"项目管理机构，以管理项目范围并控制界面，尤其是上述不同利益相关者之间的界面以及项目组织的功能部分。已为项目管理机构的各个层面提供了以适当方式执行该项目的权限、资源和能力，这为我们的项目成功作出了贡献。

伊娃·诺德伯格
瑞典交通局项目总监

NETLIPSE 对你有什么帮助

通过基于业主网络 NETLIPSE 的学习是提高我项目管理技能的重要途径,能与其他国家和组织中处理类似问题的专家交流,使我获益良多。

你在项目中面临什么挑战

在瑞典的大多数大型基础设施项目中,有很多利益相关者都有不同的意见。如何与利益相关者交互是实现我们项目目标的关键因素。项目管理是团队合作,我的工作是充分利用项目团队的力量。

NETLIPSE 未来将面临哪些挑战

项目经理很忙,因此 NETLIPSE 活动必须始终处于高专业水平以引起人们的兴趣。我们 NETLIPSE 的项目群总监是工作网络的关键人物。通常,我认为成员们必须花更多的时间在 NETLIPSE 上,但我们仍然需要关键人物来管理它。

> **玛蒂娜·呼艾曼**
>
> 将来,项目经理和项目人员所需的最重要的能力是处理矛盾,并将其视为创新的源泉而不是威胁。

在过去的十年中，我相信业主/发起人和项目管理机构角色的变化不大。基本上可以断定，即使各个组织的环境在许多方面发生了变化，角色也基本上是相同的。

但是，对业主/发起人和项目管理机构的专业水平和成果的期望增加了。我们今天和将来的挑战有：

- 更大、更复杂的项目，国际化、交通运输自动化；
- 成本超支和时间延迟的接受程度降低；
- 由于更好的范围管理、风险管理和成本控制，降低了成本超支的频率和工期延误的幅度和可能性；
- 当项目范围扩大到包括交通控制、监控、公路通行费、信号、自动化等先进系统的集成时，组织管理和任务更具复杂性；
- 业主/发起人和项目管理机构将面临在组织中招募和保留专业和经验丰富的人才的挑战；
- 业主/发起人和项目管理机构将完成一项新任务：减少实施大型基础设施项目的碳排放；
- 与承包商形成更多的合作/伙伴关系/联盟，是增加项目成功可能性的必要措施，并带来替代性融资方案和机会；
- 更加雄心勃勃、公开透明和尊重的利益相关者管理；
- BIM 在建设领域的不断引入，正在极大地改变工作程序，包括移交给业主的程序。

珀·里德伯格

NETLIPSE 的好处

我坚信 NETLIPSE 的理念。公共实体相互学习良好实践、经验教训和其他人的错误是非常重要的，并且几乎成为一种义务，从而防止一遍又一遍地犯同样的错误。只有这样做，我们才能提高项目管理技能，强化计划的执行，改善我们的项目管理，提高项目交付的综合质量，从而能够用相同数量的纳税人资金实现更多目标。越来越多的组织加入 NETLIPSE，我们将收获更多。

彼得·迪克

> 在我看来,有关业主/发起人和项目管理机构角色的主要发现,在很大程度上仍然与当今成功交付大型基础设施项目有关,其中仍有可借鉴的教训。在德国,我们讨论了很多有关质量以及在预算内按时交付项目的问题。在2006年至2008年的NETLIPSE研究中定义的许多良好实践,对于实现上述目标确实非常重要且有帮助。
>
> 未来十年的挑战将是通过增加私营部门的参与度以开展大量重大工程项目,而又不丧失保持合格的业主/发起人的能力。
>
> 将来,我们还将重点关注在对现有公路基础设施进行维护和扩建时,而不会对施工期间的交通流量产生严重的负面影响。因此,我们必须实施新技术,例如建筑信息模型(Building Information Modelling,简称BIM)或在施工过程中用于交通路线的快速移动式屏障系统(Quick Movable Barrier,简称QMB),以加快进度并最大程度地减少对我们极具压力的公路网络交通干扰。而且我们必须为自动驾驶做好准备,它可能比我们目前想象地更早发生。
>
> 吉尔伯特·佩克

11.6 风险(和机会)管理

风险管理(和机会)主题或多或少着重于应对不确定性。如何处理大型基础设施项目中的不确定性?十年前定义的良好实践主要集中在结构上,以便找到一种方法来定义和管理这些不确定性。在过去的十年中,风险管理在基础设施项目中作为项目管理工具的重要性已大大提高。

十年前定义了以下良好实践:
(1) 将风险分析的责任放在一个独立的小组中;
(2) 不要忘记寻找机会;
(3) 在招标之前与承包商共享风险分析报告;
(4) 将风险和风险保留金包括在成本估算中;
(5) 使用风险数据库;
(6) 对风险进行分类和优先级排序;
(7) 使风险管理成为常规管理程序的一部分。

11.6.1 2016年有什么不同

如前所述,风险管理在我们的项目中变得越来越重要。主要是因为在大多数情况下,如果不提及过去的不确定性,就无法解释成本超支的事实。过去的不确定性(已转移到已发生的事件)是项目遭遇挫折或失败的主要原因。回顾 2008 年的教训,在当今的项目中,风险登记和风险数据库的应用似乎非常普遍。尽管如此,风险数据的使用似乎在每个项目中仍存在很大差异。讨论和分析风险需要对使用的术语进行清晰的定义,因为不确定性是一个非常抽象的话题。关于风险的讨论主要基于不清楚的定义(请参阅保罗·菲什威克的内容)。

风险评估仍然是一个有趣的话题,通常包含许多假设,需要项目团队不断关注和迎接挑战。风险评估主要可以实现两个目标:

(1) 估计总风险保留金;
(2) 支持决策以采取适当的风险措施。

忽略第一点会导致缺乏对预期风险后果的财务准备,而忽略第二点会导致缺乏重点,从而不能防止这些不良事件的发生。

如 2006—2008 年的研究所述:为了应对项目中的风险,需要跨学科的思想和行动。

> **保罗·菲什威克**
> NETLIPSE 的好处
> 我们使用的风险登记册过于复杂,并没有得到应有的利用,它的用户体验不佳。

我认为项目发起人和治理流程设计可能过于关注项目中的某些事物是风险、问题、威胁还是机会,这样可能会带来新的危险。英国交通部的经验表明,已经发现的风险(即问题)尚未报告到相关的治理层级,因为管理治理过程的人(通常是在项目团队中被忽略的一项核心职能)非常严格地定义是什么构成风险或问题。结果,数百万英镑的成本超支的事件并没有进行报告,这令人惊讶。

该组织的最新经验是优先考虑向董事会报告风险主题,这也未能使高级经理人意识到风险的重要性或严重性。我们现在正在按重要性查看报告,例如,风险是否会严重影响提供旅客服务的能力?

风险是一种日益重要的管理工具。因此,我们建立了配备适当人员的项目群办公室,由具有适当资格(该职位持有者拥有 MBA 证书)和经验的人领导。因此,项目管理办公室可以提请关注风险及其评级。我们组织的近期历史表明,项目管理办公室的功能和风险管理已成为事后的想法,新的项目管理办公室正在帮助纠正这一错误。

我的供应商的风险登记册非常简单,因此可以更轻松地用作管理工具。而我们使用的风险登记方法过于复杂,没有得到有效的利用,用户体验并不好。

项目管理办公室发现,不同的项目发起人对风险有不同的看法,有些人比其他人更悲观。因此,我们有一个由所有发起人组成的项目委员会,负责评估项目组合中所有项目的风险评分和风险关键程度。项目管理办公室还需要足够的敏捷性和智慧,以查看跨项目群风险和相互依赖性,对上述内容的管理最终会影响组织设计。

在项目处于不同阶段或成熟度水平时,各方之间如何分配风险可能会有所不同。在电气化方案中,供应商要求我们在项目的早期阶段承担一些重大风险。当时,对于由英国纳税人承担其无法控制、或无法以任何真实的信心水平预见的潜在成本和负债,法律建议非常谨慎。但是,鉴于只有政府才能承担社会风险并为社会风险做出计划,因此,不应尝试将这些风险分配给无法管理的参建各方。

保罗·菲什威克

在利益相关者之间,尤其是在两个最重要的项目发起人奥地利联邦铁路公司和维也纳市之间,风险安排已经明确定义,已将重点放在项目特定层级的关联风险上。奥地利联邦铁路公司项目有一个已定义的标准化风险管理指南:已分配的风险必须落实到项目的运营层面上,在此层面可以对其进行管理、最小化和问题解决。所有这些风险,其可能的影响和解决方案已记录在"数据库"(Excel 工作表)中。每种风险都已根据成本和时间进行了评估,因为这两种因素始终被视为直接相关。在与业主/发起人(指导委员会)的半年度会议中,仅讨论了影响整个项目的风险加权后果。结果以易于理解的图形矩阵形式显示,可以直观地看出变化(基于时间和成本的发生概率与后果)。这就可以对可能产生的后果进行充分的讨论,尤其是在尚不确定应将风险分配给哪个利益相关者"领域"的地方。同时这有利于协商制订出所有业主/发起人认可的解决方案。

2009 年,丹麦公路局采用了新的预算制度,特别着重于风险管理,在该制度中,"预警"不仅必不可少,而且与预算流程和报告有着密切的联系。风险登记册在整个项目全寿命周期内都遵循项目经济状况,并且是项目管理中不可或缺的一部分。

埃里克·斯蒂格·约根森

11.6.2 未来 10 年的期望和挑战

在大多数项目管理机构中,风险管理的发展(即收集风险信息)是显而易见的。近期的挑战是处理这些数据,以便将风险数据转移到项目管理的决策中。风险管理应支持组织内不同层级的决策过程,考虑不同层级的风险分析是明智的。与更高的操作风险相比,更高层级的风险需要采取不同的方法。

更多应用集成的合同形式会迫使风险管理和承发包主题之间的关系更加紧密,风险分配将变得更加相关,这将适当的风险评估和投融资主题的能力添加到项目管理机构所需的技能中。

在大型工程的项目管理中,机会管理仍然不是标准过程。过去几年中吸取的教训之一是将机会与风险分开对待,发现和分析机会需要更开放的态度。与风险识别相反,机会识别需要对项目采取更乐观的看法。

> 业主以及承包商方面有能力和经验的工程师和经理都已经意识到大型项目中的风险。作为大型工程项目管理的关键要素,我们在 NETLIPSE 评估过程中实际观察到的风险管理正朝着专业化、结构化、标准化转变,其中包括项目预算中的风险缓冲机制。
>
> 虽然学术和实践工作已经为结构化风险管理提供了必要的工具,在所涉及的组织,主要是在业主机构中,因文化带来的问题仍然经常存在。风险意识和风险识别需要开放的沟通和开放的文化,这是整个欧洲及全球业主和承包商组织内部正在进行的变革过程的一部分。NETLIPSE 第一阶段的结果以及随后的会议中的讨论都清楚地表明了这一点。德国政府已于 2015 年 12 月作出了一项重要决定,内容涉及加强大型项目的风险管理和协同工作。
>
> 公平风险分配和风险安排在合同中变得越来越重要,这导致大型工程招标阶段的公开听证会和谈判越来越多。更重要的是,它通常成为业主的决定性因素。在国家和国际项目中必须加强这种演变,这可能是欧盟为全欧网络提供资金的重要条件。
>
> 项目中的公平风险分配和共同风险管理也是业主和承包商合作式项目工作的核心要素,并已被认为是大型项目成功的重要因素。因此,合作伙伴关系方法的推动也将加强标准化风险管理和合作式风险管理在大型基础设施项目中的应用。
>
> 康拉德·斯邦

11.7　承发包

大型工程是在私有公司(例如承包商、咨询、工程师和运营商)的参与下交付的。"承发包"主题关于这些外部方如何签订合同,以及项目管理机构如何管理此类合同。

在 2006 年至 2008 年的 NETLIPSE 研究中,关于承发包的良好实践是:
- 有效的预算需要与强有力的合同管理联系起来;
- 合同和合同界面需要得到良好的管理,以便能够了解哪里存在潜在的相互作用,了解可能导致延迟的来源;
- 不论合同的模式(DB、DBFM、联合体)如何,都必须谨慎对待合同安排本身,并通过合同管理工作的执行,以避免成本飞涨和交付进度的延误;
- 需要认真考虑合同的大小和范围,以便可以通过市场进行管理和交付,并吸引适当的竞争、资金和专家参与;
- 奖金激励不应成为授予合同的主要依据,重要的是,包括人员能力、工作和成品质量在内的提前定义和要求标准是合同授予过程的一部分;
- 合同经理应具有足够的技术专长,以管理项目交付的物理要素的设计;
- 项目管理机构应该了解货币兑换风险(如果项目合同价格或资金基于不同的货币)以及使用外部资金提供项目融资时的利率,价格指数安排应明确定义。

11.7.1 2016 年有什么不同

在评估当今的良好实践时,NETLIPSE 的代表指出,一些实践已成为其日常项目管理方法的常规组成部分,而某些仍然是挑战。

有效地对合同及合同界面进行预算和管理已成为常规项目管理实践的活动示例,尽管某些代表似乎仍然认为界面管理是一项挑战。正如一名代表提到的那样:合同激励机制现在已内置在合同中,有助于更好地管理合同。设计适合项目类型的合同管理方法或格式现在也被认为是常规实践。报价不再是在大型工程中授予合同的唯一依据,货币兑换风险和利率问题似乎已得到控制。

NETLIPSE 代表认为仍然面临挑战的领域之一是对合同规模和范围方面的管理。他们认为项目经理的技能、知识和能力依旧是合同成功的关键影响因素。

宝莲·斯塔欧合菲尔

今天的讨论似乎集中在"风格和偏好"问题上,而不是讨论承包商提供的产品是否适合使用。

本主题中包含的许多陈述都是基本要求且无可争辩:合同的大小和类型应适合手头的项目,还应适合市场情况;在采购中过分强调价格会带来风险,合同经理应有足够的能力。技术专家和项目管理机构可以根据项目阶段的特定需求进行量身定制,并且界面管理是项目管理的重要方面。

这些建议实质上是指选择适合特定需求情况的合同,优化项目组织和提升流程组织的能力。在过去十年中,它们的相关性仍然没有减弱。尽管很难判断在此期间项目总体上是否有所改善,但一些国家缩减业主规模和功能的趋势引起了一些关注,要使这类精益的业主机构变得专业或智能而非"头脑简单",需要新的功能和系统的支持。

因此,未来的一项重要挑战是确定在项目之间进行更有效的基于经验学习的体系和政策,并能够组织实施。如此而言,这意味着必须重新考虑不同层级的业主项目经理、发起人组织、政府和行业之间的责任划分。几个国家的最新发展表明,人们越来越关注大型项目和永久治理结构之间的这种联系:通常在国家一级建立阶段程序、成熟度评估系统和项目管理研究院。因此,有关基础设施项目管理的研究应更多地考虑项目流程与此类首要母系统之间的相互关系。

安娜·卡德菲斯

合同和合同界面的管理是丹麦公路局采购战略流程的一部分,也是项目执行过程中的重要任务。关于不同的合同机制:2013/2014 年,丹麦公路局实施了其招标及采购文件的简明版本,以及有关如何采购较小的,不太复杂/关键的项目的特殊指南。此外,丹麦公路局认可以下做法:必须仔细考虑合同的规模和范围,以便可以通过市场管理和交付合同,并吸引适当的竞争、资金和专家参与。

丹麦公路局在两个复杂的项目中使用"早期采购"和伙伴关系/联盟,包括共享风险和激励措施。这两种情况都是成功的,并且它支持 NETLIPSE 研究结果中的结论。

此外,在丹麦,综合考虑市场容量、以范围(规模)为依据的投标兴趣、项目特征、项目复杂性等因素,大型项目通常划分为较小的标段投标,项目特征涉及界面、环境、交通处理等。2012 年,丹麦公路局加强了其市场规则,通过更广泛的市场对话,临时市场分析来激发市场兴趣,并将其作为项目采购策略程序的组成部分。

关于授予合同的标准,最低价格与综合评标法(EMAT)的矛盾也是丹麦公路局面临的难题。丹麦公路局在较大,较复杂的项目中使用综合评标法,如果他们发现了定性元素,则可以通过使用综合评标法对其产生影响。但是,在许多情况下,很难在项目中找到足够的"自由度"来证明综合评标法的合理性,因为丹麦公路局设计很少为投标者留出这样的空间。

在开展设计招标时,丹麦公路局会将综合评标法应用于 DB 合同中,有时也应用在更复杂的小型项目中。在运营和维护中,通常会选择最低的价格。

> 丹麦公路局的目标是更多地使用综合评标法(即更加注重质量),因此,我们希望确保设计中的更多自由度(空间),从而更加关注投标人的技能。
>
> 最低价格是否可能在以后导致质量或工期问题,是另一个担忧,我们(丹麦公路局)看不到明确的联系。在以最低价投标的合同中,我们实际上看到了很好的表现,即使在最低报价非常低以至于怀疑存在异常低价投标的情况下,表现依然良好。我们已经对许多招标进行了研究,以验证低价与额外工作(索赔)的比例之间是否存在联系,我们还无法证明这种关联。这一点不同的国家可能会有不同的情况。
>
> 我们仅体会到,在某些情况下,包含更多复杂性/风险/不确定性的工作(例如土方工程和基础工程)显示出更多的额外工作,这也是我们意料之中的。
>
> 但是,对使用综合评标法与最低价格时生效的机制进行深入研究可能是将来非常有趣的主题。在这里,我们可能会获得有关何时应该选择综合评标法以及何时不应该选择综合评标法的更多知识。这可能成为 NETLIPSE 一些成员的研究项目主题。
>
> 埃里克·斯蒂格·约根森

11.7.2 未来 10 年的期望和挑战

在 NETLIPSE 网络会议期间,经常讨论如何成为更好的业主这一主题。与从事国际业务的承包商打交道,业主机构需要超越自身地域界限,并从其他业主机构的经验中受益。首先,不要重复以前同事犯的错误,而是要吸取教训并将其转化为项目自身的情境。未来几年的重点将是如何在合同制订问题上进一步使业主机构专业化,甚至可以使大型基础设施项目的管理方式和实现成果的方式更加一致。

关于授予合同的标准,预计将在今后几年实行,将设计出能够定义标准以及定义如何评估奖励标准的统一且普遍的方法和模型,这将有助于与国际承包商打交道的业主机构专业化。

> **佩卡·佩塔涅涅米**
>
> 目前看来,芬兰交通运输和通讯部正在大力致力于 ITS(数字化和自动化)。他们认为,我们的铁路和公路网络不需要任何大型项目(增加新项目和容量)。这意味着我们将不得不专注于小型项目,例如改造项目。当然也需要对其进行管理,但是重点有所不同。从现在开始,这将是一种"多项目"的方法。

> 由于德国法律和采购要求的变化,规划和合同程序变得越来越困难。在欧洲立法的推动下,自然保护已在决策过程中发挥了主导作用,并在很大程度上影响了项目的交付,这将是未来的挑战。
>
> 关于合同形式,我们必须适应新的形式(例如,大约十年前在德国开始的公路基础设施 PPP 项目)。此外,我们必须在几乎每个项目阶段都提高透明度,增加公众和非政府组织的咨询过程的参与度。
>
> 吉尔伯特·佩克

大型基础设施项目管理的未来最大挑战在项目后期阶段保持选择(对承包商而言)和优化(在设计/价值工程方面)的自由。或者无论是出于法律原因还是由于所有相关人员以为他们已经知道(最好)解决潜在问题的方法,在早期阶段都没有放弃这种自由。在未来业主机构与承包商之间采用新的合作方式时,需要注意的另一个领域是确保承包商意识到公共组织所面临的挑战,尤其是在与利益相关者交互方面。业主机构不仅仅为了完成工程本身而与承包商签约。但是,我们需要在多大程度上帮助他们了解业主的挑战?

另外,改变已经执行项目并具有多年项目管理经验的业主机构非常困难。新的伙伴式合同模式要求业主机构的角色从自己提供专业服务转变为管理承包商来提供的专业服务。今天的讨论似乎集中在"风格与偏好"问题上,而不是在承包商提供的产品是否适合目标方面。这是许多业主机构所面临的学习过程,这与专业服务应由专家进行以及对更高效(规模更小)的业主机构的需求一致。

维姆·吉迪恩斯

自 2006 年成立以来,我们的组织一直参与 NETLIPSE。从最初的研究阶段开始,我们的二十多名同事积极参与了研究协议的设计,网络活动的研究与管理的协调及执行。今天我们仍然很自豪能提供这项服务。

对我来说,NETLIPSE 最重要的好处是发现,无论是公路、铁路、水路、港口还是机场项目,在管理大型基础设施项目时面临的挑战都有许多有趣的共同点。讨论这些挑战及其应对方式,为创新解决方案提供了机会。也许甚至存在可以直接拿来使用的解决方案。

NETLIPSE 是一个活跃的网络,已经经受了许多政府所面临的经济挑战。政府似乎也面临着少花钱多办事的类似挑战;同时应对具有挑战性的基础设施雄心和专业知识的流失。随着我在项目中遇到漫长而复杂的内部决策流程的挑战,我感到作为业主机构,我们都可以从更多的现成方法中受益,并受到他人经验的启发。

由于不同法律的存在，跨境基础设施项目的挑战非常大，特别是在地方一级。至关重要的是，如果一国的国内法律禁止某些方面，或与另一方的法律有很大不同，则各方应在项目开始时就意识到这一点。例如，法律差异常常导致环境标准制定方面的差异。

为此，过去十年的经验教训是成立专门的联盟，建立合规性法律框架，以定义市场规则和行为，从而避免任何新兴风险（例如，按照两国的所有要求来管理里昂—都灵隧道基础设施投资的建设）。

马西莫·科拉迪

11.8 法律许可

法律许可是成功实现大型工程的条件。法律程序的管理方式对于项目经理至关重要，在欧洲各地，这些程序的应用也各不相同。这使得跨境大型工程的建设更加复杂。2006—2008 年 NETLIPSE 研究的以下主要发现说明了这种复杂性：

- 在跨境项目中，必须意识到你正在处理有时不兼容的法律法规以及不同理解的文化、机构、法律和工作方式差异的重要性；
- 重要的是，在获得推进项目的充分法律许可之前，不要过度推进项目；
- 项目团队需要识别和管理生态或环境法规和/或法律变更的风险，以避免长时间的计划延误；
- 需要使土地征用法规（特别是东欧的土地法规）更加有效，以使大型项目的规划和交付更有效率。

当时定义的良好实践是：

- 使法律程序和利益相关者管理相联系；
- 及时标示手续进展并保持更新；
- 确保有法律专业知识；
- 积极与当局沟通；
- 协调批准许可和招标计划。

11.8.1 2016 年有什么不同

2006—2008 年研究在审核、获取和管理法律许可等方面的主要发现非常关注所研究项目面临的挑战，这些挑战大多数在今天仍然存在。与不同的国家和不同的法律（类型和时间）打交道、平衡法律许可获取风险与项目延误的冲突、在项目实施阶段管理法规的变更以及征地的挑战，这些都是（跨境）大型工程今天需要处理的重要问题。

《制定项目融资的行动计划》(克里斯托弗森·波德维希·塞基报告)的建议五中有以下内容:"欧盟会员国应规范并简化其许可程序,促进和加速项目的实施,特别是针对与欧盟委员会合作的跨境项目。"

许可程序具有历史背景,其产生是出于保护那些将受到他人行为影响的人们的利益需要。技术知识使每个人都意识到建设活动带来的巨大扩散影响。财产法维护了公民拥有财产的基本价值,保护公民免受政府对财产权的侵害。这些规则可能能阻止那些想要不顾他人利益修建项目的人。

众所周知的事实是,发达的基础设施方便人们快速、便捷地出行和开展贸易,从而增加了公民和国家的福利。行动自由是欧盟的基本自由之一,这种自由需要发达的跨境基础设施。鉴于在诸如财产权和维护受欧洲其他国家行为影响的人们的利益等问题上达成了基本协议,现在应该聚焦于对法律有充分了解的、受过法律培训的人为精简程序提供帮助,并简化许可程序,这一过程应促进跨境活动。

在项目层级,此过程应考虑到许可路线必须贯彻一个观点,即风险应由有可能影响风险的人承担。如果风险不会受到影响,则应由主动开展活动的政府机构承担。欧盟应认真对待建议五,并应尽快启动行动计划。

莫妮卡·乔·杜维斯

在大型工程中,法律许可是项目开发的最重要程序,它们在法律上代表检查点,用于管理项目是否通过决策。法律许可可以汇总为以下几方面:

(1) 项目定义根据立法者或政府对基础设施需求的确定来制定,通常以某种形式的战略制定;

(2) 空间规划取决于规划的基础设施项目或路线的位置,以及是否和如何调整现有空间规划的问题。在许多国家/地区,位置和/或路线必须与确定土地用途的官方空间规划文件兼容;

(3) 许可程序。计划建设和运营基础设施的项目开发商必须获得每个国家法律框架要求的建设和运营许可证。这些许可证有时与欧盟法规中的要求(例如能源和环境要求)以及该国法规中的实施方式有关。在其他情况下,许可证可能只涉及国家法规(例如,对健康或社会影响的评估)。在许可程序中,将对项目的各个方面进行分析,包括技术方面,安全方面及其对环境和社会的影响。该分析基于由项目管理机构汇编和提供的详细的申请文件,利益相关者(有关当局、非政府组织、利益集团、受影响的人和公众)的意见以及负责机构的评估。然后,负责机构决定是否签发许可证。

许可程序通常包括：
- 行政和环境许可证；
- 施工或建筑许可证；
- 经营许可证。

(4) 在大型基础设施项目中，获取土地或土地使用权被认为是最重要的问题，因为通常需要咨询或补偿许多合法所有人（私人或公共）来获得使用土地。

需要及时传达和分析利益相关者的意愿，以便及时获得最终许可。因此，在每个步骤中获得法律许可均应遵循以下步骤：
- 范围界定；
- 准备文件；
- 验证文件的完整性；
- 公众咨询；
- 决定；
- 上诉和诉讼。

大型工程风险来自法律程序。最常见的风险之一是公众反对该项目，这可能是由于未认真进行公众咨询而引起的。由于大型工程是在更长的时间内规划和准备的，因此变更法规或对未来法规的不确定性以及项目与环境法规的不兼容性是大型基础设施项目成功的重要风险。

在欧洲每个国家，许可程序的复杂性都不相同。例如，在西班牙，许可程序包括三个不同的过程：一是用于环境影响评价，二是用于建筑许可证，三是用于运营许可证。在匈牙利，许可程序由六个不同的过程组成：每一个过程分别用于获取农业领域许可证、环境许可证、许可证、准备工作许可证、施工许可证和操作许可证。相比之下，在某些国家中，只需要遵循一个过程，就可以获得涵盖所有这些方面的单一许可证。在意大利，对于大型能源传输或交通运输项目，经济发展部负责处理该过程，并让包括其他主管部门在内的其他利益相关者参与。因此，该过程的复杂度较低，因为无需在流程之间处理负责机构之间的界面。

伊凡娜·伯卡·杜诺维奇

关于法律许可的两项调查结果表明，获得项目法律许可的过程中存在复杂而微妙的问题。因此，在制定项目计划的过程中，应充分考虑法律法规（包括沿途变更）和当地影响等相关的风险，这些流程很耗时，会影响计划的推进。

> 此后,在荷兰,在授予(法律)许可的政府组织以及项目管理机构内部都得到了一些改善。首先,在 2008 年议会的最高政治层级("上议院委员会")上表达了缩短这些程序的必要性,法律许可手续批准计划持续 8~12 年被认为是不可接受的。该委员会着重于(尤其是)改善各级政府的决策,对项目采取并保持一致的态度。其次,荷兰交通运输部采取了行动,简化了现有的环境法律法规,以便为项目引入更加透明、可预测和可负担的规划程序,目标是将建筑、环境、水资源管理、古迹保护和区域规划领域中的 26 项现有法律整合到一项新法律中,该新法律将于 2018 年生效。对于这项举措期望是有希望的,但看到结果仍需几年时间。
>
> 在项目管理机构的影响范围内,有两点值得注意。首先,一旦将总体规划许可书授予了项目管理机构,通常的做法是,一旦完成招标,获得相关(建筑)许可证的责任便移交给了建筑承包商。但是,尤其是对于大型、复杂的基础设施项目,由于法律变更而导致的风险对于承包商而言太大了。最近的实施方式是项目管理机构将与建筑承包商分担这一责任。其次,法律程序与利益相关者管理之间的联系是在项目管理机构中引起广泛关注的良好实践之一。值得注意的是,荷兰有些项目使用"股东"一词,而不是"利益相关者"。
>
> 威廉·德格拉夫

> 在接下来的十年中,根据欧盟在 2015 年 6 月发布的最新报告,"……更多现成的执行准则可以大大简化,减少不确定性并缩短跨境项目的交付时间"。另外,"……简化方式之一可能是在合同文档中使用单一语言"。
>
> 马西莫·科拉迪

11.8.2 未来 10 年的期望和挑战

随着欧盟委员更加重视跨境项目,了解法律和许可程序的差异并制定相应计划的需求日益增加。对于所有跨境项目而言,这将是一个挑战,需要在总体计划表中考虑这些许可计划的变更。

在全国范围内的项目及时获得许可的过程中,将需要考虑利益相关者对项目的参与(发言权)的时间增加。出于计划目标和降低风险方面的考虑,假设你的每个决策都将要上法庭要比假设你不会上法庭更稳妥。

正如马西莫·科拉迪所说,在合同文件中使用单一语言可能是一种发展方式。这也可能有助于业主/发起人与项目管理机构之间的合作,并有助于建立对要采取的步骤和所需时间的共识。但是,正如 NETLIPSE 代表伊凡娜·伯卡尔-杜诺维奇所描述的,不同的计划方法并不是可以迅速改变和协调一致的。

11.9 知识管理与技术

尽管大型基础设施项目具有独特性,但仍然可以从其他项目中吸取经验教训;此外,大型基础设施项目的交付需要很多年,因此在项目团队内部传递知识至关重要。知识管理与项目管理机构如何管理内部和外部知识的传递有关。

在大型基础设施项目中,项目管理机构还经常面临技术挑战和技术如何实现与可持续性创新。技术主题是关于项目管理机构如何处理其项目中的技术创新和相关不确定性的问题。

从 2006 年到 2008 年,NETLIPSE 在知识管理方面的研究结果非常简单:

- 很少有项目有兴趣从成功度高的项目中学习,也很少有项目将知识传递到其他处于早期阶段的项目,项目团队对解决不同于他们经验的新问题兴致勃勃,而非从其他地方学习解决方案;
- 通过分享经验和知识可以获得成本、效率和交付方面的收益;
- 了解如何将一种经验转化至适应不同项目情境是一项关键要求;

在技术方面,最重要的教训是:

- 如果项目采用了新技术或创新,则将其作为项目中的独立项目进行管理。

11.9.1 2016 年发生了什么变化

NETLIPSE 的代表们发现时至今日这些经验教训仍然是一个挑战。对于研究人员而言,挑战在于项目团队与更广泛的实践与学术群体之间的相互滋养,以提高研究人员对项目实施的参与程度(经验教训)。这对于知识管理平台的需求是非常强烈的。荷兰代尔夫特理工大学的基斯·格林斯的最新研究表明,项目间学习处于非常早期的发展阶段。这方面的五个主要障碍是:

- 沉重的工期压力妨碍知识共享;
- 项目范围不包含从其他项目获取知识与应用知识到其他项目;
- 对所有创新持有错误的谦逊态度;
- 缺乏多个项目的概览并指导项目的学习;
- 难以将人们聚集在一起。

另外,为了能够交流经验,组织间达到一定程度的信任关系是必要的。在某些国家,其他组织的问题(如裁员或缩小规模等)可能会妨碍团队之间、部门之间或组织之间讨论项目挑战和解决方案所需的开放环境。

由于以下原因,项目管理机构中的知识管理和技术问题被低估了:

- 该领域的人们很难互相学习,他们往往在开始新项目时会重设所有条件;
- 特别是材料的选择、解决方案与问题分析的创新;

- 知识和新技术(过程和工艺)应作为项目送给业主或上级组织的"礼物"。支撑这些"礼物"的时间和利润在很大程度上是组织的次要目标;
- 知识管理和技术都被低估或高估了。在后一种情况下,某些人对新技术抱有不合逻辑的信心。

11.9.2　未来10年的期待与挑战

仅在特殊情况下,我们才能看到项目管理机构将其项目预算的一部分作为其业主/发起人的任务,专门用于知识管理活动。欧盟委员会于2006年首次发起NETLIPSE计划的原因是,在大型基础设施项目经验的边界上没有足够的知识共享,当然知识共享也不可能存在于业主层面。欧盟委员会看到业主的组织在同样的挑战中挣扎并重复同样的错误,而非从其他的教训中受益。这将在未来的一段时间内成为NETLIPSE网络的基础。在欧洲分享大型项目的管理和组织的良好实践,以改善大型项目的交付。

从科学的角度来看,未来的挑战是如何在实践和学术界之间开展"相互滋养"活动,并提高研究人员对项目实施的参与度。

> **吉尔伯特·佩克**
> 将来,我们还将重点关注在工程实施期间,在对交通流量不产生严重负面影响的情况下,对现有公路基础设施的维护和扩容。因此,我们必须实施新技术以加快流程,例如建筑信息模型(Building Information Modelling, BIM)或在施工过程中用于交通路线的快速移动式屏障系统(quick movable barrier, QMB),并最大程度地减少对高流量公路网络的交通干扰。而且我们必须为自动驾驶做好准备,它可能比我们预想的更早发生。

在一个资金有限且基础设施投资与其他紧迫需求竞争的社会中,有效使用公共资金必须遵循严格的要求。

长期以来,我们意识到根本无法承受不从其他项目中学习经验的后果,而这应该不会太困难。但事实正好相反,这是为什么?

原因之一可能是项目管理团队的成员非常忙,专注于交付项目。他们没有时间分享经验,也没有将其视为优先事项。因此,重要的经验会留在项目管理中,而不是传递给其他类似项目;成功的经验将不会传递给他人,结果是早期的错误可能会重复发生。

完成知识共享的挑战是寻找一种有效且有用的经验反馈方式。在许多大型项目组织中,这应该是管理职责。

从项目的全面最终报告和在具有或多或少复杂性的数据库中收集经验似乎并不是获得反馈的理想方法。相反,事实证明,在业主机构内部举办更多的具有高级专业水平的非正式研讨会更为有效。在这里,主要的发现和经验可以在项目经理之间展示和讨论。在非正式的环境中,也更容易展示和讨论项目中遇到的失败。

有人建议,对于大型项目的项目管理,在项目执行期间和执行之后必须安排合规的反馈研讨会。极少数国家/地区采取了这种方法。随着欧洲建筑市场的国际化,对国际经验反馈和讨论的需求也变得越来越重要。一年两次的NETLIPSE网络会议为此提供了一个极好的平台。

帕鲁鲁·科桑

在过去的十年中,荷兰公共工程及水管理局在知识管理方面取得了很多成就,主要是通过努力有效地利用早期经验。这种有效的可用知识的例子是D&C和DBFM合同标准,这些标准已经制定,并可以由荷兰的其他政府业主机构使用。在进一步改善合同方面,我们还向其他欧洲同行学习,并与他人分享我们的知识和经验。

在过去的几年中,荷兰的基础设施项目变得越来越大,越来越复杂。为了能够以一种好的方式管理这样一个复杂的项目,需要的不仅仅是理论知识,需要能够理解该项目的含义,并具有必要的能力,知识、经验和能力的结合是行动的基础。通过应用正确的知识和经验,必须具备将信息转化为定性的良好决策的能力。自我知识管理是这里的一个重要问题:需要意识到自己的思维方式、情绪和感受。

为了能够以好的方式执行复杂的基础设施项目,了解项目所在国家的文化也很重要。如何让当地市议会、省政府和测量师组织参与项目,如何确保这些组织对项目结果负有部分责任?与市场交互的方式也是如此:你们是否曾经一起完成一个项目,还是只是以合同或法律方式以转移了所有责任的方式管理了该项目?

在未来的几年中,就知识管理而言,荷兰公共工程及水管理局将不再专注于效率实现,因这方面已经实现了最大的收益,而将更加专注于实现变革并评估知识应用的有效性。我们在做正确的事情吗?我们专注于哪些目标?NETLIPSE网络可以时不时使人们从日常工作的环境中抽身而出,并扪心自

> 问："我们是否还在做正确的事情？"并以此作出贡献。除了共享硬性项目信息外，未来几年还应重点关注共享经验。
>
> 　　与瑞典交通局的同事一起，荷兰公共工程及水管理局正式制定了具体协议。在接下来的两年中，这两个组织将在项目管理领域密集地分享知识和经验，包括学习（超越项目边界的学习）、人才开发、应对意外情况、合同管理（早期承包商参与，业主承包商合作）、与媒体、政治、项目治理以及与其他方等领域的合作。
>
> 汉斯·鲁伊特

> 　　每个国家的大型项目数量通常很少，而且实施周期通常很长。大型项目的项目经理在其一生中最多只能完成一到两个这样的项目。
>
> 　　此外，大型基础设施项目越来越大，越来越复杂，这导致项目经理需要处理诸如各种财务设置、组织模型和联合体承发包之类的问题，而不是传统的项目管理问题。与利益相关者和媒体沟通的速度和方式均增加了，例如社交媒体是项目管理机构面对的另一种环境。全球化、建筑行业欧洲标准和国际标准的统一以及在公路和铁路基础设施中越来越多地使用 ICT 技术是当下和未来需要考虑的另一个挑战。
>
> 　　在这种情况下，与其他国家的项目管理机构建立交流网络的重要性对于知识传递、经验交流和未来合作需求将变得越来越重要。事实证明，NETLIPSE 组织非常成功地提供了来自多个欧洲国家的项目管理机构之间的知识交流，甚至已成为双边合作倡议的场所。大多数大型项目面临相同的挑战，但这些挑战更多地与领导力和文化问题相关，而不是与方法和技术问题相关。我们拥有工具，但是如何在各种环境中应用它们呢？这些问题没有一本好书可供学习，这意味着我们必须互相学习。
>
> 　　瑞典交通局自成立以来一直是 NETLIPSE 组织的一部分，近年来，该网络已促成瑞典交通局与荷兰公共工程及水管理局、荷兰铁路公司和 Neerlands Diep 之间就更深入的合作计划达成协议。在这项协议中，荷兰公共工程及水管理局和瑞典交通局制定了未来两年的详细交流计划，其中包括我们共同的一些主题，主要涉及领导力和高级项目经理的培训。
>
> 珀·里德伯格

莫妮卡·米尔维兹

波兰国家公路和高速公路总局副局长

自 2006 年以来,波兰国家公路和高速公路总局一直是 NETLIPSE 的合作伙伴。我参加了几乎所有的 20 次正式会议和一些较小的会议。在这些场合中,我都遇到了一些有趣的人,并了解了他们的有趣项目。每次我学到新东西时,都对与工作有关的重要问题有了更深入的了解。

波兰国家公路和高速公路总局刚刚开始实施 2014—2020 年国家公路建设计划。该计划的预算接近 300 亿欧元,其主要目标是完善波兰的基本高速公路网络。这转化为一百多个建设项目,要在合同预算内按时协调和完成。

参加 NETLIPSE 网络会带来很多好处。我相信我们大多数人在日常职责中也面临类似的挑战:在预算和范围内按时交付复杂的项目。我们应该专注于寻找创新的方式来分享我们的经验和实施良好实践。

马塞尔·赫托
荷兰代尔夫特理工大学

以下内容以访谈形式呈现。

NETLIPSE 是如何开始的？

NETLIPSE 的愿景是建立一个用于管理欧洲大型基础设施项目的网络。此类项目在每个国家的数量有限。为了进行知识交流，需要建立一个国际化网络。因为太多的项目表现不佳，现在仍然如此，因此这种知识交流是十分必要的。通过与瑞士、法国、德国和意大利的初步接触（2002—2004 年），我们发现这可能会带来累累硕果。我们搜寻目前是否存在这样的网络，但没有找到；我们发现的网络都专注于技术问题。因此，我和伦特·布特决定自己建立交流网络。

在实现这一雄心壮志过程中，至关重要的是开发一种评估和改进项目的成熟度模型，此模型后来被称为 IPAT。我们在 2004 年 12 月向欧盟委员会第六框架计划提交了一份提案，并在 2006 年春至 2008 年春期间进行了研究，这一呼吁也是至关重要的，该呼吁的重点是传播知识，这就是为什么我们选择关注可传播的良好实践和经验教训，并进一步发展网络交流。在第二阶段，我们可以利用这些良好实践和经验教训来开发成熟度模型。实际上，这是欧盟委员会第二个资助期的主要成果。如果没有大家的努力，这些工作都是不可能完成的，我想特别提及一下早期的朋友：宝莲·斯塔欧合菲尔，米尔贾姆·考文，埃迪·韦斯特维尔德，斯图尔特·贝克，盖尔特·蒂斯曼，汉斯鲁迪·沙尔彻，安东尼奥·莱蒙德·德·马塞多，安德烈·厄尔巴尼克和汉·考克。

NETLIPSE 在哪一方面让你最自豪？

我们成功地与业主、项目经理和科学家一起创建了 NETLIPSE 网络，而且几乎每个欧洲国家都以某种方式参加了该活动，并且今天它仍然活跃！我们已经开发了

IPAT。最重要的是：大家都乐于参与其中。

对未来的期望

继续丰富 NETLIPSE 网络以及业主、项目经理和科学家之间的知识交流。知识本身就是交流网络的动力。为此，我认为大家有热情更深入地讨论某些主题，例如项目间学习、项目中的人力资源管理、可持续性和利益相关者的协调等。通过科学，我们可以通过我们的研究来激发这一点，研究是问题导向和面向实践和实践者。当然，IPAT 的进一步开发以及我们能从以前的评估中学到的东西都是非常有趣的。

罗德尼·特纳
项目管理教授

关于成功

在过去的四十年中,我们对项目成功的理解有了进步。在 80 年代中期之前,项目管理领域的大多数研究都涉及用于计划和管理项目的工具和技术,尤其是关键路径分析。在 80 年代,研究人员开始提议我们需要首先定义项目的成功因素。在提出我们要使用什么工具和技术之前,我们需要知道影响项目成功实现的关键因素。杰弗里·平托和丹尼斯·斯莱文在杰弗里·平托博士的研究基础上,开发了使用最广泛的成功因素列表。之后在 90 年代,研究重点再次扩大到包括了项目成功标准。在约翰·沃特奇的博士论文中提及,需要先确定用来判断该项目成功的标准,然后才能选择适当的成功因素。他还开始建议不同的利益相关者可以关注不同的成功标准。发起人希望项目创造价值;用户希望项目的绩效表现良好;设计师想要一个好的设计;项目经理希望按时、按成本和按质量完成项目。

在 21 世纪初期,特里·库克·戴维斯采纳了这个概念,并建议我们可以区分项目成功与项目管理成功。项目管理的成功在于按时、按成本和按质量交付项目,而项目的成功在于规划和商业目标的实现,并使项目的发起人和投资者满意。

在 2015 年初,我和佩德罗·塞拉多发表了一篇论文,我们证明了项目成功与项目管理成功之间的相关性是 60%。当项目的成果按时按成本交付时,有 60% 的概率可以实现预期的结果和影响,并使利益相关者满意。但是 40% 的概率则不会达成以上结果。

现在,对项目成功的关注是不同的利益相关者对成功标准有不同的看法,因此对成功因素也有不同的看法。所有利益相关者都在关注不同的内容,结果则是他们专注于不同的成功因素。这可能导致不同的利益相关者朝不同的方向发展,从而损害项目。

我们需要认识到不同的利益相关者有不同的关注点，但是他们最终都怀有相同的愿望，即项目应该实现其规划和商业目标。因此，我们需要与他们一起努力，集合他们的想法，以便为项目成功共同努力。

效益实现

与项目成功相关的是效益实现。为了使项目实现其规划和商业目标，必须实现预期的效益。在项目实施之前，应明确界定预期效益。作为项目可行性研究的一部分，需要清楚地定义什么是期望的收益，如何使用项目结果来实现收益，以及如何运用项目成果来实现期望的结果。这需要证明最终交付成果满足验收和使用要求，并能实现预期的收益。在这个过程中，一些协商和调节是必需的。

项目结束后要确保效益实现，还有大量工作要做。在可行性研究阶段，开发的过程保证了效益的实现是可行的，并且可以作为项目结束后的控制机制，以保证效益的实际实现。效益实现管理被认为是项目管理的重要组成部分。

治理

项目成功与效益实现的协调需要有效的治理。人们对项目治理和项目管理越来越感兴趣。当下，对于项目的兴趣几乎已经从管理转向了治理。在我的工作中，我讨论了三个层次的治理：基于项目的组织、项目情境以及单个项目。有些人把基于项目的组织的治理称为项目管理的治理。界定项目、项目群、项目组合和项目网络的协调是必要的，项目级的治理就是项目治理。情境治理定义了如何使用项目群和项目组合来确保项目实现组织的战略目标，并在组织内部发展交付项目、项目群和项目组合所需的能力。对项目治理的研究在三个层次上定义了治理的过程、角色和责任。我采用经济合作与发展组织（OECD）的定义来确定治理目标，即定义组织的目标、如何实现这些目标以及如何监测和控制这些目标的实现。

通过其工作，NETLIPSE 可以增进我们对这三个领域的理解：在项目利益相关者对项目预期收益的理解中实现更大的共性，这些共性实现的方式，以及创建治理结构，致力于关注效益实现管理，并且在利益相关者之间建立共同的关注点。

第12章 基础设施项目评估工具：IPAT

12.1 什么是基础设施项目评估工具（IPAT）

IPAT（Infrastructure Project Assessment Tool，基础设施项目评估工具）由 NETLIPSE 网络开发于 2010 年，是 2006—2008 年对欧洲大型基础设施项目的管理和组织良好实践进行研究的结果。IPAT 最初作为成熟度工具进行开发，而后于 2018 年进行了修订。IPAT 可以在项目实施之前、之中和之后以完整、统一的方式帮助交通运输项目进行评价、监控、基准化测试以及评估。基础设施项目评估工具衡量项目在开发和交付中所有阶段的能力。其结果可对项目管理机构进行独立的同行评估、确定优势，并确定所有需要确保成功的改进领域。

12.2 IPAT 的基本假设

大型工程的主要挑战之一是其情境。每个项目的情境都是独一无二的。一个项目的成功（根据质量要求在一定预算和工期内交付，并考虑到利益相关者的满意程度）取决于许多情境因素，既有内在因素（与业主/发起人和上级组织的关系），又有外在因素（例如利益相关者以及经济、法律和政治变化）。IPAT 本身不能保证项目成功。但是，当大型工程的管理质量很高时，项目成功的可能性就会大大增加。

一个项目的组织（或管理）、情境和结果之间的关系如图 12.1 所示。（项目）组织与结果之间的直接联系表示组织技能和能力来控制项目的实施和结果。组织情境与项目之间的联系，以及项目管理机构和结果之间的联系表示对适应能力的需求。一个成功的项目管理机构不能确保有成功的项目结果（因为项目情境不能由项目管理机构控制）。但是，项目管理机构控制项目实施和应对其情境（的变化）的方式是取得良好结果的关键。

尽管 IPAT 按照 12 个主要主题评估一个项目的项目管理，但是每个项目都必须考虑到其独特的情境和模式的成功（或将来的成功）。这基于项目管理机构在特定主题方面实际取得的成就以及执行方式。评估人员可以为项目管理机构的得分和最终分析提供专业而全面的基础。

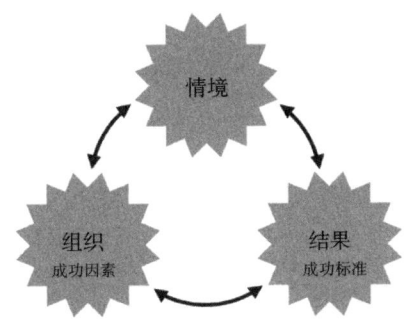

图 12.1 组织、情境、结果之间的概念模型

IPAT 在评估时关注的主要研究要素是项目管理机构和业主/发起人。业主/发起人做出承担项目的战略决策,并定义项目的目的和成果。项目管理机构是负责计划和执行任务的组织,必须明确定义项目管理机构和业主/发起人的角色,并正确管理它们之间的界面。

在评估过程中,项目管理机构和业主/发起人被视为一个单元。他们共同负责项目的成功组织。某些职责需具体分配给项目管理机构或业主/发起人,而其他职责则由双方共同承担。

在欧洲,大型工程通常是在部长级层面负责执行的公共项目。因此,项目管理机构和业主/发起人在民主和政治情境下运作。就项目的目标和预期成果达成政治共识通常对于管理这些项目至关重要,政治情境在评估过程中被视为一个单独的主题。

12.3 IPAT 的初始版本

12.3.1 IPAT 初始版本的术语解释

IPAT 解决了项目管理机构和业主/发起人关于如何管理大型工程和制订管理规划方面的所有问题。IPAT 的目标是:

评估与项目相关的管理质量的总体管理质量水平,包括达到商定目标和实施成果的计划(而不仅仅是实际建设)情况。

这样一来,IPAT 可以突出显示整个项目(尤其是下一个项目阶段)项目交付计划的管理和现实性方面的弱点和优势。IPAT 涵盖了大型工程的所有相关管理方面。IPAT 的初始版本将这些管理方面分为 12 个管理主题(见图 12.2),这些主题可以分为四组:

- 内部情境:业主/发起人的主要职责:
  主题 1:政治情境;
  主题 2:目标、目的和商业计划(价值);
  主题 3:功能规格。

- 内部情境:项目管理机构/业主/发起人的共同责任:
  主题 6:投融资;
  主题 12:风险(威胁和机会)。
- 内部情境:项目管理机构的主要责任:
  主题 7:法律程序;
  主题 8:技术;
  主题 9:知识;
  主题 10:组织与管理。
- 外部动力:项目管理机构/业主/发起人的共同责任:
  主题 4:界面;
  主题 5:利益相关者;
  主题 11:承发包。

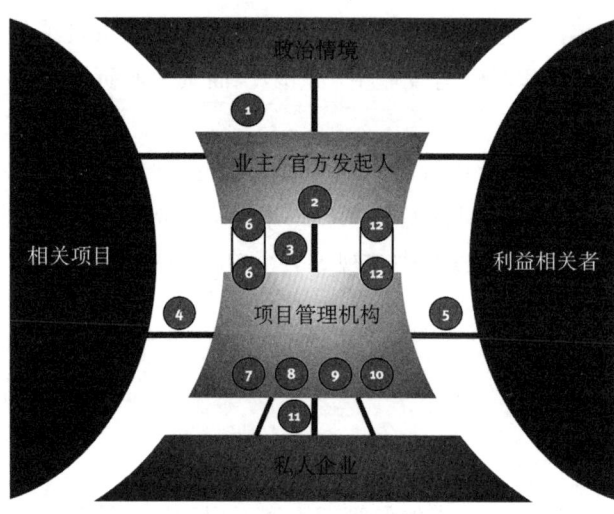

图 12.2　IPAT 初始版本的概念模型

12.3.2　IPAT 初始版本的主题

IPAT 已经发展成为一种模型,可以帮助评估 12 个项目管理主题,这些主题对于项目成功至关重要。

(1) 政治情境

政治情境是关于项目目的和成果的政治共识程度,以及与政治关系的管理方式(主要是由业主/发起人)。

(2) 目标、目的和商业计划(价值)

业主/发起人如何定义、管理和更新目标和商业计划。

(3) 功能规格

如何将项目目标转化为清晰的功能规格,并由业主/发起人传达给项目管理机构,然后由项目管理机构同意并组织落实。

（4）界面

IPAT 将界面看作需要根据资金的可用性、融资要求、时间和范围来执行的物理实体。但是，一个项目通常是更大的交通运输网络的一部分，并且还需要执行其他项目才能拥有一个完整的交通运输系统。主题 4 是关于如何从一开始就管理（运营）与其他组织的界面以及与其他基础设施建设项目的界面，并由业主/发起人和项目管理机构将其集成到整个项目的项目管理中。

（5）利益相关者

项目管理机构永远不会完全自主地采取行动。它们通常与外部各方（例如上级组织和其他利益相关者，例如本地社区、非政府组织（NGO）和利益集团）建立紧密联系，所有这些都可以影响项目管理机构。主题 5 涉及业主/发起人和项目管理机构如何管理这些利益相关者。

（6）投融资

主题 6 与业主/发起人的资金安排和项目管理机构的成本控制有关。该领域涵盖业主如何为项目提供资金，以及项目管理机构如何计划和控制成本。

（7）法律程序

法律许可是成功完成项目的条件，主题 7 与项目管理机构如何管理法律程序有关。

（8）技术

大型基础设施项目中的技术。项目管理机构经常面临技术挑战和/或如何实现技术/可持续性创新，主题 8 是关于项目管理机构如何处理技术创新以及相关不确定性的问题。

（9）知识

尽管大型基础设施项目具有独特性，但可以从其他项目中吸取教训；此外，大型基础设施项目建设需要很多年，因此在项目团队内部分享知识至关重要。主题 9 是关于项目管理机构如何管理内部和外部知识转移的问题。

（10）组织与管理

由于项目具有一次性特征，因此需要专门为特定项目设置项目管理机构。项目管理机构拥有自己的组织结构、文化和人力资源开发需求。主题 10 涉及项目管理机构如何管理这些组织方面，与业主/发起人的结构有关。

（11）承发包

大型基础设施项目是在私营公司（例如承包商、咨询方和运营商）的参与下交付的。主题 11 是关于如何与这些外部方订立合同以及如何管理这些合同的问题。

（12）风险（威胁和机会）

主题 12 是关于项目管理机构如何管理项目中的风险（不确定性既可以转化为威胁，也可以转化为机会）以及如何与业主/发起人进行沟通。

12.4 IPAT 的改进版本(2018 版)

在进行了 IPAT 更多的评估之后,网络成员评估和改进了 IPAT。随着项目管理理论和质量规范(例如 ISO 21 500,国际项目管理协会项目卓越标准和欧洲质量管理基金会(EFQM))的发展,并根据网络在其大型工程中所关注的内容,可以预期诸如安全性和可持续性之类的主题在工具中占据了更重要的位置。

12.4.1 IPAT 改进版本的术语解释

IPAT 的改进版本涵盖了与大型基础设施项目管理相关的所有方面。它们被分为 8 个管理主题,而这些主题又可以分为四组:

- 内部情境——业主/发起人的主要职责:
  主题 a:政治情境;
  主题 b:目标、目的、商业计划(价值)和范围。
- 外部动力——项目管理机构和业主/发起人的共同责任:
  主题 d:风险管理和项目控制。
- 内部情境——项目管理机构的主要职责
  主题 e:组织和管理;
  主题 f:批复、授权和许可;
  主题 g:技术。
- 外部动力——项目管理机构和业主/发起人的共同责任:
  主题 c:利益相关者参与和沟通;
  主题 h:承发包和采购。

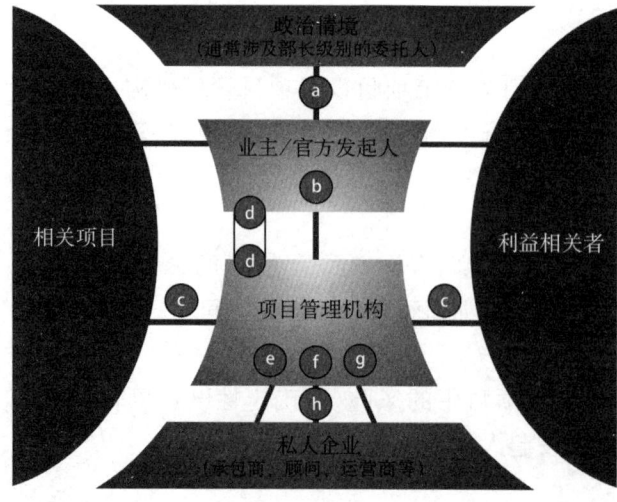

图 12.3　IPAT 改进版本的概念模型

12.4.2　IPAT 改进版本的主题

a. 政治情境

政治情境是大型基础设施项目的重要方面。该主题是关于项目目的和成果的政治共识程度,以及对政治关系的管理方式(主要是由业主/发起人负责)。

b. 目标、目的、商业计划(价值)和范围

该主题涉及业主/发起人如何定义、管理并更新项目的目标、目的、商业计划和范围,以及他们如何为项目筹措资金。

c. 利益相关者的参与和沟通

项目管理机构永远不会完全自主地采取行动并与利益相关者打交道。利益相关者可以是任何可能会影响、被影响或者感觉自身受项目影响的个人、团体或组织。项目管理机构通常与内部和外部各方(例如上级组织和当地社区,居民和利益集团,私营公司,例如承包商和企业,和/或其他(相关)项目)有紧密的联系,所有这些都可能影响项目的实现。主题 3 涉及业主/发起人和项目管理机构如何应对所有这些利益相关者。

d. 风险管理和项目控制

主题 4 是关于项目管理机构如何组织其项目团队以处理项目中的预警信号,管理风险(不确定性既可以转化为威胁,也可以转化为机会)以及如何与业主/发起人进行沟通。此外,主题 4 与项目管理机构和业主/发起人如何在成本、计划和风险方面组织项目控制相关。

e. 组织与管理

由于大型基础设施项目通常具有一次性特征,因此需要专门为此特定项目设置项目管理机构。项目管理机构具有自己的组织结构、文化和人力资源开发的需求。主题 5 涉及项目管理机构如何管理这些组织方面——与业主/发起人的结构有关。

f. 批复、授权和许可

对项目成功交付来说,批复、授权和许可是有条件的。主题 6 涉及项目管理机构如何管理批复、授权和许可。

g. 技术

大型基础设施项目中,项目管理机构通常面临技术挑战。主题 7 涉及项目管理机构如何将技术和功能要求转换为技术,以及该机构如何在技术创新和相关不确定性的情况下作出使用特定技术的决策。

h. 承发包与采购

当大型基础设施项目在私营公司(例如承包商、咨询方和运营商)的参与下交付时,主题 8 涉及如何与这些外部成员订立合同,以及如何管理这些合同。

12.5 IPAT 的适用性

IPAT 可以帮助评估项目管理机构和业主/发起人的当前和未来绩效,因此,IPAT 从项目启动到完成后均适用。IPAT 根据里程碑(M)区分了七个项目阶段,这些阶段标志着下一个项目阶段的开始。围绕这些里程碑,将应用 IPAT,以表明评估小组认为该项目已准备好进入下一项目阶段,评估小组通常由经验丰富的 NETLIPSE 项目代表组成。评估将分析出每个主题的优势和需要改进的地方。

IPAT 认可的项目阶段为:

M1,项目启动:

确定战略需求,但在此阶段虽然对社会和交通运输收益有初步了解,但仍未确定解决方案。此阶段对项目目标、目的和商业计划进行定义。

M2,资金筹集:

项目论证(范围、社会成本和收益)、支持、可以负担的立项以及如何融资、交付和合同策略的信息,开始与利益相关者交互以获取反馈、支持和许可。此阶段的最终目标是筹集资金。

M3,规划申请,作为征地的基础:

功能规格和许可、初步设计(由项目管理机构组织进行),包括选择首选设计,最终决定建造。经规划部门正式批准后,此阶段结束。

M4,投标:

详细设计直至施工,项目招标以及为开始运营和正在进行的资产管理做准备。该阶段的结束标志着施工的开始。

M5,执行:

功能规格的实际是执行施工阶段。未来的运营商和维护单位在项目实际完成时已完全确定。

M6,测试运营:

批准运营、定义维护和操作。成功调试后,即可开始运营。

M7,运营:

项目审查后:①结果本身(相对于范围),②如何实现结果,③如何传递项目经验。可以在开始运营大约五年后进行此评估。

在每个项目阶段,所有管理主题都是相关的。但是,主题的相关性在各项目阶段各异。IPAT 标记了每个特定项目阶段的主题的重要性程度。这些重要性程度在项目总分的计算中用作权重因子。

应用 IPAT 的另一种方法可以在更一般的项目阶段进行:

(1)由发起人决定是否通过:事前评估或"关卡式评审"。关卡式评审可以预先指出组织和管理中优势和劣势。

（2）在项目执行期间：监视并评估。"介于两者之间"评估可以表明管理层执行计划的能力及其适应实施过程中变更的能力。

（3）项目交付后：事后评估，以扩大关于组织和管理方法核心形式的知识，以进行项目计划和实施。事后评价就不同执行战略的优势和劣势产生了比较观点。

（4）作为组织项目组合中其他项目的基准。

这四个功能侧重于在执行之前、之中和之后以统一的方式对项目管理机构进行"测量"。通过这样做，可以定义经验教训以提高整体项目管理水平。

IPAT 可以用作"改进"工具，以帮助定义强项领域和需要改进的项目管理领域。以这种方式，该工具可以由项目管理机构本身应用。所有功能都在下一个方案中可视化（图 12.4）。

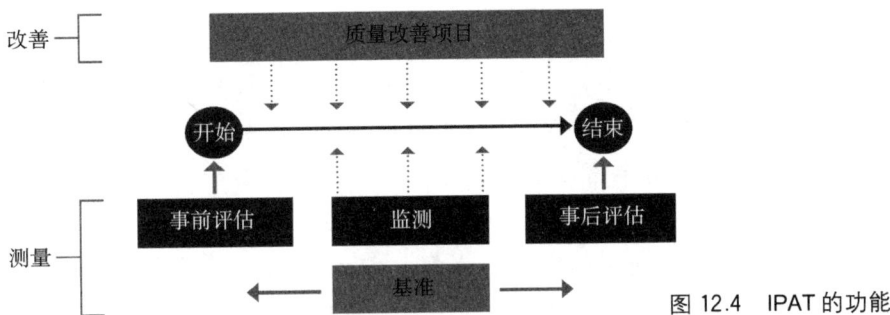

图 12.4　IPAT 的功能

12.6　IPAT 的经验

多年来，NETLIPSE 网络的训练有素的成员一直在各种项目中进行 IPAT 评估。例如，2015 年评估了新斯德哥尔摩地铁和 A6 阿尔梅勒高速公路扩建项目。在这一部分中，负责的项目经理将描述他们的经验。

IPAT 评估 2015 年斯德哥尔摩新地铁项目

斯德哥尔摩地铁新扩建项目是由六方协议开始的一项任务，该协议于 2014 年 2 月签署。地铁扩建的目的是通过建设 19 公里的新轨道隧道、新车站并增加轨道车辆来扩展现有系统成本，估算为 30 亿欧元。该协议指出，建设工作将于 2016 年开始，到 2025 年结束。

地铁扩建部分的组织规模开始时很小，第一年就发展成为一个规模庞大且发展迅速的组织。在此阶段，该组织的负责人发现，由具有重大项目经验的团队进行独立评估非常有价值。

2015年进行了IPAT评估,我们得到了以下经验:
- IPAT涉及整个项目管理过程,并且作为了解重大项目的驱动力;
- IPAT有助于使被评估的组织意识到总体目标的重要性以及即将完成的实际任务——商业计划的重要性;
- IPAT专注于重大项目中不同流程之间的关系。
- 在使用IPAT过程中,与评估人员的讨论非常有价值,我们能够对他们敞开心扉;
- IPAT往往是非常注重技术的,这可能是未来的发展动力;
- 对于组织而言,我们发现IPAT是非常有趣的,带给我们宝贵的经验。

里格特·安德森

IPAT评估2015年荷兰A6阿尔梅勒高速公路扩展项目

应用NETLIPSE项目评估工具(IPAT)已帮助项目团队在做招标阶段的准备工作。在从计划到招标阶段的过渡时期进行评估时,我们在使用NETLIPSE IPAT方面拥有丰富的经验。为IPAT做准备的小组会议,IPAT期间的访谈以及评估人员的反馈帮助我们专注于需要更多关注的主题。它帮助项目团队评估了整个项目范围及其环境,以便专注于使项目成功的主要主题。

A6阿尔梅勒高速公路扩建项目是史基浦—阿姆斯特丹—阿尔梅勒走廊总交通系统中的重要环节。由于阿尔梅勒市政府的预期增长以及阿姆斯特丹-阿尔梅勒公路路段的交通强度预计会增加,因此必须扩展现有基础设施的容量。另外,一个重要的目标是提高A6附近的宜居性。项目范围包括维尔沃德湖开发区的市政基础设施。在此区域,A6位置将降低,因此新公路将不再是障碍。在同一地区,将举办2022年世界园艺展览会,扩建的A6高速公路将穿过展览区域。因此,该路段需要及时开通以便于2022年花卉展览的举行。主要挑战是在施工期间保持当前的交通流量水平,以及将新公路设计和建造为零能耗公路。

IPAT是一种成熟的工具,定义明确且易于使用。评估方法是在接受直接反馈的同时,通过访谈收集相关信息。评估人员是来自同一领域的具有丰富经验的高素质项目经理。对话生动有趣,有助于获得反馈。让受访者根本感觉不到这是一种审核。

IPAT在诸如政治背景、业主支持和创新技术等主题上为我们提供了附加值。这些主题在我们的常规审核系统中通常被低估了,但是对于项目成功至关重要。

> 回顾过去,这是一次很棒的团队建设经验,尤其是这对于我们的组织来说是创新的。这似乎是对我们招标阶段的一次很好的排练。IPAT肯定会为大型基础设施项目的很多阶段增加价值。
>
> 英格堡·利滕贝格

第13章 总结

13.1 本章简介

本章是下篇的最后一部分,记录了参与 NETLIPSE 2006—2008 研究和出版《NETLIPSE:大型基础设施项目管理》一书原始写作团队的个人观点。这项为期两年的研究成果,是对欧洲 15 个大型基础设施项目管理和组织良好实践和经验教训进行研究的结果。本章的目的是阐述有关第 10 章和第 11 章中的定量和定性成果的个人总体观点。本章不仅回顾了 2008 年定义的良好实践,而且还展望了 NETLIPSE 未来计划,准备集中精力开展的活动中面临的挑战。

13.2 一份耕耘,一份收获

NETLIPSE 对我本人、我的未来发展和对大型项目的理解都是一件极佳的事情。十年过去了,我们似乎也已经取得了很大成就。这似乎是我所知道的关于那句简单的英语格言的最好证明:"你的投入得到了尽可能多的回报。"

2004 年,我第一次与一群热情的从事项目管理工作的荷兰人接触,他们的想法很明确,与他人共享重大项目的学习将有很大的优势。当然,起初我也很困惑。毕竟作为项目总监,我最喜欢的就是一个人全身心地投入项目中以保证一切顺利!为什么有人要通过学习别人的成功和失败来打破这份乐趣呢?我以为这会毁掉所有乐趣。

斯图尔特·贝克

他们(主要是伦特·布特和马塞尔·赫托)迅速使我相信了他们计划的合理性,由于我不是"项目人员"而是商业和运营铁路的人员,所以我认为了解一下这些项目是很不错的。但回想起来,我当时并没有被说服。因为当时我刚刚被任命为项目总监,承担救火任务,以挽救失败的英国西海岸干线升级项目,该项目耗资 135 亿英镑,刚刚完成爆破,由私营基础设施公司英国铁路公司管理。后来,我知道我需要快速学习,而且这里有我所需要的愿意自由分享经验和技能的人。

我很快对这个交流网络产生了热情，并于2006年5月主持了伦敦的成立大会。在当时的几天里，伦敦的温度高于整个欧洲的其他任何地方，迫于英国的气候，我们晚上在户外放松，商量讨论该网络要做哪些工作并应成为怎样一个网络。

通过对整个欧洲15个大型项目的定性研究，我们很快进入了研究的关键阶段，即项目成功的关键因素是什么。这15个项目包括我负责的英国西海岸干线，该项目现在以较低的成本(99亿英镑)达到了稳定状态，并且已经开始交付，接下来我们将通过定量工作探索是否有可能开发校准模型更科学地评估项目。定量研究的成果是IPAT，该工具已经经过测试，并已在欧洲成功使用。

对于NETLIPSE的所有人来说，这是一段令人着迷的时光。想象一下这是一件多么新奇的事，当时研究丹麦和瑞典之间的厄勒海峡通道项目，荷兰布滕佛铁路项目以及布拉迪斯拉发环路项目，虽然感觉有点像被扔进游泳池的尽头，但我们很快感受到这些项目之间的异同，并且迅速吸取了国际教训，比如不要急着催促承包商签订合同，而要像厄勒海峡通道项目一样，在临近截止时间即项目的开工日期再开始催促他们。我几乎没想到我会从布拉迪斯拉发环路项目学到项目转让的知识。这是一个日本的民间主动融资项目(Private Finance Initiatives，简称PFI)，骄傲的日本人从未想过强大的日元会被贬值到低于斯洛伐克克朗(货币名称)，导致没有足够的资金来完成该项目！这个教训就让我联想到我自己的城际快线项目，这是一项耗资45亿英镑，为期27年的私人主动融资项目，主要由日本银行提供资金！

我通过谈话和讲座从他人那里学到很多知识。NETLIPSE的正式部分和非正式部分的成果都足够震撼。厄勒海峡通道项目以及荷兰的南北高铁线项目暴露出的问题使我明白了在铁路项目中将基础设施、火车和信号/交通控制相集成的重要性。

这10年的工作虽然艰辛(荷兰的宝莲·斯塔欧合菲尔和我在约克度过了几个漫长的夜晚，为完成2008年的NETLIPSE一书，我们有着频繁的邮件往来，有时甚至到凌晨2点30分)，却十分有趣。

但有件奇怪的事，我曾两次在意大利现场电视直播中露面，阐述了我们的工作内容，却还被要求就意大利大选的结果及其是否会影响里昂—都灵项目发表评论。我礼貌地发表观点，大型项目的持续时间比政府任期持续时间更长，并礼貌地避免在句子结尾添加"特别是在意大利"。

我很享受和这么多经验丰富的人见面、工作、聊天、吃饭、喝酒和吹牛。我非常荣幸能够吸收并与其他人分享经验。我既喜欢学习又喜欢与他人交流，根本没有什么培训课能比这更能让你了解如何发起和管理如此大规模的项目。我强烈推荐NETLIPSE，我们一起展望未来的十年！

13.3 十年的NETLIPSE：回首与展望

NETLIPSE对我个人而言是一次有趣的旅程，因此很荣幸能够回顾十年来网络交流和知识发展的成果。在前面几章中，由不同的欧洲代表提交的文稿中可以看出一些趋势，我将重点介绍一些我最感兴趣的内容。

埃迪·韦斯特维尔德

首先，值得注意的是，十年前制定的几乎所有良好实践在当今实践中仍能得到广泛认可，这似乎是一个显而易见的结论，但仍然是一个有意义的结论。因为它意味着尽管我们周围的世界已经发生了很大变化，良好实践在这段时间内依旧相当稳定。挑战可能不只是定义新的良好实践，而在于实施我们已经意识到的良好实践。其次，有必要回答以下问题：为什么我们不能像我们希望的那样，更多地在我们的项目中成功实施这些良好实践？从我的角度来看，这个问题的答案主要有以下几个方面：

- 良好实践始终需要适合特定项目的特定目标和环境，解决方案的完全复制绝不是成功的秘诀。
- 从经验中学习。通过理论或者书本上的内容来理解良好实践固然有用，但肯定与真正的项目经历有所不同，无论项目是否成功实施。
- 整合变更是需要和人打交道并由人完成的。组织变革的动态性是十分复杂的，仅基于理论知识自上而下实施良好实践的空想很少能取得成功。

阅读以上内容可能会使我们对实现良好实践有些悲观，但第11章的描述也显示了一些有希望的结果。在组织变革的领域中，并非所有人都是一团糟并且注定要失败！最值得一提的是，我发现与利益相关者管理和风险管理相关的良好实践是合并使用的。NETLIPSE项目在这两个领域的贡献显示出实践上的重大改进。利益相关者管理现已被广泛认为是项目成功的重要因素，并且我们已经达成共识，即除了"管理利益相关者"，我们还需要关注适当的"利益相关者参与"。对于风险管理，我们发现将这种方法作为项目的主要指导机制之一已成为整个欧洲的管理惯例。

当我们进一步展望未来时，从贡献中会得出一些有趣的观点。虽然良好实践可能会保持稳定，但我们所开展的项目的复杂性仍在增长。复杂性在不断增长的原因有：

- 从新建项目到既有项目。特别是在西欧，我们发现从新基础设施建设到调整、升级、翻新和改造现有基础设施的重点发生了转移，这增加了复杂性，因为在实施项目时我们还需要保持现有资产的正常运转。
- 对IT解决方案的依赖性增加。满足需求的IT解决方案在大型基础设施的范围中的重要性逐渐上升。与土木工程设计相比，IT解决方案的容错率更低。IT解决方案具有多个默认界面。因此，对IT解决方案和技术的依赖增加了复杂性。

- 功能组合。项目的目标已变得更加广泛。未来的项目不仅仅是建设坚固的基础设施，还需对满足自然发展、住房、商业和可持续性方面的需求予以考虑。

如今，大型基础设施项目在管理其复杂性方面已经面临挑战。未来趋势表明，这些挑战正在加剧。NETLIPSE可以成为知识开发工具，通过寻找和研讨合适的管理策略（例如动态和自适应管理）来应对未来几年的这些挑战。

13.4 未来的主要挑战

2008年NETLIPSE定义的八个主题仍然是检验大型基础设施项目管理最新技术的坚实基础。十年前，项目在成本超支、工期延迟和利益相关者冲突方面存在严重问题，这说明需要改进项目管理本身。

马塞尔·赫托

相信在即将到来的十年中，这仍将是一个挑战！世界已经发生改变，如今我们的视野得到了进一步拓宽，下篇中的贡献也表明了这一点。受大家贡献的启发，我将讨论七个主要挑战，并举例说明。

（1）项目重点—网络聚焦和资产管理

大型项目是路网的重要组成部分，比如设计—施工—融资—运维—管理（DBFM）合同通常有利于单个项目本身，但可能对整个网络产生不利影响。在某些组织中，"权力"正在从项目管理部门转移到资产管理部门。

（2）基础设施瓶颈—可持续发展

在城市地区，新的基础设施建设需有助于城市向更宜居、可持续发展转型。例如，荷兰马斯特里赫特的高速公路新隧道，它不仅是隧道，更重要的作用是使公路西侧和东侧两个城市区域之间重新连接，并促进隧道顶部和附近的新城市发展（房地产、绿地）等。

（3）预算导向—价值驱动

我们是否无论如何都要避免项目原始构想的成本超支？不一定，如果同时创造了足够的额外价值的话。当前项目的重点越来越多地趋向放在创造价值上，尽管社会成本效益分析（Societal Cost Benefit Analysis，简称SCBA）需要进一步发展，但创造价值受到的关注日益增加是一个征兆。在评估项目是否成功时，不要马上就下结论。厄勒海峡通道项目在开放后的头几年，当时的评估并不认为该项目非常成功，但是如今，在过境两岸的社会价值方面，它无疑已被公认为是成功的。

（4）控制—自适应管理

社会在变化，我们对资产的要求也在变化。十多年来，我们一直试图在项目的早期阶段（即工程可行性研究和设计）适应变化，但是在资产的生命周期中如何适应？例如动态签约以找到适应变化的方法(如上文提到的 DBFM 合同模式)，或者技术上的自适应结构(如为适应港口的深化而设计施工的码头)，或组织管理上的自适应变化。

(5) 管理是一个孤立的过程—集成方法

需要强调的主题是设计过程。在荷兰代尔夫特理工大学，我们尝试将设计过程与管理和决策过程联系在一起，虽然各方意见并不总是一致的。例如，合同签约和利益相关者参与和集成设计有密切关系；BIM 可以支持上述管理过程。

(6) 专家—T 形专业人员

该行业组织的反馈表明，只有少数项目经理能够以综合的方式思考和采取行动，并具有开放的态度和能力来建立和推动业主、承包商和利益相关者之间的长期合作关系。行业中的教育系统和功能仍以专家为中心，而当前的挑战则需要具有更广泛、更综合的专业人员："T 形"专业人员。他们具有丰富的内容知识(深度)，具有在不同情况下(广度)成功采取行动的能力。当然，对于那些参与应对当前社会挑战的人来说，需要"T 形"；对于专家来说，也需要"T 形"，因为他们将在团队中作出贡献，需要更好地了解其他专家并获得更广阔的视角。

(7) 临时学习—结构化学习

尽管 NETLIPSE 是良好实践，但是在项目内部和项目之间以及与上级组织之间的知识交流仍然很少。此外，科学的学习模式需要加强。因此，从过去的经验中学到知识并使之结构化(我们称为结构化学习)是未来几年荷兰代尔夫特理工大学项目管理领域研究的重点之一。

13.5 NETLIPSE 和共享良好实践的需求

对我来说，NETLIPSE 一直是一个振奋人心的项目，甚至本身更像是一个项目群。在其存在的十年来，这个网络一直在适应不断变化的环境和不断变化的发起人要求。令人惊讶的是，在 NETLIPSE 网络中的代表各组织和国家的众多项目主管和经理、项目发起人和研究人员积极地提供的反馈中，目前只有 2008 年定义的一些良好实践是常见的项目管理方法。这些通用方法似乎高度集中于硬性项目管理技能，例如风险管理、合同和法律许可。即使十年后，2008 年定义的一些挑战在今天仍然是挑战，有时甚至比今天还更具挑战性。

宝莲·斯塔欧合菲尔

利益相关者管理就是这样一个主题。标题改为"利益相关者参与和交流"是 2010 年专门针对该主题组织的特别兴趣小组进行首次深入讨论的成果。此后，在许多网络会议上，利益相关者问题和方法都有被讨论过。通过透明的沟通进行积极对话和通过参与来管理利益相关者的这一原则仍然有效，并已被证明可以带来积极的结果，例如荷兰阿姆斯特丹南北地铁线和瑞典斯德哥尔摩地铁扩建项目。

未来的趋势表明,"合作"的想法正越来越被大家接受。不止是业主机构和市场合作伙伴之间通过某些政府设定的合同形式形成的合作,直接受项目影响(或感觉受到影响)的业主机构和利益相关者之间以及项目与相邻项目之间的合作也是如此。合作伙伴关系是未来的前进之路,事实也证明这是一项出色的举措(NETLIPSE所致),该合作伙伴关系产生于荷兰公共工程及水管理局和瑞典交通局于2014年签署的合作伙伴协议,专注于知识和人员交流。荷兰公共工程及水管理局于2015年年底表达了其"市场愿景",描述了他们的活动内容,为了与大型基础设施项目交付的组织链更好地合作。

自从2008年与他人合著了NETLIPSE的书以来,我已经学会了质疑我们是否真的可以定义一个"良好实践"。正如埃迪之前指出的,任何项目因其独特性需要对应特别的方法,在一个国家行得通的东西不一定在另一个国家也能行得通。对于未来,我建议NETLIPSE继续专注于综合、讨论和发展"良好实践"。业主机构想要改进他们的项目管理,可以使用这些良好实践作为灵感。我认为,在未来几年,这些良好实践应该能够解决今天面临的挑战:合同和采购、伙伴合作、利益相关者参与、人力资源管理等,即找到资金和合适的人选。

NETLIPSE还应该在我们的项目管理方法中关注新的挑战性主题,例如可持续性和安全性。国际项目管理协会(IPMA)卓越项目基准是指项目可持续性所必需的十项联合国全球契约原则,包括人权、劳工、环境和反腐败等领域。初步的展示和讨论已经表明,业主机构在其项目中解决这些主题的方式有很多差异。这些良好实践在未来将是有趣的讨论和研究。

尽管在某些国家,比如荷兰,新项目的类型和管理策略的重点正在转向项目维护、升级和资产管理,但是在许多NETLIPSE合作伙伴国家中,基础设施(公路、铁路和水利)的投资计划和挑战仍然巨大。有些国家,例如爱尔兰和葡萄牙,已经度过了经济危机,并且正在启动被搁置的项目,很高兴看到这些国家的基础设施计划重回正轨。

我期待着能继续讨论如何改善我们的项目交付品质,并在今后的NETLIPSE活动中找到共享良好实践的有效方法,希望到时你能加入我们。

第14章 NETLIPSE 案例资料汇编

14.1 荷兰布滕佛铁路项目

荷兰布滕佛铁路项目 NETLIPSE 案例研究报告总结

事实和数据	
国家	荷兰
建设内容	新建铁路
建设目的	货运
长度	160 公里双轨
交通运输量	7 400 万吨货运量/年
融资	
融资类型	公共资金
欧盟资金	1.36 亿欧元
时间进度	
原计划进度	实际实施进度
1995 年	2005 年初
2004 年	2006 年底
完成日	2007 年 6 月 16 日
现状(2008 年)	运行中
成本(1995 年价格,百万欧元)	
1996	3 744(决策预算)
2007	3 861(项目决算)

项目目的与范围

布滕佛铁路是一条 160 公里长的双轨货运专用铁路线,它连接着鹿特丹港和德国边境的泽弗纳尔—埃默里奇。

这条新铁路线将成为荷兰货运铁路的骨干线,并将使荷兰接入欧洲铁路货运网络。此外,它与巴伦德雷赫特、基弗霍克调度车场、海尔德马尔森、埃尔斯特和泽弗纳尔的现有轨道相接。该项目还包括在马斯弗拉克特码头、基弗霍克调度车场和瓦尔堡分别建造一个新车场、一个调度车场和一个集装箱码头。简言之,布滕佛铁路的建造有以下好处。

环境:

为货运铁路交通运输提供可持续的解决方案,同时缓解公路过载的现象。

经济:

提高鹿特丹港的竞争地位;

提供有经济吸引力的货运铁路交通运输。

项目历史

上世纪80年代末,在鹿特丹港口及其德国腹地之间修建一条专用铁路线的倡议被提上了政治议程。1991年,荷兰的一份政策文件提出了"结构方案、运输和交通"这一倡议。保护环境和确保社会的可持续性是荷兰政府的重要政策目标,因此布滕佛铁路被视为环境友好型基础设施投资的典范。

此时,由于社会试图在荷兰这样一个人口密集的国家建设大型项目,导致越来越多的人和组织要求获得发言权,从而导致了大量的争议。荷兰政府的结构正在努力适应这种更具挑战性的环境。随着时间的推移,开放态度的出现催生了交互式的过程管理,利益相关者被认可并更多地参与项目过程中。而布滕佛铁路项目极大地推动了更具包容性的利益相关者管理。

一旦规划进入政治决策阶段,该项目就由于扯不清的争论、利益纠葛以及对当地利益相关者的影响成为争议焦点。然而,荷兰议会最终于1994年批准了这项投资。

1994年,公民可以对该项目的初步路线提案做出回应。在调查中总计收到超过5 500份书面回应,这显示出公众对本项目的高度热情。公众的主要回应是对建造布滕佛铁路的必要性提出质疑,并要求政府采取减轻影响的措施。

在接下来的几年里,该项目的执行引发了政治争论。1998年,在政府最终裁定该项目应按计划进行后,施工正式开始。2007年夏,荷兰女王贝娅特丽克丝正式宣布布滕佛铁路开通。

成本与融资

当该项目第一次提出规划时,成本预计约为11亿欧元。当时,该项目的范围是更新鹿特丹和埃尔斯特之间现有的"布滕佛铁路线",这与最终交付的项目完全不同。出于可持续性和环境影响的考虑以及当地利益相关者的需求,对项目范围进行了变更。在规划过程中,鹿特丹和泽弗纳尔之间修建了一条避开城镇中心的新轨道。1998年,在更多的隧道和A15高速公路的建设被纳入项目范围之后,其总成本上升到约42亿欧元。

图 14.1　项目地理范围

布滕佛铁路的建设几乎完全由政府出资，当然欧盟也提供了少量资金。然而，在布滕佛铁路建设的早期阶段(1995年)，也曾计划使用私人资金资助该项目的一部分。当时的想法是，约占建设资本成本的20%(6.8亿欧元)由私人出资，而私人投资者将在最终的铁路使用收入中获得分红。

在2004年，采用私人资金对布滕佛铁路进行投资变得高度不确定。交通部长在信中透露，私人出资似乎是不可能的，这是因为过路费在短期内最多只能涵盖可变成本，即使长期来看，也只能涵盖一部分固定成本。这意味着政府需要在未来几年为运营提供资金支持。

项目组织与管理

荷兰交通运输部担任布滕佛铁路项目的法人，而交通大臣负责该项目的执行。

大臣每半年通过进展报告向众议院报告该项目。这一进度报告连同其他需要就该项目作出政治决定的未决问题，在处理荷兰交通运输部相关问题的众议院独立委员会中进行讨论。

在该项目中，项目法人与荷兰国有铁路基础设施管理公司（以下简称"ProRail公司"）的关系随阶段而变化，ProRail公司是受荷兰交通运输部委托来执行这个项目的。在项目早期的各个阶段，ProRail公司在项目管理机构中扮演着非常积极的角色，甚至能够处理项目目标这类需要在议会讨论的问题。

这种情况在1995年前后发生了变化，当时荷兰交通运输部和ProRail公司分别扮演不同的角色。交通运输部负责吸引最终用户使用线路、进行政治沟通，监督和评价ProRail公司的绩效。ProRail公司主要负责在限定的范围、预算和规划内执行项目的建造任务。项目管理机构作为一个独立的实体在铁路组织中负责项目交付，并在本质上作为业主服务于施工单位。

1998—1999年开始，随着工作性质变化，荷兰交通运输部和ProRail公司之间合作愈加密切。2002年，荷兰交通运输部认为自己对该项目中的日常参与过于密切和详细，因而"退后"了一点，从而使责任分配得以明确。

ProRail公司项目总监直接管理一位施工总监，负责所有的施工合同；还有另外两名支持人员，他们分别担任项目控制主管以及交付和验收主管。项目控制部门的责任则是质量管理和人力资源管理。

除了向有关部门报告进展情况外，ProRail公司目前正在与鹿特丹和阿姆斯特丹港口管理局共同制定轨道维护和运行准备计划，它也为新成立的"Keyrail公司"提供50%的资金，而Keyrail公司将在2007年至2012年期间运营布滕佛铁路。

在项目过程中,利益相关者关系管理发生了变化。虽然货运线路为国家带来了好处,但其附近的居民只看到了坏处。在早期阶段,项目管理机构的重点是获得部长级/国家级议会级别的项目批准。而在最近的详细规划和建设阶段,该组织的注意力才转向与公民和地方当局的沟通。这造成了不幸的后果,特别是在海尔德兰省—由于许多地方当局人员、当地社区以及个人的法律反对,这条铁路的规划和建造工作已经中断。

起初,ProRail 公司不愿意参与像布滕佛铁路这样政治敏感的项目。随着 ProRail 公司准备接管并运营新建轨道,这种情况不可避免地发生了改变。

组织图

荷兰交通运输部、ProRail 公司和项目团队之间的关系如下:

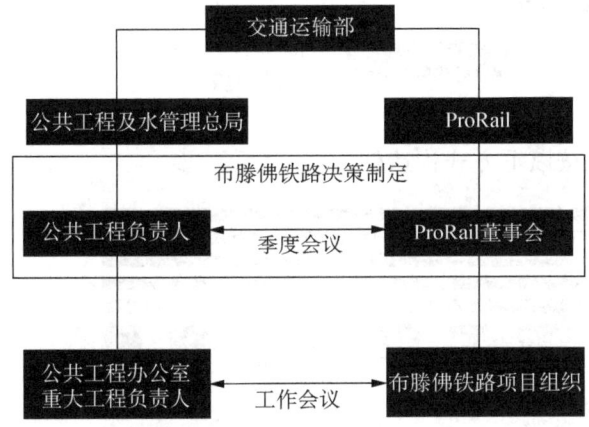

图 14.2　布滕佛铁路项目相关关系

而目前的项目团队结构如下:

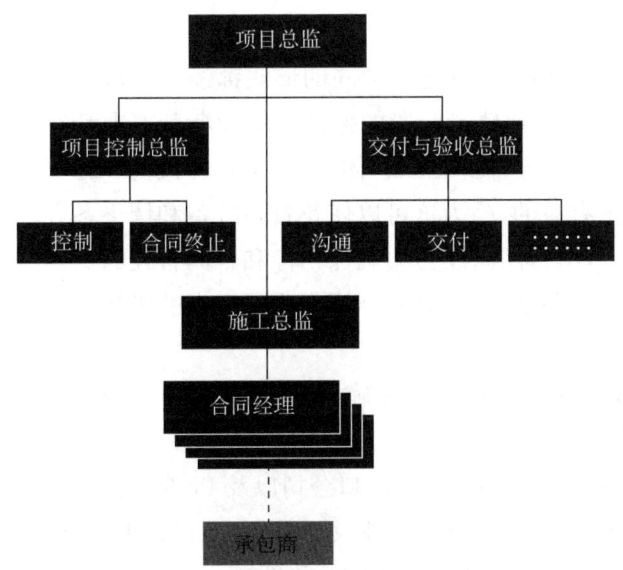

图 14.3　布滕佛铁路项目组织

在项目实施期间，布滕佛铁路项目组织引入了彩虹式组织结构用于建立制衡制度。

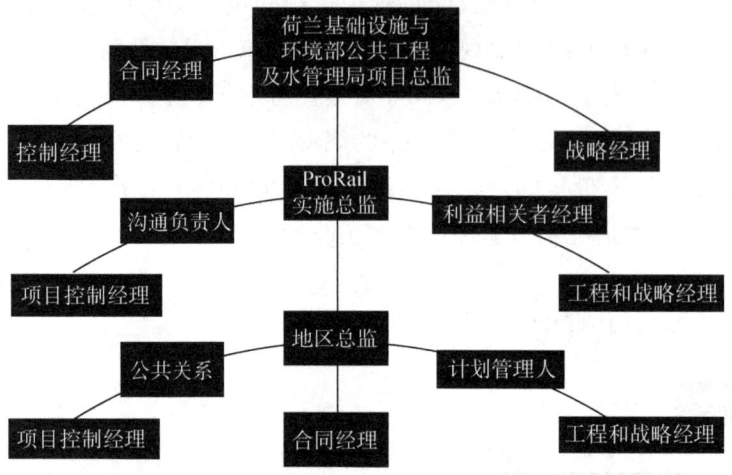

图 14.4 实施阶段的布滕佛铁路组织

当时的下部结构和上部结构合同是按以下方式构造的。

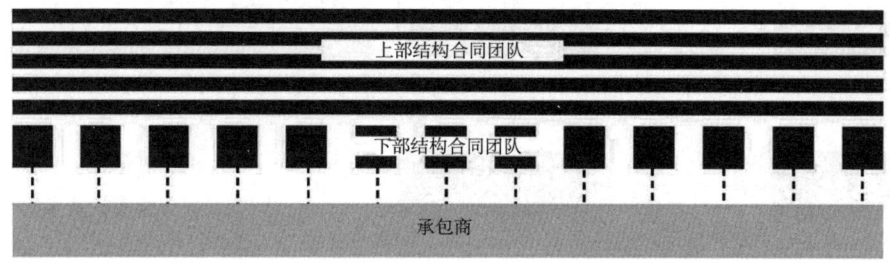

图 14.5 实施阶段的布滕佛铁路合同团队结构

承发包

在承发包阶段，该项目被划分为多个合同，而且这些合同的形式都经过了审慎的考虑。由此，签订了隧道设计和施工合同、大多数轨道区段的标准招标和斯利德雷赫特—霍尔克姆路段的一项特别合同，其形式为联合体。在联合体中，项目管理机构和施工单位合作分担风险和优化成本。这是非常有益的，因为这可以使花费在准备和调整各方的目标上的精力限制在联合体内部。此外，项目团队还努力确保招标和合同管理的律师团队具有连续性。在考虑提出合同索赔或进行抗辩时，背景知识带来了巨大的优势。

项目运行

这条线路直到 2005 年项目全寿命周期的最后阶段才确定运营方，这导致在与铁路潜在服务运营商打交道时出现了问题。

在开始的五年，布滕佛铁路将由鹿特丹和阿姆斯特丹港口公司以及 ProRail 公司组成的联合体进行运营。该联合体将以 Keyrail 公司的名义负责交通控制、运量管理和维护。Keyrail 公司的目标是在未来五年内占据荷兰铁路货运市场 55％的份额。为支付前 5 年的维修费用，交通运输部已同意出资 7 600 万欧元。商业开发的风险由 Keyrail 公司承担。

年份	运量(吨)
2010	2 500 万
2015	2 900 万
2020	3 400 万

来源：ProRai-布腾佛铁路商业计划 2004

14.2 斯洛伐克布拉迪斯拉发环路项目

斯洛伐克共和国布拉迪斯拉发环路项目 NETLIPSE 案例研究报告总结

事实和数据	
国家	斯洛伐克共和国
建设内容	新建公路,包括桥梁和隧道在内的公路
建设目的	减少拥堵,改善交通状况,完善网络
长度	12.7 公里
交通运输量	双向双车道
融资	
融资形式	欧盟团结基金、欧洲投资银行贷款、商业银行贷款、插图销售(sale of vignettes)—通行费
欧盟资金	2 800 万欧元(团结基金),1 500 万欧元法尔计划赠款(不包括欧洲投资银行贷款)
时间进度	
1999—2005 年	密那瓦到塞内卡(6.7 公里)—东段
2003—2005 年	维登斯卡到普利斯塔夫尼桥(维也纳公路—河港大桥)3 公里—中段
2003—2007 年	拉马察段到布拉迪斯拉发西部 3 公里路段完工
成本(2007 年价格水平,百万欧元)	
2007 年	242(项目完工成本)

项目目的与范围

布拉迪斯拉发环路并不能作为一个概念实体,而是两个国家公路方案的产物,两条分别为东西向和南北向的公路在布拉迪斯拉发汇合,通过西部郊区,然后向东穿过城镇的南部和东部,提供相当于环线的功能。作为整个国家项目的一部分,这些计划的个别组成部分并没有详细的目标。不过,该计划预期将减轻布拉迪斯拉发的交通堵塞,改善当地及长途运输时间,从而刺激斯洛伐克和泛中欧地区的经济发展。

项目历史

东西高速公路的最初概念萌生于战前的捷克斯洛伐克,但随后的动荡、边界变化和战后重建导致直到20世纪60年代才制定了更连贯的计划。当时虽有建设一条高速公路连接布拉格到俄罗斯(现在的乌克兰)这样一个清晰的愿景,但在某种程度上这条边境公路的建设是间歇性的,到1993年捷克斯洛伐克联邦解体时,其境内总长度517公里的公路中有52公里已经建成。2007年1月,仍有45.2公里处于在建状态,203.4公里处于规划状态。工程仍在继续进行,预计整个D1高速公路完工日期为2020年。

布拉迪斯拉发环路的两段分别从密那瓦—塞内卡和维登斯卡到普利斯塔夫尼桥(维也纳路—河港大桥)。首先开始建设的第一段公路全长6.7公里,于1999年开工,2005年全线通车。第二段公路长3公里的工程于2003年3月开工且已于2005年全面通车。

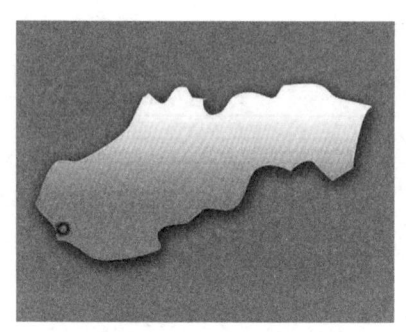

图14.6 项目地理范围

这条南北向的公路现在被称为D2,最初的设想是把它作为捷克斯洛伐克公路网的一部分。布尔诺到布拉迪斯拉发北部郊区的第一期工程于1980年竣工,全长58.4公里,位于今天的斯洛伐克境内。从布拉迪斯拉发南部到匈牙利边界的第二段公路于1987年完成,且两段之间存在空隙。连接两座桥梁的"拉马"路段长3公里,要求在"小喀尔巴阡山脉森林"下修建长1.3公里的隧道以及7座桥梁。这方面的工作始于2003年,但因贷款融资谈判、国有银行私有化(需要重新草拟/转让证明文件)、跨阿尔卑斯隧道严重火灾后的设计变更等事件而出现拖延,导致该部分直到2007年6月才开放通车。

成本和融资		
部分	数量(百万欧元)	长度(km)
密那瓦—塞内卡	87	6.7
拉马	100	3
维也纳公路—河港大桥	55	3
总计	242	
资金来源		
欧洲投资银行	99	
欧洲进出口银行贷款	100	
团结基金	28	
法尔计划赠款	15	

项目组织与管理

整个项目得到斯洛伐克政府的支持,交通部的官员通过斯洛伐克国家高速公路公司监督交通运输,而财政方面则由财政部负责。国家高速公路公司通过签订合同将设计和施工外包出去。国家高速公路公司需要向交通部提交月度报告,并通过季度进度会议予以强调。个别的变更指令必须在单独的会议上与部里讨论,且都需要得到部里的批准。由于整个高速公路工程的每一段工程范围有限,工程性质零散,因此并未专门设置本路线的项目管理机构。国家高速公路公司已经认识到,虽然独立咨询工程师与承包商的关系最初被认为是有点敌对的,但其参与有助于其与承包商形成更协调一致的关系。

利益相关者管理一直由国家高速公路公司领导,并遵循规划法律中规定的严格程序,这些程序在一定程度上可以追溯到前几届政府。第一个关键步骤是在环境部的控制下编制一份环境影响报告(Environmental Impact Statement,简称 EIS)。由于该部门与方案的准备工作没有直接联系,也不具备任何专业的工程技术背景,因此,从工程的角度来看,这个过程所做出的选择既不能提供最佳的经济价值,也不一定代表最佳的环境选择。获得议定的环境影响报告后,国家高速公路公司开始与其他利益相关者进行协商,这一过程以当地市长办公室内所涉职员为中心。在地方市长颁发必要的建设许可证之前需要召开公共会议,以确保与项目本身完全无关的地方需求得到满足。

应当指出的是,虽然这方面的问题是建造布拉迪斯拉发环路的一个重要因素,但最近的立法已使地方市政当局的权力大大屈从于国家规划战略和计划的影响。

与其他地方所观察到的做法相反,一旦获得所有地区许可,利益相关者管理的责任就会移交给承包商,此后,这一过程被定性为"抱怨驱使的被动反应",而不是积极主动和信息引导的主动作为。

组织图

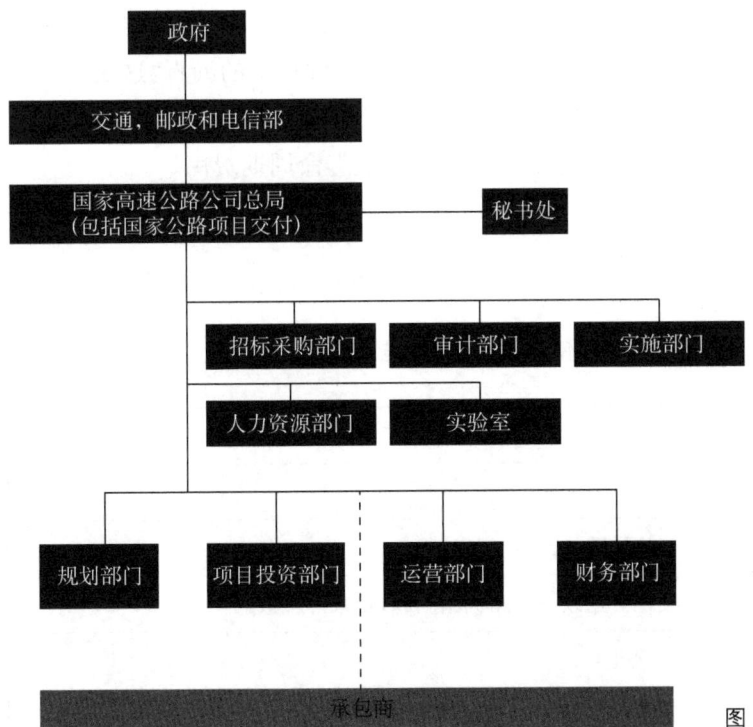

图 14.7　布拉迪斯拉发环路组织

承发包

所有的承发包都是按照国际咨询工程师联合会（FIDIC）发布的指导方针进行的，因为这是欧洲投资银行和欧洲进出口银行提供贷款融资的要求。对于每一个单独的路段，国家高速公路公司首先承发包所有初步的探索性研究和设计工作。一旦设计完成，就需要根据斯洛伐克法律签约并进行详细的工作包分配，这与欧盟的惯例是一致的。选择的首要标准是价格。

承包商负责质量保证和控制，国家高速公路公司工程师在施工过程中会对其进行全面检查和监督。总承包商负责分包商的聘用和控制。合同是固定价格形式，但材料单价的大幅上涨会导致重新谈判。

根据经验，人们已经认识到合同风险是不平衡的。合同条款并不是"背靠背"的。例如，环行路拉马段锡蒂钠隧道测量和初步设计的不良成果导致了随后的成本增加等重大问题，承包商以国家高速公路公司提供的投标依据信息不准确为由，向国家高速公路公司提出索赔。然而，国家高速公路公司与设计承包商之间的合同条款使得成功解决索赔的可能性备受质疑。在另一个例子中，进出口银行贷款协议的条款是以日元计价的，随后的汇率波动没有得到对冲，从而使国家高速公路公司和交通部暴露在风险中，困难接踵而至。

项目运行

在研究案例时，该项目已经实施部分的交通量水平已超过原来的预测。第三方专家已经证实，总体而言，最终设计和施工的标准都很高。该项目涉及的技术创新是有限的，从维登斯卡到普利斯塔夫尼桥的大部分路段都铺设了一种环保的沥青，这是欧盟资助的试验的一部分。这种材料的使用降低了噪声，提高了地表水的径流和排水效率。然而，需要仔细监测特定范围的状态，以确定是否会增加全寿命周期费用。

14.3 瑞士圣哥达基线隧道项目

瑞士圣哥达基线隧道 NETLIPSE 案例研究报告总结

事实和数据	
国家	瑞士
建设内容	新建隧道与铁道线
建设目的	减轻公路以及铁路拥堵问题，带来环境效益
长度	57 公里
交通运输量	到 2020 年，预计承担 29%的跨阿尔卑斯山货运量

(续表)

融资	
融资形式	抵押税,必要时提供贷款融资,最高可达成本的25%
欧盟资金	0
时间进度	
原计划进度	实际实施进度
1996 年	2009 年
1999—2000 年	2011 年
2002 年	2014 年
2005 年	2015 年
当前	2017 年
现状(2007 年中)	完成隧道挖掘的 2/3
成本(1998 价格水平,百万欧元)	
2001 年	4 079(决策预算)
2006 年	5 900(项目预算)

项目目的与范围

圣哥达(Gotthard)基线隧道项目在苏黎世至米兰的路段上穿过阿尔卑斯山。目前在阿尔卑斯山下修建的隧道是新阿尔卑斯铁路枢纽网络项目的一部分,以及最近向西开放的第二条隧道,即勒奇山基线隧道,两者都是瑞士交通基础设施建设的一部分。

坡度较平缓的新隧道将利于更长,更重的火车运输。此外,该隧道将包括通过连接通道连接的双孔隧道,其建成后将有助于缓解公路和铁路拥挤以及打破通行能力的限制,并有助于改善跨阿尔卑斯山交通运输对环境的影响。

项目历史

瑞士的交通基础设施规划主要基于宏观战略。新阿尔卑斯铁路枢纽网络与其平行项目(即振兴瑞士铁路网络的 Bahn 2000 项目①)均已通过全民公决。正如 1994 年通过的所谓的"阿尔卑斯倡议"一样,该倡议使阿尔卑斯地区的所有发展都受到限制。这些措施具有保护环境和促进跨阿尔卑斯山交通运输向铁路模式转变的作用。随着时间的流逝,政界人士和官员越来越意识到环境问题的政治重要性以及选民对环境问题的重视。而新阿尔卑斯铁路枢纽网络在项目初期就意识到了环境保护的重要性,并在一定程度上重塑了该项目的初衷。为了表达这种想法,从那时起就形成了"瑞士最大的环境保护项目"的口号并开始付诸实践。

同时,欧盟一直在寻求提高其交通运输基础设施效率的方法,这将增加通过阿尔卑

---

① Bahn 2000 是瑞士联邦铁路于 1987 年成立的一项大型项目,只在提高瑞士铁路网络的质量

斯山的交通量和车轴载荷来实现。这可能会严重破坏瑞士与欧盟的关系，但瑞士与欧盟达成协议，鼓励直接或通过"背负式"卡车或火车上的拖车使用铁路，并征收过境税，这些措施旨在提高基础设施效率。

尽管在1992年新阿尔卑斯铁路枢纽网络已经被批准通过，但就该项目如何交付引发了广泛的辩论，尤其是项目的融资模式和规范备受挑战。由于与两个项目相关的州必须保持对项目的支持，圣哥达和勒奇山隧道的需求也反映了权力政治。然而，决策人员改变了融资模式，将更多的负担增加在了道路税收上，并制定了20年的规划和建设框架。缩小了该项目的建设范围，只有部分勒奇山隧道仍保持双轨道，而两个隧道的一些连接轨道则被放弃。

除了针对范围和财务方面的讨论，还出现了一个常设议会委员会或代表团的概念，即新阿尔卑斯铁路枢纽网络监督代表团，它已成为在不断变化的政府行政部门、议会、联邦交通运输局以及项目主管部门之间提供一定程度连续性的桥梁。

在与圣哥达隧道直接相关的三个州中，有两个州在整个项目中都给予了支持。而第三个州乌里州，强烈反对该项目的建设，并试图获得更多的隧道线位。该项目从1997年就开始努力解决这个问题，但直到2007年才获得最后的建设批准。许多人认为，乌里州最终同意以次优的地面路线来换取一些隧道特许权以及后期的承诺，可能已经失去了选择占地较少的解决方案的机会。

关键项目的里程碑事件规划如下：

1992年	对新阿尔卑斯铁路枢纽网络整体概念的接受
1993年	首批资金发放；探索性钻孔建立地质条件
1994—1998年	针对大多数路线达成一致；项目范围和融资安排的最终定稿
1998年	建立圣哥达阿尔卑斯交通公司作为瑞士联邦铁路的子公司
1999年	隧道动工准备
2002年	启动主体工程建设
2004年	完成34%的隧道挖掘工作
2005年	完成50%的隧道挖掘工作
2006年	完成66%的隧道挖掘工作
2007年	隧道的最后一部分开始动工；乌里州签发最后的建筑许可证；项目预计于2017年完成

成本与融资

该项目是特殊金融计划公共基础设施项目融资基金所资助的。公共基础设施项目融资基金还资助了Bahn 2000，并为瑞士东部与高铁网的连接以及高速公路和铁路沿线的噪声改善措施提供了资金。短缺的准备金由计息贷款（最多为预算额的25%）弥补。如前所述,公共基础设施项目融资基金的资助期限为20年,这使项目的资助脱离了政治舞台。

最初的总资金分配额只包括了15%的应急储备金,如果短缺资金无法在其他地方进行抵销,则任何资金短缺都必须由瑞士联邦运输局要求以外资金来弥补。显然,除了地质条件这一最大的不可控未知因素外,储备金还必须为项目范围的变化提供资金。正如已经指出的那样,该储备金已经在与乌里州的谈判中显示了重要意义。在详细的成本分析中所增加的52%的成本,一半是由于安全法规和技术进步带来的变化;20%是由于比预期更差的地质条件;与政治相关的延误占14%;10%是由于合同的承发包和交付,另外还有6%来自环境和其他类似要求。

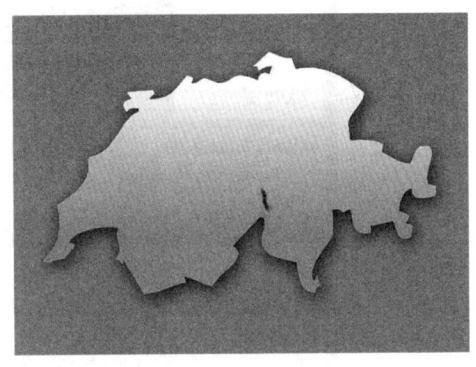

图14.8 项目地理范围

项目组织和管理

瑞士联邦委员会通过各种机构来履行其职责,例如在圣哥达基线隧道项目中,瑞士联邦环境、交通、能源与通讯部下设有瑞士联邦运输局。瑞士联邦铁路最初直接负责该项目,但在1998年成立了全资子公司圣哥达阿尔卑斯枢纽公司(AlpTransit Gotthard,简称ATG),由该公司继续负责执行该项目。与这些实体并列的是先前提到的新阿尔卑斯铁路枢纽网络项目的监督代表团(NAD),该代表团代表联邦议会行使监督和询问角色,并召集所有其他有关方面定期进行报告。

瑞士联邦环境、交通、能源与通讯部设置了该项目执行过程中应遵循的方法。该方法在新阿尔卑斯铁路枢纽网络控制条例中颁布。新阿尔卑斯铁路枢纽网络控制指令是一本定期更新的管理手册,涵盖诸如绩效标准、成本、财务报告以及目标工期和里程碑等问题。

虽然重要的管理人员驻扎在靠近主要建筑工地的地区办事处,但是阿尔卑斯枢纽—圣哥达的总部位于卢塞恩。该项目的组织机构分为规划部门、隧道和轨道建设部门、铁路工程部门和商业部门。项目的风险管理是评审过程的重要组成部分,贯穿于项目的全过程。该项目的风险管理过程以尽早实施、公开、重复执行为原则,其与投标人共享,亦与承包商共享。就机会分析和威胁分析而言,该项目风险管理是从广义上进行的。风险控制的责任已由所在环境中那些最有能力管理风险的人承担。

鉴于全民公决在瑞士决策方法中的决定性作用,利益相关者管理就具有至关重要且不可撼动的地位。尤其是,联邦和州政府,地方当局和广大公众必须遵守该项目的宗旨和目标。这是通过定期向媒体通报项目情况,进度报告,发布问题聚焦的手册以及定期更新网站来完成的。例如前文所提及的乌里州的问题,在很大程度上是因为州内部几乎没有就该项目有关问题达成共识。

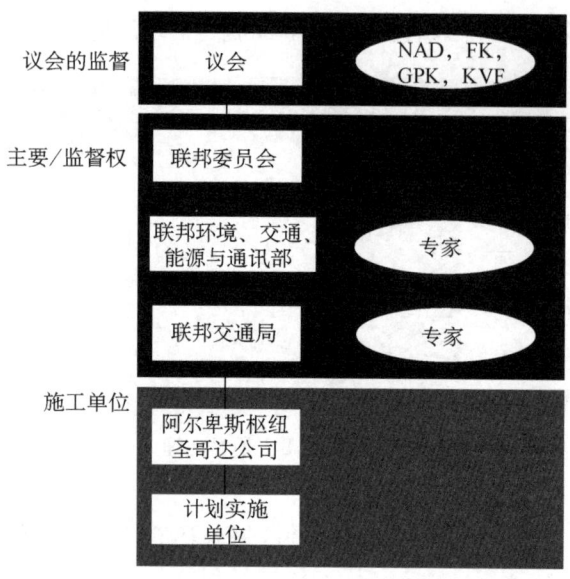

图 14.9 圣哥达基线隧道项目的政治组织

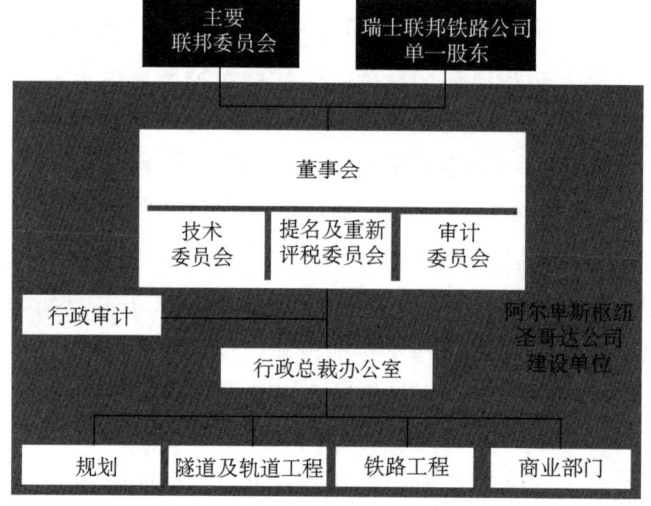

图 14.10 阿尔卑斯圣哥达公司（AlpTransit Gotthard，简称 ATG）组织图

承发包

项目计划由阿尔卑斯枢纽圣哥达公司和工程顾问负责制定，施工工作由总承包商负责完成。阿尔卑斯枢纽圣哥达公司已按照瑞士法律进行政府采购，并对合同管理承担全部责任：包括招标，合同谈判和签署，以及合同处理和合同交付。

圣哥达铁路线各部分的招标工作随着项目不同建设阶段进行。它以最终的设计图纸、详细说明（规格）、工程量清单和土壤调查报告为基础，并遵循上述新阿尔卑斯铁路枢纽网络控制条例中规定的工作分解结构。对于大多数合同来说都采用公开招标程序。邀请承包商提交备选方案并自担风险和成本。负责初步设计和最终设计的咨询公司准备施工图纸。

通常使用的传统合同都是基于工程量清单和单价。而功能性招标或设计与建造合同并不常见。按工程进度支付的进度款是根据实际工作进度和每个单元的测量工程量确定的。对于隧道项目,价格计算是由开挖类别,隧道安全类别和调试时间确定的。除了不影响功能标准、里程碑或由联合会设立和批准的预算的项目修改,由承包商和阿尔卑斯枢纽－圣哥达根据合同变更和相应的附录进行协商并达成一致以外,所有其他重大项目变更都需要瑞士联邦运输局或联邦委员会的批准。

项目运行

此阶段几乎没有对基础设施的最终运营进行阐述。在一开始,隧道的最终运营商瑞士联邦铁路就参与到项目定义的过程中,而且自阿尔卑斯枢纽圣哥达公司成立以来,瑞士联邦铁路一直在项目详细计划和施工阶段中助项目一臂之力。人们日益意识到,需要在目前的进程中作出努力,去吸引那些对最终运行负责的人。

开发欧洲列车控制系统(European Train Control System,简称ETCS)这一信号和交通控制系统旨在取代目前欧洲铁路(尤其是在高铁上)所使用的不兼容的信号和安全系统,但与欧洲铁路运输管理系统相关的交通管理系统的开发已受到严密监控。不过,到目前为止,似乎认为项目状况依旧乐观,即任何存在的问题都能在运行开始之前得到解决。

14.4 荷兰高铁南线项目

荷兰高铁南线项目 NETLIPSE 案例研究报告总结

事实和数据	
国家	荷兰
建设内容	新建铁路连接线、现存铁路升级改造以及关联高速公路改造
建设目的	连接荷兰与欧洲高铁网络
长度	125 公里
交通运输量	到 2010 年,输送 700 万名国际旅客及 1 700 万名国内旅客
融资	
融资形式	PPP 模式
欧盟资金	1.776 亿欧元(含增值税)以及第三方资金(截至 2006 年 12 月)8 880 万欧元
时间进度	
原计划进度	实际实施进度
1994 年	2004/2005 年

(续表)

时间进度	
1997 年	2005 年秋季
2002 年	2007 年 4 月
2007 年	2008 年 10 月
现状（2008 年）	下部结构完工（声屏障问题）； 除欧洲铁路运输管理系统信号问题外，上部结构的其他内容均已完工； 2008 年下半年将启动火车试运行。
成本（1995 年价格水平，百万欧元）	
1996 年	3 413（决策预算）
2008 年	5 282（项目决算）

项目目的与范围

荷兰高铁南线项目是一条从阿姆斯特丹到比利时边境的高铁线，它在阿姆斯特丹、史基浦、鹿特丹和布雷达均设有一系列停靠站点，并将往返于海牙、布雷达和布鲁塞尔之间以提供运输服务。荷兰高铁将在比利时边境与比利时和欧洲的高速线路网络相连。

该线路是一条双轨高铁，其中包括 85 公里的新建轨道线路和 40 公里的现有轨道升级。新建轨道线路的基础、电气化和安全设施建设采用了高级技术。该技术的设计和使用使高速列车可以以 300 km/h 的速度在轨道上行驶，从而大大减少了旅行时间（减少的时间从 30 分钟到 1 小时不等）。在建设过程中，不可忽视荷兰特有的土壤条件对 170 个结构的影响，例如隧道，桥梁，立交桥，下潜式航道和渡槽等部分。该项目不包括车站的现代化改造，但需要完成 A4 高速公路的重建和 A16 高速公路的重定线工作。

该项目将荷兰接入全欧洲高铁网络，并鼓励旅客改变出行模式，即从航空和公路转向铁路。

项目历史

早在 20 世纪 70 年代和 80 年代，荷兰政府就开始考虑利用高铁将本国纳入全欧交通网络的理论可行性。但是直到 1987 年，计划草案才为这条高速路线保留出一条通道。1991 年至 1999 年间，有关该项目的建设计划、融资方案和规划路线逐渐明确。综合考虑关联公路的影响以及逾 17 000 份对公众咨询文件的回应，荷兰政府扩大了工程项目的范围。该项目的确切路线在 1999 年得以最终确定，并于 2000 年 3 月正式动工。主合同（上部结构、下部结构与交通运输运营）签订于 2000 年和 2001 年。基础设施工程到 2006 年基本完工。与其他几个类似的铁路项目一样，欧洲标准信号系统的使用导致了技术规格的变化，因此，该项目在 2006 年和 2007 年签署了有关上部结构的补充合同，以满足项目开始时未预见到的欧洲铁路运输管理系统的要求。

成本与融资

下部土木结构工程的设计建造合同金额达 25.92 亿欧元。作为基础设施和交通运输长期计划(MIT)的一部分,这些费用由荷兰政府承担。

DBFM 合同显示,上部结构工程的设计和建造期超过五年,并需要在未来 25 年进行线路维护工作。作为回报,选定的承包商(Infraspeed 联合体)每年会获得 1.18 亿欧元的收益(不含增值税,以 2000 年价格水平计),但必须保证铁路在运营期间达到 99% 的使用率。未能达到使用率目标会遭受巨额的不对称惩罚,该条款旨在将大多数可用性风险转移给 Infraspeed 联合体。

通过招标,荷兰高铁负责提供用于该线路的火车。荷兰高铁是荷兰私有化铁路公司(the privatised Dutch railway company,以下简称"NS")与荷兰航空公司(the Dutch airline,以下简称"KLM")的合资企业,前者占股 90%。荷兰高铁每年将支付 1.48 亿欧元的基础设施使用费(不含增值税,以 2000 年价格水平计)。这笔款项一部分将用于支付建设成本,另一部分则用以补偿国有铁路基础设施管理公司(ProRail 公司)为荷兰高铁南线提供运力和交通管理、交通控制以及其他行政管理服务的费用。其他国际火车运营商亦可以通过支付使用费用的方式来使用该线路。荷兰政府负责及时提供基础设施和铁路线。荷兰高铁负责提供服务、铁路机车的采购以及提供与火车服务本身相关的所有商业事项。因此,荷兰高铁会面临商业风险。

图 14.11　项目地理位置

下图列出了项目运营阶段中各方之间的相互关系:

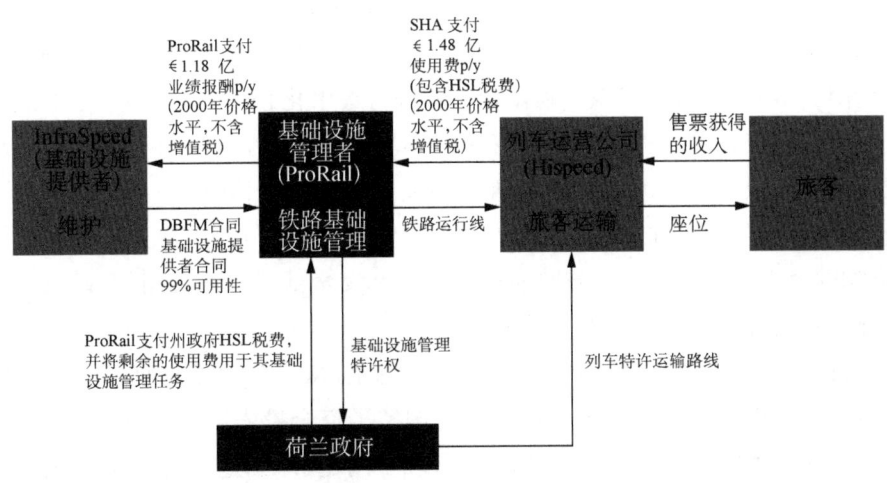

图 14.12　荷兰高铁南线项目运营过程中的资金流

从启动到交付,该项目的成本显著增加。1994年至2004年,预算超支总额达38.5亿欧元(以2004年的价格水平计)。预算超支由以下原因造成:范围变化(隧道法、A4和A16高速公路的合并以及行政延误)造成的预算超支额占总超支额的44%;比利时当局的激励预算超支占10%;价格变动造成的预算超支占37%;其他预算超支占21%;总超支额被其他方面的减少额抵消了12%。

项目组织和管理

交通运输部长需要承担该项目全部的政治责任,定期向荷兰众议院报告进展情况。荷兰众议院的专业委员会就项目进展情况进行讨论(至少每年两次)。最初,荷兰高铁南线项目由客运总局(DGP)负责,但随着基础设施的责任被移交给荷兰公共工程及水管理局总局,一个独立的项目管理机构(荷兰高铁南线项目组织)被建立用以负责该项目。

2007年以来,荷兰高铁南线的项目总监全权负责该项目的实施。在此之前,交通运输管理是由交通部直接负责的。因此,该项目管理机构在组织和地理上都与总局"保持了一定距离"。该项目的总部最初位于乌特勒支,随后迁至祖特梅尔,而非荷兰政府所在的海牙。该项目管理机构最初是根据职能或专业来建立的,但由于在项目实施过程中经历了不同的阶段(即计划,建设和运营),因此不得不进行多次更改。由于该项目与类似项目在投融资控制上的初始困境,荷兰高铁南线项目被分为政策和执行两个部分。

项目组织对安全性、通达性和系统集成负有最终责任,这些性质对于建立功能正常的乘客运输系统至关重要。在施工阶段,项目组织管理所有分包商的合同,建设与现有轨道连接段的较小型承包商公司英国伦敦国际铁路技术及设施展览会和上部结构承包商Infraspeed联合体。随着下部结构和上部结构的完工,部分项目管理机构进行了合并。一旦项目开始运营,ProRail公司将负责基础设施维护与管理工作,此部分约定在与Infraspeed联合体签订的DBFM合同中。

荷兰高铁南线项目自始至终都非常重视利益相关者管理。虽然利益相关者经理隶属于合同团队,但是也对其进行了集中管理。不过,并没有就利益相关者管理制定一般规则或指南。事后看来,对组织的利益相关者进行集中化管理效果最好,但对利益相关者经理的管理则应分散。利益相关者管理的环境非常复杂,因为相关方众多且利益和目标迥然不同。项目管理机构必须与所有相关主体联系并谈判,如承包商—列车运营公司、土木工程承包商和维护商、机车车辆生产商;利益相关的第三方—媒体、抗议组织、受影响的个人和公司;政府、省政府以及消防和安全部门等相关组织;政治实体—内阁、参议院、众议院以及外国政府和其他政党。

该项目与比利时的关系面临挑战。一个问题是,从荷兰角度规划的最佳路线会导致比利时当局付出相当多的成本。荷兰政府调整了资金投入以覆盖此成本。2004年,在安特卫普和布鲁塞尔之间开通新线时也出现了问题,即到达上述城市的预计旅途时间将比最初计划的要长。预计的旅途时间较最初延长了17分钟。然而,相关工作完成之后,旅途时间的延长值缩短到了 8 分钟。尽管旅途时间的延长很短,但收入预测和机车车辆需求均基于原始值,所以客运特许经营商威胁荷兰政府提出索赔。最终,项目确定了进展的方向,并达成了解决方案。

不同利益相关者的满意度水平随各种原因而变化。官员对项目各方面信息(例如有关路线,成本和延误的信息)的传达方式不满意。交通运输部对项目的进展情况不满意,因为铁路商业运营的开始日期被推迟了多次。公众对项目所收税费的使用方式不满意,因为他们还无法体验到其他类似计划所带来的利益。

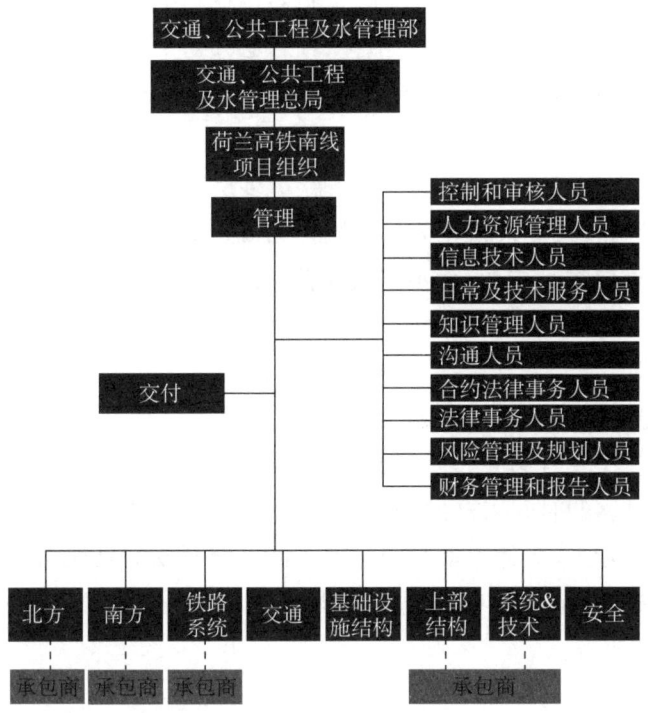

图 14.13　实施过程中荷兰高铁南线组织

承发包

由于 PPP 模式已经在其他项目的类似情况中成功应用,因此人们认为,用其代替传统的大型基础设施项目承发包模式是可行的。项目的不同部分使用了不同类型的合同,主要是 D&C 和 DBFM 两种。对于交通运输合同,则采用了运营合同。

交通运输部选择将下部结构的建造分为六个设计和建造合同,并将连接系统的建造分为一个大合同和几个小合同。事后看来,个别合同的合并有助于减少项目界面的数量。

项目与 Infraspeed 联合体就整个上部结构工程签订了 DBFM 合同。如前所述,国家将向 Infraspeed 联合体支付每年 1.18 亿欧元的运营费(不含增值税,以 2000 年价格水平计)。荷兰政府已通过公开招标方式将运输特许权协议授予荷兰高速铁路运营商(前文称为"高速联盟")。该协议为期 15 年,是荷兰有史以来的第二大合同。

各种因素使合同关系趋于复杂化。在某些情况下，合同缺乏对称性，合同条款亦非"背靠背"，这将国家置于意外风险之中。例如，未对下部结构合同延迟交货规定任何罚款，而上部结构和交通运输合同却规定了罚款。上部结构的 D&C 合同和 DBFM 合同以及运输特许协议所带来的合同复杂性与项目本身的技术复杂性相互影响，从而导致了大量难以处理的界面问题。该国家夹在相关各方（五个施工联合体，Infraspeed 联合体，荷兰高铁）之间，并被迫承担了各种界面风险的责任，即使这些风险是承包商应承担的。

项目最初对竞争性招标的高期望没有实现。部分原因是布滕佛铁路的并行建设项目创造了"卖家市场"，因此初始出价远远超出了预期。最终，项目必须对上部结构进行重新招标，这次招标将预算条件作为投标评估的主要实质性参数，而不是像最初招标一样将其置于项目说明书中。

Infraspeed 联合体合同以英国的 PPP 经验为蓝本，其条款更多反映了英国法律体系，所以并不适合荷兰司法实践。例如，某些条款在荷兰合同中的规定更为严格。有人认为，过多采用英国模式会过于注重保护承包商，而不是按照荷兰的惯例采用更为平衡的立场。

项目运行

该项目面临的关键运营问题与引入欧洲铁路运输管理系统相关。

90 年代，欧洲共同体开始着手建立一个新的欧洲铁路运输管理系统，以实现整个欧洲铁路网的互通性。最初，似乎有足够的时间来开发和测试此系统所涉及的技术（这是技术跨境应用的第一个实例）。而实际上，多种因素共同导致了此系统开发的延误与交付责任的不明确。最终，尽管基础设施的所有其他方面都已完成，但很可能要在 2008 年下半年才能引入管理系统和服务。

14.5 葡萄牙雷兹里亚大桥项目

葡萄牙雷兹里亚大桥项目 NETLIPSE 案例研究报告总结

事实和数据	
国家	葡萄牙
建设内容	塔霍河上的新建桥梁
建设形式	公路
建设目的	缓解拥堵
长度	11.9 公里
交通运输量	双向六车道

(续表)

融资	
融资形式	由国际贷款,银行贷款,国家捐款和内部现金流组成:欧洲投资银行 45%,葡萄牙国家补贴 20%,其余 35% 由内部产生的资金混合组成(现金流)
欧盟资金	无
时间进度	
2003 年	项目设计及说明
2003—2004 年	工程招标
2005 年(Q III)	环境确认及征地
2007 年(Q I)	施工
开通	2007 年 7 月
成本(2005 年价格水平,百万欧元)	
2007 年	243(项目完工成本)

项目目的与范围

雷兹里亚大桥项目是全长 39.9 公里的高速公路改进计划的一部分,该计划旨在缓解里斯本市区的公路拥堵并提供替代性的南北高速连接公路。桥梁本身长 11.9 公里,包括两个长度分别为 1.7 公里和 9.2 公里的高架桥和一座 1.0 公里的桥梁结构。

针对项目建设,过程中有如下要求:项目需要保持塔霍河通航性;获得许可并支付绕开现有高压配电网的费用;在建设的某些时期需要获得中断铁路交通的许可;以及需要保留农业机械在高架桥跨度范围内通过的自由通道。由于桥梁结构的整个穿过环境高度敏感的沼泽地区域,与三大河(塔霍河,索拉亚河和里斯科河)汇合在一起。因此需要采用极其谨慎的方法来放置支撑柱、挖掘和弃置余土,设置和恢复建筑堆场以及处置车道的排水径流。

该项目引入了具有"车载"车辆识别设备的新型电子收费系统。

在大桥通车的头三个月其交通量就达到了预测的流量水平。25% 的流量是大桥周边带来的,而另外 50% 的流量需求则是当地产生的。卡车的使用量约占大桥总使用量的 10%。

该项目的内部收益率为 3%,但如果考虑到缩短行程时间、改善公路安全和减少其他地方拥堵等外部因素,则该项目的预期内部收益率将达到约 12%。

项目历史

从里斯本向北延伸的高速公路(A1)于 1956 年开放,到 1990 年代其通行量已达到其最大通行能力,再没有进一步扩建的余地。因此建设一条新的公路(A10)的计划被提出,该公路首先平行于 A1 高速公路修建,但在 A1 以西,该公路向东南延伸,穿过 A1 并经过塔霍河,然后与通往南部的新公路(A13)相连。该新高速公路是葡萄牙布里萨汽车公司所持有的总体高速公路特许权的一部分,该特许权持有期直至 2032 年。A10 原计划于 2004 年启用,但由于葡萄牙政府对连接新公路的新机场的交通安排等方面的研究尚未完成,该项目的建设被推迟了两年。

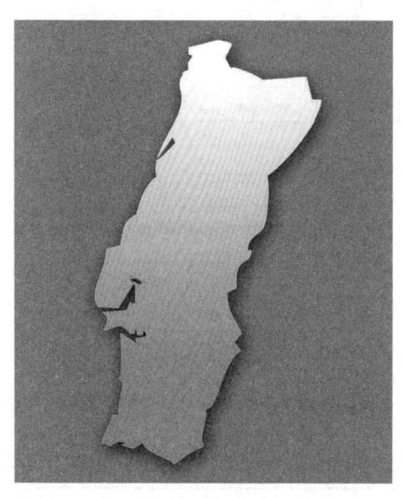

图 14.14 项目地理位置

项目的预投标工作于 2003 年完成,与环境影响报告的编制同时进行。由于需要获得最终设计的环境合规性报告,招标工作完成的时间被推迟。由于获得环境合规性报告的延误,所以计划的最终确定延迟了大约八个月。项目于 2005 年开始施工,并于 2007 年 7 月 8 日完工通车。

成本与融资

整个项目作为一个整体进行融资,桥梁部分与 A10 的其余部分采用相同的融资模式。除了 4.5 亿欧元的欧洲投资银行贷款,剩余资金的 20% 来自国家,其余 35% 来自葡萄牙国际运输公司内部产生的现金流量、债券发行和银行贷款。葡萄牙国际运输公司具有广泛的融资结构,使其能够根据项目和企业的整体投资组合来获得资金,而不是根据单个项目的风险状况来获得资金。以 2005 年的价格计算,这座桥本身耗资 2.43 亿欧元。

该项目的预算是在与其他类似项目进行比较的基础上制定的。项目每月对支出进行审查,并及时采取措施以减轻发生意外事件产生的损失,例如,获取最终设计的环境合规性报告带来的延误。该项目所采用的风险管理方法具有公开透明的特点,与承包商共担问题并共同解决。在项目预算范围内谨慎了考虑所需的具体环境保护措施,由此产生特定增量成本 290 万欧元。收益风险根据葡萄牙高速公路网络上其他地区的趋势和经验确定,全部由特许公司承担。

项目组织和管理

葡萄牙国际运输公司高速公路特许公司任命其子公司布伦纳·艾森班有限责任公司对雷兹里亚大桥进行项目管理,子公司拥有技术和合同管理级别上的决策权。虽然布伦纳·艾森班有限责任公司是一个独立的项目团队,但是可以利用主要组织内部提供的集中服务。项目团队负责项目协调,并监督质量和安全标准及绩效。项目团队的一个重要特征是其成员的工作具有连续性。例如,项目经理参与了合同准备、招标过程和监督工程的实际完成。虽然由中标联合体完成的设计在获得批准之前,已由布伦纳·艾森班有限责任公司的设计研究协调员进行了审查。但是与设计相关的风险仍然归属于联合体。

通过项目管理团队的报告渠道,布伦纳·艾森班有限责任公司主管部门就有关成本、进度和范围变更相关的问题定期与葡萄牙国际运输公司进行联络。葡萄牙国际运输公司的技术专家也可以直接与项目团队和设计研究协调员保持联系。在葡萄牙国际运输公司,每周会为财政部编写报告,并定期为国家公路管理局(欧洲议会)编写报告。国家公路管理局内部则通过研究协调员和项目团队与承包商和利益相关者进行联络。

项目团队有专门负责利益相关者关系的部门。其总体沟通计划是根据与葡萄牙国际运输公司声明一致的、透明、主动和开放参与的承诺而制定的,该计划控制着该项目涉及的外部各方之间的关系。

基于总体特许协议的条款,项目与国家公路管理局和财政部建立了合作关系,并涉及到技术和财务信息的交换等内容。在更地方性的层面上,项目与地方政府机构的关系涉及土地征用和环境影响问题。项目也与消费者组织、雷兹里亚用户协会、非政府环境组织和技术输入提供者保持定期联系。尤其是在解决环境问题方面,会议、定期联络以及在某些情况下与有关各方的伙伴关系都促进了这种对话。与这些团体之间的对话着重强调了一些问题,随后则努力达成问题的解决方案,虽然无法符合所有外部意愿,至少这些解决方案也是可以理解的。除了以上各组织与机构,项目还与大学、贸易机构和其他研究机构保持联系。定期向金融市场和个人股东提供信息,这是以会议、新闻发布会和有关特定问题的简报为基础的整体媒体战略的一部分。

该项目所需土地的获取过程如下。由布伦纳·艾森班有限责任公司确定土地所有者,准备土地计划并设置暂估价。在国家公路管理局批准该计划之后,编制"公共事业"声明。通常,声明一旦发布,葡萄牙国际运输公司将对这些土地进行行政管理,并可能在与前所有者进行商讨后占用土地,以实现友好转让。发生争议时,可以依次采用仲裁或诉讼的方式解决。如果需要上诉,将提名五名专家进行最终裁决。

项目管理的所有要素均由详细的项目管理计划约束,其中包括以下要素:文件控制;计划的组织和管理;项目管理系统和职责;资源管理;环境和质量政策;项目工作计划和监理活动清单。

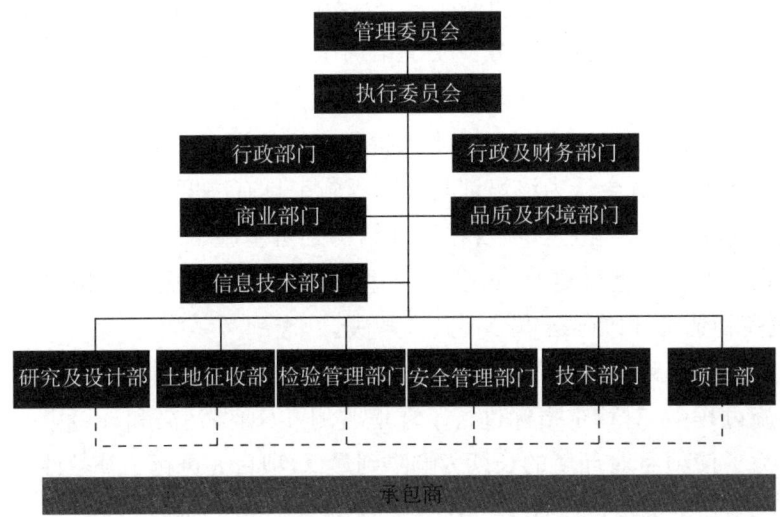

图 14.15 布伦纳·艾森班有限责任公司组织

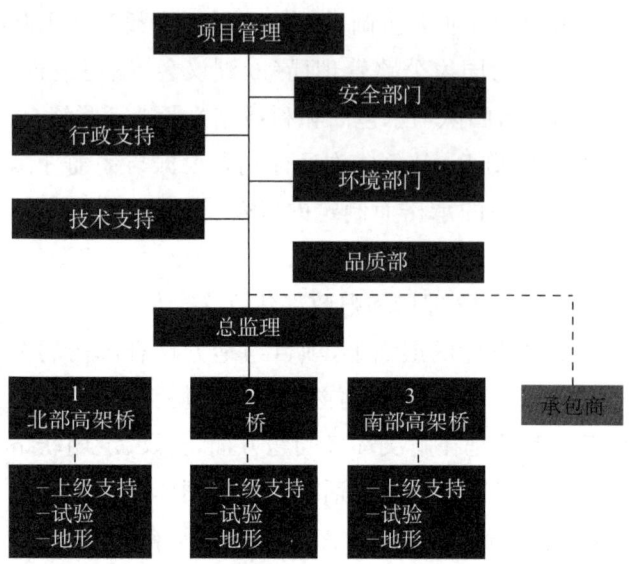

图14.16 施工阶段的项目组织

承发包

布伦纳·艾森班有限责任公司的合同方式深受先前类似项目经验的影响，并且一旦签订了合同，合同当事人双方实质上就是协作的关系。雷兹里亚大桥项目的合同用于结构的设计和建造，其中包括要求承包商负责获得环境许可的合同条款。

合同需要通过国际公开招标选择，其选择标准包括价格和付款条件、设计质量、拟议施工的技术价值、交货时间和安全性、投标人的财务和业务实力、项目管理体系和施工中的健康与安全措施等要素。该合同符合欧盟法律的要求，并且该法律已纳入葡萄牙法律体系。中标的承包商是TACE联合体，由四个建筑公司和四个设计团队组成。施工期间的质量标准由施工团队进行自检，并由项目团队进行验证。

项目运行

在施工过程中，该项目仅记录了一次工伤事故。安全保障不仅是葡萄牙国际运输公司的首要任务，也是联合体承包商的首要任务。安全培训至关重要，由布伦纳·艾森班有限责任公司或承包联合体提供，后者在这些问题上具备出色的背景。例如，在即将开始特定任务之前，由经验丰富的培训师和工程负责人提供现场培训，而不是开展传统的培训课程。因此，参与工作的人员会认为该培训与该工程施工具有高度相关性。

总体而言，该项目施工进展顺利。但是，项目在下部结构的桩基施工过程中遇到了困难。必须对之前提议的工作方法进行更改，这需要对进度和资源进行更改。桥梁承台也出现了问题，由承包商和葡萄牙国际运输公司共同解决。

在施工过程中，通过对临时公路建设的仔细评估，以确保对环境产生最低程度的实际影响，同时在整个项目实施过程中，对特定指标进行了环境监测，以确保污染和环境影响得到控制。项目完工后，为了使项目对环境的长期影响降到最低，项目还进行了补救性工作与特殊安排，以确保从车道流出的废水得到处理，并将其排至环境不是特别脆弱的地区。

该项目中实施了一些技术创新,例如:一种新的收费系统,用户在通过障碍线时能够以电子方式监控用户并"收费",而不会降低速度;实时光纤结构监测系统;并建立潮汐和河流"冲刷"对桥墩影响的监控系统。

14.6 葡萄牙里斯本—波尔图高铁线项目

关于葡萄牙里斯本—波尔图高铁线项目 NETLIPSE 案例研究报告总结

事实和数据	
国家	葡萄牙
建设内容	新铁路线
建设目的	较短的城市间过境时间带来的模式转变,以及随之而来的经济和环境效益
长度	305 公里
融资	
融资形式	PPP 模式,约 60% 来自国家和欧盟供资,其余部分来自运营收入
欧盟资金	预计 10.3 亿欧元(47 亿欧元的 22%)
时间进度	
1999 年	建立工作组
2003 年	完成可行性研究
环境许可	预计 2008 年
建设	预计 2013 年完成
运行	预计 2015 年
成本(2005 年价格水平,百万欧元)	
2005 年	4 700(预计项目成本)

项目目的与范围

本项目连接葡萄牙最大的两个城市,并规划了一条长约 300 公里且独立于现有交通网络的双轨高铁,其中间站将设在奥塔(新里斯本机场)、莱里亚、科英布拉和阿维罗。

一旦这条线路建成,将有一半以上的人口可能在两小时内到达任何一个主要中心,而 90% 的人口在 3 小时内到达;从里斯本到波尔图的旅程时间将缩短至原来的 40%,即 1 小时 15 分,而从里斯本到其他城市的旅程时间将减少一半。由于更具吸引力的服务,人们的出行方式将从公路和航空转向铁路,从而减轻空气污染。此外,由于铁路比公路更具安全性,也减少了事故的发生。不过高铁行驶可能会加剧声污染,这将需要采取严格的噪声消减措施加以补救。

不同于升级现有线路,开发一条单独的高铁线将释放现有伊比利亚轨距铁路的运输能力,以应对日益增加的通勤和货运交通压力。在新线路上采用欧洲标准轨距将使其具有互操作性,并促进其接入欧洲其他高速网络。

项目历史

有关高铁网的提议于 1999 年提出,可行性研究于 2003 年完成。与此同时,围绕发展全欧铁路网络的交通运输倡议,欧盟在 2004 年确定了马德里至里斯本以及里斯本至波尔图的西南欧高铁干线,并最终通过西班牙和法国接入欧洲高铁。

初步建议采用混合解决办法,即新建 230 公里高速公路,并将其余路段的轨道转换为"双轨距",以便标准轨距高速列车和运行在稍宽的"伊比利亚"轨距上的传统客运和货运列车共同使用轨道。但之后得出的结论是,相比初步方案,选择一种完全基于"新建"的标准规格的高铁方案将更物有所值。

2007 年,当局向欧盟正式提出申请,希望在 2007—2013 年期间,里斯本—波尔图铁路能被优先纳入全欧网络(Trans European Networks,简称 TEN)计划。

目前,项目团队正根据 400 米宽的指示性路线走廊进行初步设计和环境研究。最终设计将与环境评价同时进行,预计于 2008 年完成。该铁路的土地征用和建设预计于 2013 年完成,并在 2015 年开始运营。

成本与融资

本节的内容是基于以下事实:由于项目处于早期阶段,在现阶段的案例研究中提到的是意图和计划,而不是确定的承诺。

图 14.17　项目地理位置

预计葡萄牙高铁项目的总成本为 77 亿欧元,其中 47 亿欧元为里斯本至波尔图线路的计划开支(所有价格均以 2005 年价格水平计算)。项目建设计划采用 PPP 模式融资,私营部门支付的款项将与服务期内绩效指标和有关基础设施使用寿命的要求挂钩。预计线路上业务的正现金流将回报占据整个基础设施成本 38% 的私人资金,40% 将由葡萄牙政府提供,而剩余的 22% 将向欧盟"团结基金"寻求帮助。

根据相关估计,项目将为葡萄牙国民生产总值带来积极影响。相对于"不建设"的情景,项目将于 2023 年之前产生 11 亿欧元的收益,而减少公路网络安全事故的相关收益总计为 300 万欧元。

项目组织和管理

独立组织 Rede Ferroviaria de Alta Velocidade,S. A.(高铁线路公司)成立于 2000 年,负责为高铁建设制定建议,并进行规划和监督。高铁线路公司由葡萄牙政府(60%)和国家铁路网共同拥有(40%)。它目前有大约 50 名工作人员,尽管规模不大,但该组织可以利用国家铁路网内部的专家知识。从 2004 年到 2007 年,由一名担任项目经理的外部顾问领导规划工作,但这一角色现在已由内部人员担任。高铁线路公司的活动开展反映了随着时间推移而变化的项目的不同阶段。

正在开发的商业模式借鉴了欧洲各地类似建设的研究分析。本项目密切关注西班牙的经验以及佩皮尼昂和菲格拉斯之间的法西铁路、荷兰高铁线和连接伦敦和英吉利海峡隧道的铁路的相关经验。

政治上的变化引起该项的巨变,特别是放弃"高铁线路公司/国家铁路网"将现有常规线路的一部分新的高铁连接起来(2005 年 1 月之前的优先选择)的建议。2005 年 4 月之后,首选的方式变成了建设一条全新的专用高铁。葡萄牙公共设施、交通及通讯部已经确定了该项目的总体目标,它们随后被转换成里程碑和工作包。高铁线路公司的行政委员会主席也是国家铁路网的行政委员会成员,这为在必要时提供额外资源提供了便利,并确保了两个组织的各工作级别之间有效地交换信息。风险识别及管理在项目早期就已经作为项目管理方法之一。一旦确定了风险,就会在项目团队中对其进行讨论、评估,然后分配给特定的"所有者",由他们负责提出解决方法。

组织图

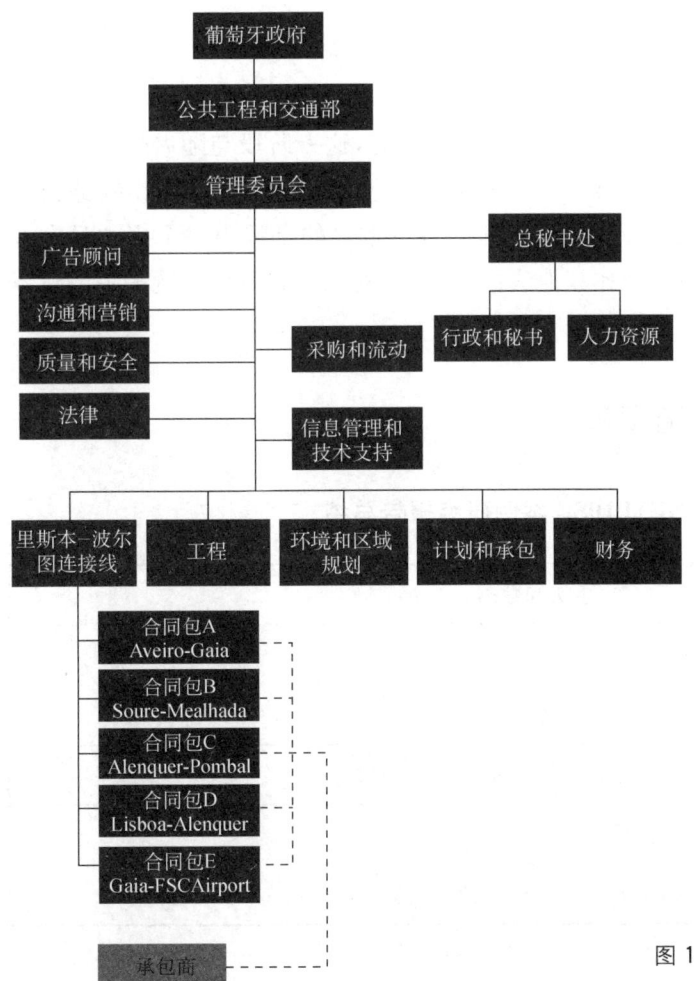

图 14.18　里斯本—波尔图高铁线组织

当前的一项主要活动是编制环境影响评价。由于审议中的许多问题在路线沿线重复出现，因此相关方正在努力使所需评估的资料以标准化形式呈现，且该方法应有助于采用类似的标准来评估提议。在项目期间保持评估委员会成员的一致性也将有很大的优势，这有助于关于环境方面的分析和决策过程遵循类似的标准。

在项目的早期阶段，利益相关者管理以一种系统但相对非正式的方式进行。现在，随着项目向详细的最终规划阶段迈进，利益相关者关系的管理变得更加正式和集中。现已确定了八个不同的利益相关者管理领域，针对每个领域都在系统地开展工作。项目利益相关者程序的内容和对象已经发生了变化，并将随着项目的规划、土地收购、建设和运营的不同阶段而持续改变。所确定的具体领域如下：政治和政府（每个区域、国家和外部），工业（涉及行业协会和潜在供应商），其他交通运输经营者，大学和其他技术机构，金融机构，文物及环保组织，游客及旅游业，以及广大公众（包括媒体、舆论影响者和消费者保护代表）。与利益相关者接触的目标是使其参与进来，然后与其进行建设性的对话。如果能够在项目的适当阶段捕获这些外部组织可以获得的大部分信息，那么这些信息就具有潜在的价值。

承发包

在项目伊始，该项目所采用的合同订立程序是由 REFE 标准合同和程序演变而来的。目前采用的是两阶段方法，首先对合同进行初步研究，这一阶段与随后的规划和详细设计草稿阶段之间有明确的间隔；第二阶段的工作仅包括经过具体的高铁线路公司管理评审后进行签约。随着项目进入正式筹备阶段，更重要的是提出一个集中且专业的项目大纲，以确保其符合欧盟指令和其他法律要求，并对与项目具体问题相关的背景保持清晰和持续的认知。

14.7 瑞士勒奇山基线隧道项目

瑞士勒奇山基线隧道项目 NETLIPSE 案例研究报告总结

事实和数据	
国家	瑞士
建设内容	新建隧道和铁路线
建设目的	缓解公路和铁路拥堵、提高环境效益
长度	34.6 公里
交通运输量	最初每天 110 列火车，之后每天 296 列火车

(续表)

融资	
融资形式	抵押税收,需要时可取得最高可达成本25%的贷款融资
欧盟资金	无
时间进度	
1993年	获得开工批准
1999年	建设启动
2005年	隧道开挖完成,内装开始
2007年	启动运行
现状(2008年)	完成阶段1的最后部分工作
成本(1995年价格水平,百万欧元)	
1999年	2 120(决策成本)
2007年	2 676(项目成本)

项目目的与范围

勒奇山基线隧道位于伯尔尼以南。这条铁路隧道是穿过意大利通往瑞士南部的通道,它与东部正在建设的圣哥达基线隧道共同构成了新阿尔卑斯铁路枢纽网络的一部分,两者同属于瑞士交通基础设施整体规划的内容。新隧道的坡度要平坦得多,这将有助于更长、更重的列车运行。该隧道从坎德施泰格/伯恩高地的弗鲁蒂根到瓦莱州的拉龙,全长36.4公里,设计为双隧洞单轨。目前,只有东隧洞和三分之一的西隧洞已经配备了设备,在西隧洞的北端还有25%有待挖掘。第一期工程已于2007年展开,后期工程包括完成西隧洞部分的安装和其余部分的开挖和安装,将在资金充足时完成。在当前的第一阶段轨道上每天能够运行110列列车,多出的或晚点的列车都只能使用已有更陡峭的路线。在完成最后阶段的工程后,隧道的全部运载能力将提供三种不同的功能:

- 每天有104列货运列车和30列客运列车过境;
- 每天132列火车(赫斯特里希和下格斯特恩);
- 每天30列特快列车(连接到中部的瓦莱州)。

每天总共有296列火车。

该隧道有助于突破现有的公路和铁路运力限制,并帮助减轻跨阿尔卑斯地区交通运输对环境的影响。

项目历史

勒奇山基线隧道项目的历史与瑞士的交通基础设施规划息息相关,相关内容可参看圣哥达基线隧道项目资料的历史描述。

主要项目标志性事件如下：

1992 年	整体概念接受；
1993 年	瑞士 BLS 铁路公司成立，阿尔卑斯枢纽分公司作为全资子公司；
1993—1998 年	关于两条跨阿尔卑斯铁路隧道的需求、融资和项目范围的辩论；
1998 年	新阿尔卑斯铁路枢纽网络——公共基础设施项目融资基金供资制度协议；
1999 年	主体工程开始；
2000 年	隧道工程开始；
2005 年	最终隧道突破，同时在其他已完成的隧道段开始内装；
2006 年	试运行开始；
2007 年	6 月 15 日正式开通；12 月 9 日开始正常服务。

成本与融资

该项目也是由特殊金融计划——公共基础设施项目融资基金所资助的。短缺的准备金由计息贷款（最多为预算额的 25%）弥补。如前所述，公共基础设施项目融资基金的资助期限为 20 年，这使项目的资助脱离了政治舞台。

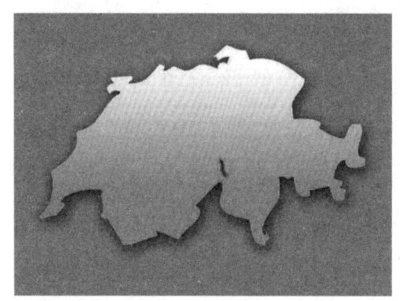

图 14.19　项目地理位置

1999 年，该项目预计耗资 34.1 亿瑞士法郎（合 21.2 亿欧元）。到 2006 年底，预计完工成本已升至 43.01 亿瑞士法郎（合 26.76 亿欧元）。详细分析这 34% 的成本增加，其中的 26.5% 归因于安全法规的变化和技术进步；由环境和其他类似要求引起的成本增加占有相似的百分比。其余部分中，29% 是由于合同租赁和交付问题，18% 是由于比预期更糟糕的地质条件。

项目组织和管理

瑞士联邦委员会通过各种机构履行其职责，如本案例中的瑞士联邦环境、交通、能源与通讯部，其下设有瑞士联邦运输局。瑞士 BLS 铁路公司设立了全资子公司瑞士 BLS 铁路公司阿尔卑斯枢纽分公司（BLSAT），负责项目的执行。与这些实体并列的是之前提到的新阿尔卑斯铁路枢纽网络监督代表团，它代表联邦议会行使监督和询问职能，召集其他各相关方并定期报告。

瑞士联邦环境、交通、能源与通讯部设置了在项目执行中要遵循的方法。这是在新阿尔卑斯铁路枢纽网络控制条例中发布的，该条例是一本定期更新的管理手册，涵盖的问题包括绩效标准、成本计算、财务报告以及目标日期和里程碑。

瑞士 BLS 铁路公司阿尔卑斯枢纽分公司的任务是设计和建造新隧道，由 33 人组成的团队和来自商界及政界的行政委员会组成。工作职责分为：隧道、轨道施工；设备安全；运营；投融资管理和控制；法律；以及政府支持。瑞士 BLS 铁路公司阿尔卑斯枢纽分公司只进行项目的整体设计和管理控制，监理工作交由外部咨询资源进行。这是在瑞士进行的第一个如此规模的项目。风险管理是贯穿整个项目的评审过程的重要内容。就机会和威胁分析而言，风险管理是在最广义的意义上进行的。这一过程从早期阶段开始实施，在开放和迭代的基础上进行，并与投标人和承包商共享。那些最有能力管理风险所在环境的人接受和承担相关风险的责任。

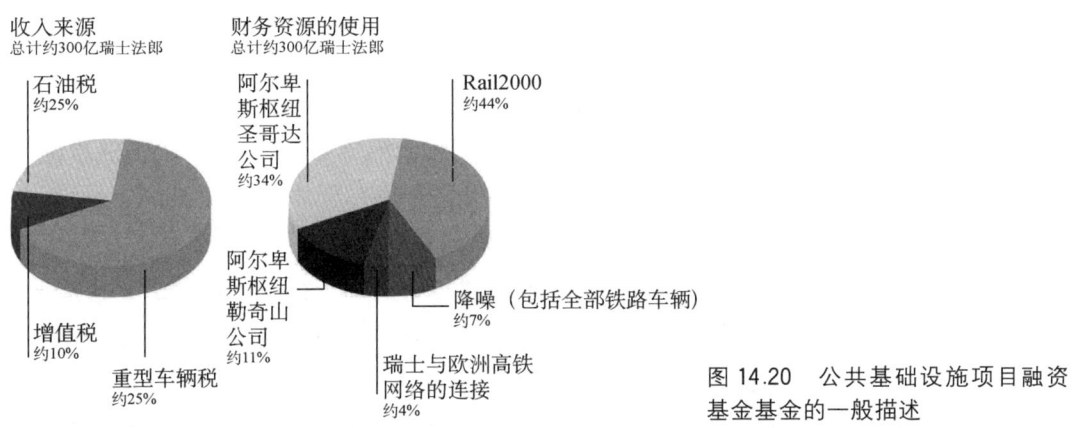

图 14.20 公共基础设施项目融资基金基金的一般描述

在项目的早期阶段，主要的风险被认为是政治性的，即项目是否会继续。一旦融资制度建立起来，下一个问题就是确保费用指数的适当性，挑战在于能否建立适当的指数来反映与同类项目相关的独特情况，从而使各方都感到满意。在 2000 年一项特殊的新阿尔卑斯铁路枢纽网络指数建立，此后出现的风险主要与技术和地质条件有关。

考虑到全民公投在瑞士决策方法中的重要地位，利益相关者管理既至关重要，又根深蒂固。至关重要的是，联邦政府和州政府、地方当局和广大公众都必须与该项目的宗旨和目标保持一致。这是通过定期通报意见形成者情况、编写进展报告、印发重点小册子和定期更新网站等方式实现的。在社区层面，瑞士 BLS 铁路公司阿尔卑斯枢纽分公司设立了所谓的"附属委员会"来解决地方关注的问题。在弗鲁蒂根有一个这种情况相关的实例，在 1990 年代中期的范围变化之后，隧道的北部入口只会出现一个隧洞——由于第二个隧洞穿越勒奇山北部地区会存在破坏当地环境的风险，瑞士 BLS 铁路阿尔卑斯枢纽分公司和弗鲁蒂根市同意以山的北面做为第二个隧洞的起点，以避免随之而来的破坏。尽管在这个阶段，第二个钻孔已被截断而没有完成装配。

承发包

规划工作由瑞士 BLS 铁路公司铁路股份公司的工程顾问开展，而工程建造则由总承包商进行。瑞士 BLS 铁路公司铁路股份公司根据瑞士政府采购法律，全面负责合同管理，包括招标、合同谈判和签署，以及合同处理和合同交付。

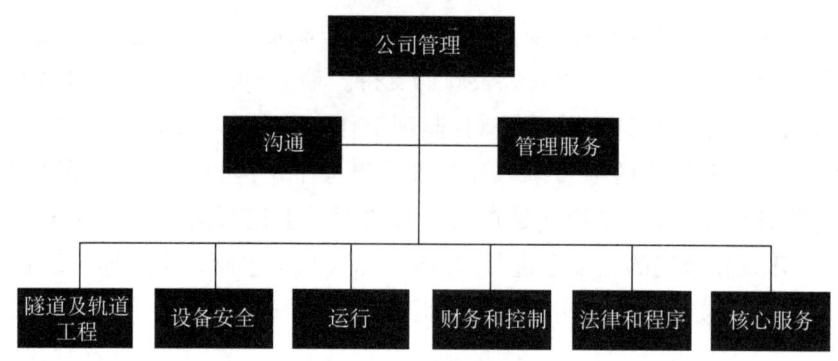

图 14.21 勒奇山基线隧道项目管理机构

招标工作随着新建隧道每个施工段的不同阶段的进行而推进。它基于最终的设计图纸,详细的技术规范,工程量清单和土壤调查报告,且符合新阿尔卑斯铁路枢纽网络控制条例规定的工作分解结构。大多数合同采用公开招标程序,承包商需自行承担备选方案的风险和费用。施工图纸由负责初步设计和最终设计的咨询方完成。

一般来说,传统的合同基于工程量清单和单价,功能性招标或设计—建造合同并不常见,进度款是按照实际工作进度和各单位的独立计量发放的。在隧道施工中,价格的计算则基于开挖类别、隧道安全等级和调试时间。在不影响国会设定和批准的功能标准、里程碑或预算的项目变更的前提下,由承包商和瑞士 BLS 铁路公司在合同变更和相应附录的基础上进行协商并达成协议。其他所有重大项目变更均需经瑞士联邦运输局或联邦委员会批准。

项目运行

欧洲列车控制系统这一信号和交通控制系统的开发旨在取代目前欧洲铁路(尤其是在高铁上)所使用的不兼容的信号和安全系统,此外作为一种相关的交通管理系统,欧洲铁路运输管理系统(ERTMS)的开发已受到严密监控。该因素引起的技术风险存在很大不确定性,因为它是一个目前尚未付诸实施的新概念。该风险是通过制定后备解决方案来控制的,即在隧道开通时安装一个传统的信号系统,以防 ETCS Level 2 不能工作。由于 ETCS 已足够成熟,该应变解决方案实际上是不必要的。

14.8 荷兰马斯河水路工程项目

荷兰马斯河水路工程项目 NETLIPSE 案例研究报告总结

事实和数据	
国家	荷兰
建设内容	新建、挖掘、加固项目、水运
建设目的	防洪、改善适航性、建立保护措施

(续表)

事实和数据	
长度	进行222公里的河流改善,以及大约40公里和50公里的堤防改进,清除了8 000万吨土方(出售了5 000多万吨骨料,包括砂子和碎石)
交通运输量	改进航道船闸通过能力和驳船能力将鼓励交通运输模式从公路向水路转移
融资	
融资形式	公共和私人资金以及处置回收材料的获利
欧盟资金	为马斯路线项目申请全欧交通网络支持,尚未得到批准
时间进度	
1997年	"三角洲计划"中规定的防洪政策等
2001年	预计2017年完工
完工时间	2015年(赞德马斯); 2014年(马斯路线,其中一项推迟到2017年); 2022年(格伦斯马斯)
现状(2008年)	赞德马斯/马斯路线,在建;格伦斯马斯,2008年动工
成本(2007年价格水平,百万欧元)	
2007年	1 211(项目预算)

项目目的与范围

1993年和1995年的洪水表明,荷兰的部分地区容易遭受默兹河的溢洪。马斯河水路工程项目目的:将洪水泛滥的风险降低到每250年发生一次,同时改善驳船和其他航运交通的航行条件;建立新的保护区并改善现有的保护区。另外,提议的许多措施将允许在荷兰的其他地方开采用于建筑目的所需的宝贵的沙子和砾石(骨料)沉积物。

马斯河水路工程项目被分为以下三个子项目:

赞德马斯(北方区域)	主要工作:防洪及保护工程
格伦斯马斯(南方区域)	防洪,集料挖掘及保护工程
马斯路线(可航行水域)	改善适航能力

这些子项目中的每一个都与其他项目的工作相互配合。其中典型的工作包括堤防的建设和改造、河床的加深、滞洪区的建立、消除硬面、桥梁净空的提高、运河的扩宽以及提供额外的盆地。

项目历史

90年代初期,尽管南部其他地区对建筑材料的需求不断增长,但人们从南部林堡省开采骨料的阻力却越来越大。1993年和1995年的严重洪灾,以及拟议的补救措施,促进了将防洪、集料开采、交通运输基础设施的改善和养护整合到一个单一计划中。1997年,这些要素被纳入荷兰基础设施和环境部,农业、自然与食品质量部(农业部)和林堡省认可的总体政策框架中。同时,在荷兰基础设施和环境部执行机构荷兰公共工程及水管理局的主持下成立了独立的马斯河水路工程项目管理机构,该部门负责在适当地区实施荷兰基础设施和环境部的政策。

图14.22 项目地理位置

赞德马斯和马斯路线项目计划的主要内容于2002年发布并进行了意见征求,其工程分别于2004年和2007年开工。格伦斯马斯计划于2006年发布,目前已经过意见征求,预计工程将于2008年开工。

1990年代的洪水泛滥带来项目实施的最初动力在广大公众的视线中已被削弱,项目只能尽力保持公众的支持。此外,在没有获得适当许可的情况下,进行了一个河道疏浚并将泥土处理到临近湖泊中的试点项目,随后的恢复工作既漫长,又尴尬。这两个因素都导致项目团队内部非常重视维护与利益相关者之间的关系。

成本与融资

按2006年价格计算,在2000年至2006年之间,向荷兰议会报告的总体计划中的项目预算从4.42亿欧元增加至6.73亿欧元(增长了52%)。由范围变更引起的增加约占增幅的一半,另外五分之一的增加值则由价格变更引起。尽管负责付款的人员并不喜欢提出导致成本上升的范围变更,但项目团队还是指出要确保在报告过程中尽早标记出此类变更的后果并公开讨论。这样,才避免了令人不愉快的意外发生。

项目组织和管理

指导委员会将交通运输部和农业部、林堡省、荷兰公共工程及水管理局与项目团队联系起来。项目团队尽管需要对荷兰公共工程及水管理局负责,但在很大程度上还是自治的。它负责项目的管理、协调和控制、利益相关者管理、合同管理和技术问题的解决工作。

项目协调和控制还包括法律、采购和人力资源管理。项目管理分为两个部门,一个部门处理赞德马斯和马斯路线主要工作内容,另一个部门处理格伦斯马斯和"合缝"项目的主要工作,这是进一步进行防洪工作的"后续"阶段。每个项目管理部门均负责控制自己管理的项目工作,包括合同管理、利益相关者关系管理以及管理出现的技术问题。随着项目的进行,项目团队的组成也会发生变化,该变化反映了在不同项目阶段要执行的不同任务。尽可能使团队成员参与项目的多个工作内容,以确保可以实现统一标准化的收益。例如,技术经理可能在该项目的格伦斯马斯和赞德马斯中都履行相似的角色和责任。

利益相关者管理已被作为高度优先事项。项目地理区域内的省、市和水务局负责签发许可证和进行持续维护。作为资产的使用者，航运业代表和捕鱼协会必须不断介入并对出现的问题保持知情。邻近土地的个体所有者都享有有关水位的权利和妨害权，但这些权利也适用于受地下水位或水平面变化影响的其他人，这些变化往往发生在上游或下游许多英里以外的地方。使用单独的独特管理资源专门解决此类问题，这些问题在比利时的河流沿岸对比利时国民产生跨境影响，因此涉及文化敏感性。与利益相关方代表举行了定期会议，以确保他们始终了解新出现的问题和项目的总体进度。确保他们消息的一致性和同步性是特别重要的。在与利益相关者进行谈判时，总是在讨论开始之前就明确了项目预算和范围限制。任何新出现的变化都必须考虑政治方面的因素来加以解决。例如，当地市政当局负责他们针对特定问题采用的首选方法的相关额外风险。

组织图

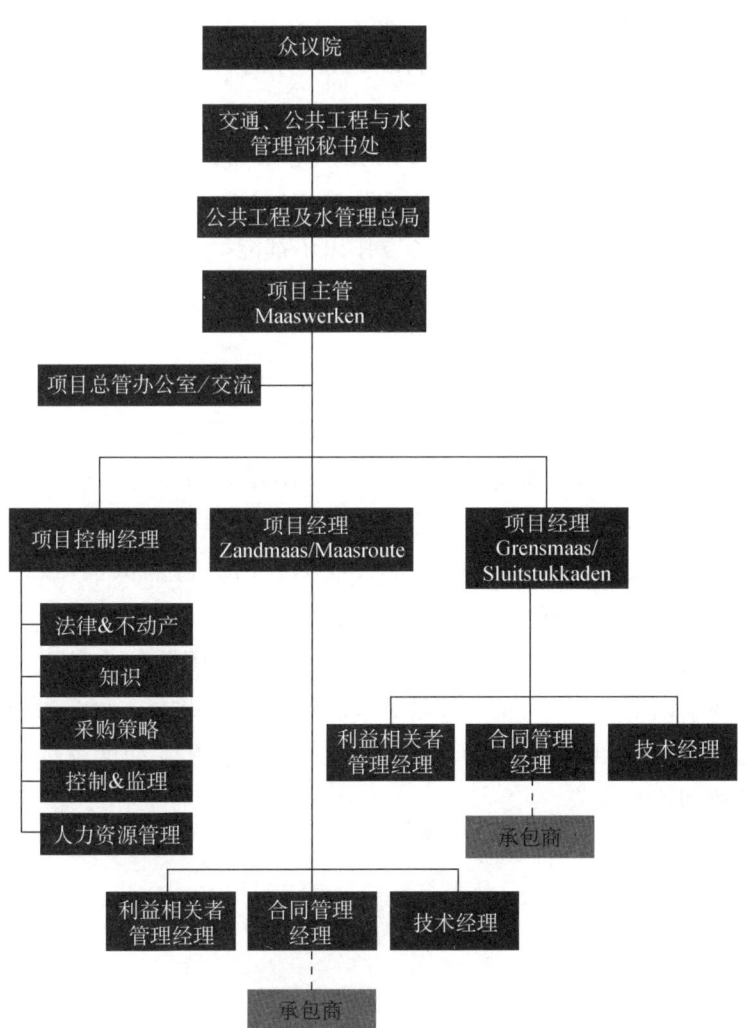

图 14.23　运营过程中马斯河水路工程项目管理机构

承发包

荷兰公共工程及水管理局政策在设计和建造合同的基础上支持租赁合同。相比之下,项目团队在决定采用哪种方法之前,总会评估工作的情境。在某些地区,要进行的工程非常靠近人口稠密的地区,因此合同直接在项目团队内部进行管理,承包商、工程咨询和业主共同努力以取得最佳效果。在其他情况下,项目采用一种被称为"自我实现"(self-realisation)合同的PPP形式。在这种情况下,项目规范完成之后,承包商将负责执行所有主要工作,包括获得必要的许可和权限。骨料的开采和销售所产生的利润能够涵盖与工程相关的成本,在某些情况下,项目还能获得额外收入。工作在严格的框架内开展,其中规定了工作需要达到的质量标准,对环境的影响以及防止或限制其他麻烦的措施。

在评标时,需要严格按照投标截止日期、风险管理(通常由最有能力管理此方面的一方管理)和价格竞争力的标准进行。该项目管理机构竭尽全力与投标人和中标的承包商共享知识,以减少不确定性。它还努力确保工作的整合,以最大程度地实现跨项目要素协同。此外,成功交付一个项目可能会使承包商在项目投标的后期阶段时获得后续信誉。

格伦斯马斯项目工作的初始招标程序倾向于选择已在该地区拥有土地的承包商。这会导致比利时竞标者处于不利地位,因此他们以竞争为由向欧盟委员会提出申诉。在随后的谈判中,合同的承发包过程被迫推迟,这使各方作出了都能接受的妥协,在"外部"竞标者可以平等竞争的情况下,对一些工作包进行了招标。

项目运行

尽管处于整个项目相对较早期的阶段,但一些问题已经得到了成功解决。

整个项目的防洪工作在政治上是很敏感的。最初计划预计工程将于2015年完工,但1995年的洪水带来了更紧迫的工程进度压力,在2005年完成项目施工被定为目标。事实证明,这是不切实际的,因此出现了一系列旨在控制政治压力,同时使整个项目保持平衡的调整措施。重要的居民区已通过永久或临时措施得到保护,预计到2008年年底永久性保护设施将安装到位。全部防洪工程预计将于2015年完成。

该项目努力保存和转移项目团队所获得的知识。总的来说,项目团队的成员不像利益相关者那样固定,这反映了以下事实:职业发展对更大的组织影响更大。而许多利益相关者的组织是很小的。因此,项目团队中的每个人都必须意识到开发和保留项目记忆的必要性,以确保经验教训不会流失。

14.9 波兰 A2 高速公路项目

波兰 A2 高速公路项目(从新托梅希尔到科宁)NETLIPSE 案例研究报告总结

事实和数据	
国家	波兰
建设内容	新建项目公路
建设目的	改善当地的交通基础设施,将当地高速公路融入欧洲高速公路网
长度	150 公里
融资	
融资形式	PPP 模式
欧盟资金	2.75 亿欧元(欧洲投资银行)
时间进度	
特许经营权出让	1997 年
完工时间	2004 年
成本(2000 年价格水平,百万欧元)	
2004 年	638(项目完工成本)

项目目的与范围

波兰公路网迫切需要升级和发展。现有的公路和高速公路以随机的方式发展。公路网络尚未适应目前在整个欧盟范围内已成为标准的较高轴负载,并且无法适应生活水平快速提高带来的交通量激增。由于 A2 高速公路东西走廊,是从爱尔兰科克到俄罗斯鄂木斯克的跨欧洲公路网(E30 高速公路)的一部分,无论是国内还是国际交通,它将成为欧洲交通网络的主要部分。

A2 高速公路建成后,将由波兰到德国的边界希维茨科/法兰克福(奥得河)(在这里与德国高速公路网连接)从西向东穿过波兰中部,再到波兰和白俄罗斯的边界库库雷基。

从西到东,该项目各个部分如下:

板块区域	长度(km)	完工时间	成本估计(百万欧元)	融资模式
希维茨科—新托梅希尔	105	2010	1 009	PPP 模式(波兰道路建筑公司指定的特许公司)以 2007 年价格水平计
新托梅希尔—波兹南—弗热希尼亚	92		638	PPP 模式(波兰道路建筑公司指定的特许公司)以 2000 年价格水平计

(续表)

板块区域	长度(km)	完工时间	成本估计(百万欧元)	融资模式
波兹南辅路	13		243	国家财政预算,欧洲投资银行,扶持中东欧发展基金,以1998年价格水平计
弗热希尼亚—科宁	45	1985—1989	—	已建成
科宁—斯特里科夫	97	2005—2006	511	国家财政预算,欧洲投资银行,扶持中东欧发展基金,欧洲投资银行,欧盟结构基金,以2005年价格水平
斯特里科夫—华沙	94	2010—2015	520	PPP模式:以2007年价格水平计
华沙—库库雷基	163		无	国家财政预算

负责A2高速公路西端的特许公司是波兰道路建筑公司。它是一家特殊目的的股份制公司,于1993年注册成立,负责A2收费高速公路的建造和运营。其主要股东包括参与建设的斯特拉巴格股份公司和NCC国际公司,以及参与公路后续运营的Transroute国际股份公司、库奇科股份公司和斯特拉巴格股份公司。它负责希维茨科和弗热希尼亚之间的公路的设计和建设,并负责希维茨科和科宁之间公路的运营。主要侧重讲述希维茨科和科宁之间公路的建设运营活动,这些活动是波兰道路建筑公司的责任。

图 14.24 项目地理位置

项目历史

为了参与A2项目的竞标、建造和运营,1994年波兰道路建筑公司成立。波兰道路建筑公司在1995年提交了投标书,1997年与政府签署了特许权协议框架,随后在1998—2000年之间通过附件进行了修订。对原始框架进行了各种修改,最终的财务细节直到2001年才确定下来。例如,1998年,波兹南辅路被排除在了融资安排之外,在进一步讨论中发现,最初授予斯特里科夫的特许权权限只包括了以科宁结尾的部分公路。弗热希尼亚—科宁之间的路段已经在上世纪80年代建成,到2003年,波兹南支线和波兹南—弗热希尼亚的路段已完工,新托梅希尔和波兹南的路段于次年完成,其建设工作于1979—1980年开始。

成本与融资

波兰道路建筑公司最初特许权的融资结构涵盖了新托梅希尔—科宁部分的公路,其融资组成为发起人权益(约27%),欧洲投资银行的长期贷款(33%)和长期商业银行贷款(26%),剩余的14%来自通行费收入和施工期间的余额利息。到2005年,该项目的成本(包括波兹南辅路的成本)为9.34亿欧元(以2000年的价格水平计)。建筑成本占 67%,设计和其他行政成本占 9%。其余成本为利息、贷款费用和其他融资成本。

作为特许经营者,波兰道路建筑公司并不拥有 A2 高速公路所在的土地。相反,它还需要每年向国家财政部支付了 700 万兹罗提的租金。

原始的高速公路特许经营权部分的融资结构旨在确保通行费收入可以偿还建设贷款,为高速公路的维护、运营和维修提供资金,并为特许经营公司的股东和政府带来利润。该特许权协议规定了利润共享条款,因此,当收益率低于 10% 时所有收益都由波兰道路建筑公司获得,收益率超过 15% 时,收益由州政府和波兰道路建筑公司按 1∶1 的比例分配。

项目组织和管理

波兰道路建筑公司成立了两家子公司,其所有权反映了各个股东的利益。一家名为 A2 高速公路管理发展有限责任公司与波兰道路建筑公司签订了有关高速公路各部分的设计和建造协议,并已获得了特许权。另一家高速公路运营股份公司与波兰道路建筑公司签订了涵盖 A2 公路的运营和维护的协议。该项目划分了阶段和里程碑,价款支付与项目进度挂钩。

在交通运输部的发展和运营公司之上,出资人和特许公司已任命一名独立工程师,以便从正确施工操作和质量的角度监督设计、施工和运营过程。

对高速公路的财务、建设和运营进行了重要的风险分析。征地拆迁是交通运输部及其代理机构的责任。未能及时将土地交付给波兰道路建筑公司,将导致国家承担增加的费用。同样,与土地交付前的土地所有权有关的土地索赔将直接提交给国家。波兰道路建筑公司负责获得高速公路建设、运营和维护所需的所有必要许可证。

波兰国家公路和高速公路总局局长代表交通运输部,推进波兰道路运输网络的发展和运作,他是国家与波兰道路建筑公司之间关系的主要焦点。根据波兰法律,地方政府密切参与项目的筹备和规划。一方面,人们担心能否将高速公路的建设和运营对环境和社会的负面影响降到最低。另一方面,人们希望确保公路发展可以为当地带来经济好处、土地价值的增长和工业发展。

总体上看,大多数项目所涉及到的地区都表示支持,由于在城市西部已完成 A2 公路建设,导致城市中心的污染和交通堵塞加剧,当地居民和斯特里科夫当局(不是波兰道路建筑公司特许经营权的一部分)的抗议使波兰国家公路和高速公路总局加快了 A2 公路的斯特里科夫绕行公路路段的建设。该项目必须考虑到生态影响。例如,A2 项目的希维茨科—新托梅希尔路段穿过自然美景区域。"设计和建造"的方式使建筑公司能够与相关人员进行反复的讨论,以快速,灵活地找到解决方案。

A2 高速公路管理发展有限责任公司负责项目施工过程。

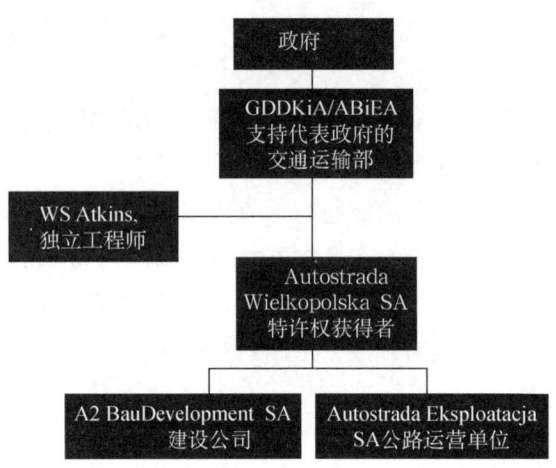

图 14.25　A2 高速公路项目组织

承发包

由于所研究项目实体的性质，案例研究报告的重点是波兰道路建筑公司与公私合营结构中主要参与者之间的合同关系，而不是建造者与运营商及其供应商或分包商之间的关系。

关键的合同协议是波兰政府与波兰道路建筑公司之间的特许协议和附件。波兰政府作为 2.75 亿欧元欧洲投资银行贷款的担保人，也是该贷款协议的一方。波兰道路建筑公司是该协议和所有其他贷款协议的另一方。该协议由政府、贷款人和波兰道路建筑公司与独立工程咨询公司阿特金斯达成。如前所述，波兰道路建筑公司通过与其建筑和运营子公司签订合同来履行其在特许权协议下的义务。特许协议的主要内容已经在其他地方提及，它的其他功能将在下文中阐述。

合同的"设计和建造"部分规定了固定价格，即总包设计和施工价格。对于因波兰国家公路和高速公路总局要求的高速公路规格变更而导致的费用超支，政府应向波兰道路建筑公司支付赔偿。合同还规定了完工日期。对于因承包商的过错而导致的工程任何部分的时间延误，承包人应支付违约金，最高不超过每个部分总建筑价值的 5%（某些不可抗力事件导致的延误可能会减轻）。整个施工建设过程由独立工程师监理。

如果波兰道路建筑公司违反了特许协议中的任何规定，未在允许的时间内纠正，则该国家有权终止特许协议。贷方有权纠正违约行为或发起止赎拍卖。部长可酌情通过书面通知终止特许权。在这种情况下，除其他规定外，国家财政部将偿还当时的未偿债务总额。

项目运行

在案例研究提到的具体问题中，由于新托梅希尔附近的软土地基条件问题，要求对其进行土壤交换、进行土壤压实和采用由桩支撑的钢筋混凝土平板的构造，以便充分支撑高速公路车道。通过在铁路沿线安装预制构件，然后拆除现有结构，并将重达 5 600 吨新结构安装就位，可以完成对穿越波兹南辅路的铁路天桥的更换。旧桥拆除、新桥的定位布置以及铁路基础设施的更换是在 63 小时作业过程中完成的。

最初，种植 47 000 棵树木和灌木是失败的。供应这些植物的最低价的投标者是一家外国供应商，该供应商提供的植物无法适应波兰的气候，然后通过较小规模的本地采购进行了补植。

最初，由于通行费的征收，导致卡车等道路使用者转向使用不适合重载交通的替代性地方公路，而减少了高速公路的使用。此外，使用替代公路的卡车司机还向其雇主出示了伪造的高速公路通行费发票。现在，只要购买了预付的机动车贴标，超过 3.5 吨的车辆驾驶员就可以免费进入高速公路。由于带有预付的机动车贴标的卡车可免费通行高速公路，高速公路上卡车交通运输量增加（在采用新系统的第一个月中卡车交通运输量增加了 100%），并相应改善了项目的财务状况。

根据经验，项目建设过程中对法律进行了修改，特别是在土地和财产的获取方面，以简化和加快波兰公路网的重建和升级。第二次世界大战期间土地记录的破坏以及随后土地所有权的分散化，使土地征用特别复杂。现在，特殊规则适用于波兰所有公共公路（地方、区域和国家）的处理。

在其他方面，波兰公路在规划程序上的简化需要进一步改善，并进一步修改法律，尤其是在建筑和采购法方面；征地拆迁（物业合并）流程也需要进一步改进；另外，还需要更好地了解与利益相关者对话的重要性。

14.10　波兰 A4 高速公路项目

关于波兰 A4 高速公路项目（从克拉科夫到卡托维兹）NETLIPSE 案例研究报告总结

事实和数据	
国家	波兰
建设内容	升级现有公路基础设施，增加公路收费
建设目的	改善当地交通基础设施，接入欧洲公路网
长度	61 公里
融资	
融资形式	PPP 模式
欧盟资金	6 000 万欧元
时间进度	
原建设工程（收费路段）	1980 年代至 1990 年代
特许权获得	1997 年

(续表)

时间进度	
阶段 I	1997—2000 年
收费引入	2000 年
阶段 II a	2003—2009 年
阶段 II b	2010—2018 年
成本(2005 年价格水平,百万欧元)	
阶段 I	51(阶段 1 完工成本)
阶段 II a	100(阶段 2a 预计成本)
阶段 II b	125(阶段 2b 预计成本)

项目目的与范围

波兰公路网亟待升级发展。已经存在的公路和高速公路是随机发展起来的。公路网络采用目前欧盟的整体标准,不仅无法适应更高的车辆荷载,且尚未准备好应对生活水平快速提高所带来的交通流量激增。波兰的 A4 高速公路是从布鲁塞尔到基辅(乌克兰共和国首都)的 E40 公路的一部分。该项目完成后,波兰段将总计 670 公里,其中 375 公里目前是开放的。这条公路横跨五个地区,连接着地区首府,因此具有重要的区域、国家和国际意义。

图 14.26 项目地理位置

Stalexport 集团小波兰省高速公路公司(SAM)是全长 61 公里的克拉科夫—卡托维兹高速公路 A4 段的特许公司。该特许权以 1997 年最初的特许权为基础,经过 2004 年的修改,预计最终将持续到 2027 年。

项目历史

1995 年,波兰国家公路和高速公路总局就 A4 高速公路克拉科夫—卡托维兹段的升级改造及随后的收费运行启动了招标程序。1996—1997 年,在向 Stalexport 集团授予特许权之前,波兰翻修了路面以及数量有限的桥梁。Stalexport 集团是一家在华沙交易所上市的公司,拥有意大利公司 Atlantia 股份公司 56%的股权,Atlantia 股份公司持有 SAM 的全部股本。SAM 作为一家仅仅参与克拉科夫—卡托维兹特许经营的独立企业,能够获得承揽各种活动的 Stalexport 集团无法获得的特定贷款资金。

该特许经营项目分为三个阶段:第一阶段从 1997 年持续到 2000 年,使用 Stalexport 集团自己的资金,建立运行"收费"业务所需的基础设施维护和管理中心、通讯网络和紧急路边电话以及休息区和收费广场。这一阶段耗资 5 100 万欧元(所有价格均为 2005 年价格水平)。第二阶段预计耗资 1 亿欧元,包括重建 56 座桥梁、重铺整个行车公路面、兴建行人过路天桥及隔音屏障。最后一阶段将从 2010 年持续到 2018 年，估计费用为 1.25 亿欧元，届时将重建所有尚未完工的桥梁，改善排水和水处理设施，并提供四个额外的休息区，两个重建的立交桥和动物过境点。

成本与融资

1996—1997 年补救工程的初始资金来自国家财政和欧洲复兴开发银行的 6 000 万欧元贷款。当特许经营权被出让后，偿还贷款的责任就转移到了 Stalexport 集团身上。通行费是唯一的收入来源。2005 年，Stalexport 集团与由 4 家银行组成的联合体签订了 1 亿欧元的贷款协议，贷款期限为 15 年，这与该项目第二阶段的工程有关。

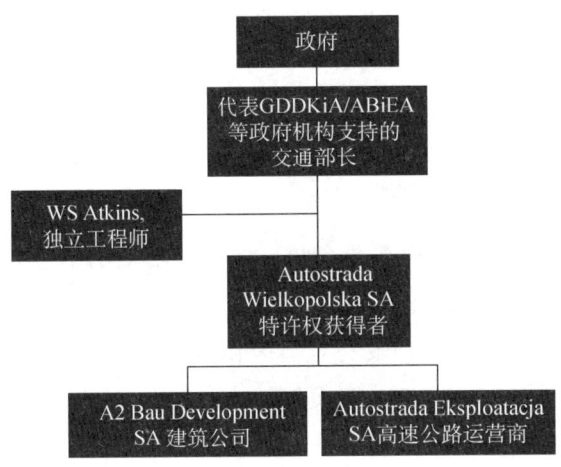

图 14.27　A4 高速公路组织

承发包

波兰国家公路和高速公路总局局长代表交通运输部，在推进波兰道路运输网络的发展和运作方面采取行动，是国家与波兰道路建筑公司之间关系的主要焦点。

所有的合同订立都是按照国际咨询工程师联合会（FIDIC）准则和公共部门采购条例规定的程序进行的。与以往所采用的私营部门办法相比，后者对私营部门特许公司提出了更长的时间和更严格的程序这两方面的挑战。为了方便获得贷款融资，重建的特许权和资金从 StalExport 转给了 SAM。高速公路的收费和维护运营者是 StalExport 和 Transroute International（Egis 集团的一部分）的合资企业，被称为 StalExport-Transroute Autostrada SA（STA）。公路运营的费用采取固定费用和与交通量相关要素结合的形式。与收入和流量获取相关的风险由特许权人承担。

波兰国家公路和高速公路总局制定了设计框架，且后续开展的详细设计工作必须得到其认可。在公路初步整修的情境下，波兰国家公路和高速公路总局的前身组织负责取得建筑许可证，波兰国家公路和高速公路总局与特许承建商就后续工程进行合作，并负责获得公路开发工作所需的土地。

项目运行

根据波兰法律，地方行政当局密切参与项目筹备和规划。一方面，人们渴望尽量减少高速公路的建设和运营对环境和社会的负面影响；另一方面，人们希望确保公路发展可以为当地带来经济比较优势、土地价值增长和工业发展。

　　A4 高速公路的兴建并没有产生任何严重的规划或社会问题，部分原因是在收费计划实施的多年前已确定了路线。而仍存在的关于噪音水平的投诉，在很多情况下已得到解决。未完成的项目工作应解决其余问题。其他投诉如高速公路入口不足等，其责任不在特许经营条款之内，属于波兰国家公路和高速公路总局的责任范畴。

　　A4 高速公路的通行费征收遇到了和 A2 高速公路同样的问题，即卡车等道路使用者转向不适合重载交通的替代性地方公路，而且使用替代公路的卡车司机也向其雇主出示了伪造的高速公路通行费发票。此问题的解决方案亦如 A2 高速公路，即销售预付的机动车标签。

　　与此同时，运营公司采取措施鼓励人们使用这条公路，在限定的低使用率日引入极低关税，以鼓励原本不使用这条路的人进行尝试，并向他们展示使用这条公路带来的省时以及其他方面的好处。

　　运营公司 STA 没有充分考虑到沿线所经历的严酷冬季条件。最初，结冰的强度和降雪的深度是始料未及的，也没有充分的越冬维护措施。

　　类似于 A2 高速公路，A4 高速公路的建设也涉及到政府对土地和财产法律的修改，从而简化波兰公路网的升级重建。详情请参见 A2 高速公路案例。

14.11　芬兰 E18 高速公路项目（穆尔拉—洛赫亚路段）

芬兰 E18（穆尔拉—洛赫亚路段）高速公路项目 NETLIPSE 案例研究报告总结

事实和数据	
国家	芬兰
建设内容	新建公路项目
建设目的	完善基础设施，减少出行时间和缓解交通拥堵
长度	51 公里
交通运输量	双向双车道
融资	
融资形式	芬兰的"全过程"PPP 模式
欧盟资金	没有补贴，但欧洲投资银行提供了贷款资金的 50%
时间进度	
1990 年	完成初步可行性研究

(续表)

时间进度	
2002 年	拟定路线
2005 年	签订服务协议
完工时间	2008 年秋
现状（2008 年）	建设中
成本（2004 年价格水平）	
2005 年	价值 6.38 亿欧元的服务协议

项目目的与范围

E18 是欧洲公路网的一部分，该公路网将芬兰与斯堪的纳维亚半岛的其余部分连接起来，并与欧洲西部和俄罗斯东部相接。它从图尔库和纳楠塔利港口经赫尔辛基到达俄罗斯边境，最终到达圣彼得堡。这条公路的建造和升级是零散进行的，从赫尔辛基向西的双车道始建于上世纪 60 年代，始于图尔库的东向车道于完工 2003 年。此外，还建造了另外两段短的公路路段。目前，穆尔拉和洛赫亚之间距离为 51 公里的主要路段即将完成（该路段是本案例研究的主题）。预计到 2015 年，赫尔辛基和俄罗斯边境之间的其余非高速公路路段将完全建成双车道。

该公路的穆尔拉和洛赫亚段包括 51 公里的双向双车道，7 座隧道（共 5.2 公里）、8 座立交桥和 75 座桥梁。该项目可以带来如下好处：过境交通将从本地公路网转移至新公路（本地公路网完全不适合当前的流量和负荷），从而缩短了国际和本地交通的旅程时间。该项目预计将直接带来经济利益，此外还将带来社会利益，至少会减少交通事故发生。

项目历史

1990 年批准了穆尔拉—洛赫亚路段的规划大纲，直到 1996 年，概略的环境影响研究已经完成。然而，由于欧盟通过了保护濒危物种的新法规，这一问题不得不重新进行讨论，因为拟议的路线经过了一种鼯鼠的栖息地，该鼯鼠是新法规所涵盖的保护种群之一。修订后的环境影响评价遭到各种生态团体的质疑，与这些反对意见有关的法律程序使该项目的启动时间从 2002 年推迟到 2005 年。

该路线于 2002 年最终确定，芬兰政府于 2004 年决定该项目应使用已在欧洲其他地区使用的"全过程"模式的 PPP 方式进行。这使该项目摆脱了短期资金限制，总预算拨款为 7 亿欧元，并进行了邀请招标。2005 年 6 月，优先竞标者中 5 个联合体通过了资格预审，其中三个参与了竞标与谈判，并于 2005 年 10 月 27 日签订了服务协议。预计工作分两个阶段完成，一个阶段于 2008 年结束，另一个阶段于 2009 年完成，但是在竞标过程中却发现有机会在 2008 年完成所有工程。

在该项目中，芬兰公路管理局作出了一个有意识的决定，即在开始进行承包合同之前需要完成所有行政准备工作。这解决了在计划阶段与利益相关者的讨论中包含的所有合同问题,意味着将消除或者充分了解业主通常所面临的大多数风险。虽然这消除了很多不确定性因素,但也意味着合同执行的灵活性范围受到限制。

成本与融资

该项目的服务协议规定由芬兰公路管理局和国道 1 号道路公司签订,芬兰公路管理局将平均每年向国道 1 号道路公司支付约 3 000 万欧元,该资金用于从路段通车到 2029 年该路段归还给芬兰公路管理局前的这段时间内路段的设计、融资、建设和维护。合同金额为 6.38 亿欧元。其中建造部分 2.99 亿欧元。均以 2004 年价格水平计算。

预算拨款规定的总体最高限额确保了投标出价大体上与预期一致,尽管仍需要调整付款的范围与分期,以确保其可以被接受。中标的联合体在与投资银行的联络上投入了大量时间和精力,并拥有出色的财务规划专业知识。

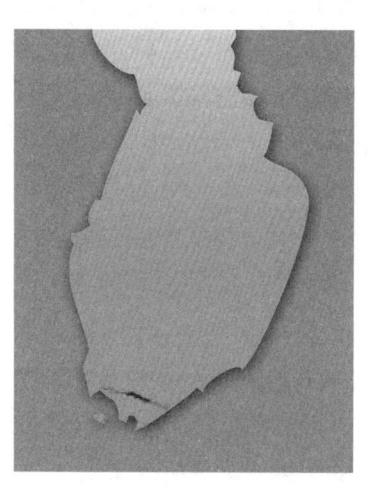

图 14.28　项目地理位置

对该过程的后续评估得出的结论是,尽管设计和建造合同将更简单并且看起来可以更快地实施(因为不会出现资金问题),但仍采用 DBFM 模式交付了一个耗资 2 000 万欧元的工程。这种模式导致其造价更为便宜,而且施工阶段的交付时间比原本提早了两年。因为收益流直到项目完成才能产生,所以中标者倾向于在切实可行的范围内尽快进行交付。

项目组织和管理

使该项目投入使用的最终权力在芬兰议会手中,由芬兰公路管理局通过交通运输和通讯部代表芬兰议会行使。该项目的管理工作主要是由一小部分人兼职承担的,在采购、财务、法律和技术问题方面将根据内部和咨询建议进行补充。由于"全过程"融资的创新性,交通运输部已经建立了一个由利益相关方组成的工作组,该工作组目前每年四次审议进展和成果。

芬兰公路管理局的项目团队人数一直很少,这促生了一种新的协作方式。服务提供者及其提供资金的银行应对工程交付进行监督,并邀请专家来解决过程中出现的任何临时问题。在服务协议中非常明确地规定了人员的角色和责任,并且对于及时优质交付采取非常有力的激励措施。正如前文所述,项目完成后才向承包商支付价款,并且国道 1 号道路公司对整个生命成本都很关注,不及时的交付会损害未来的维护成本。国道 1 号道路公司由瑞典斯堪斯卡基础设施发展公司,英国铺道股份有限公司和芬兰 Lemminkäinen 公司拥有。国道 1 号道路公司已委托斯堪斯卡基础设施发展公司和 Lemcon 有限公司组成的联合体进行工程的建设和维护工作。国道 1 号道路公司将获得欧洲投资银行、北欧投资银行、芬兰北欧银行、瑞士商业银行和苏格兰皇家银行的融资。在项目的早期阶段,获得公路所途经的七个市政局的建设许可证和环境许可以及与土地所有者的谈判是利益相关者管理的重点。有争议的土地征用问题通过司法程序处理。此外,如前所述,该项目在鼯鼠有关的生态问题中为获得必要的许可证和豁免权而付出了巨大努力。

鉴于在开始招标之前需要清除所有规划管理方面的障碍,所有利益相关者的管理均由芬兰公路管理局和交通运输和通讯部进行。一旦开始施工,国道1号道路公司及其施工联合体(将向其提出大多数投诉和问题)将在与外部各方的联络中发挥主导作用。

组织图

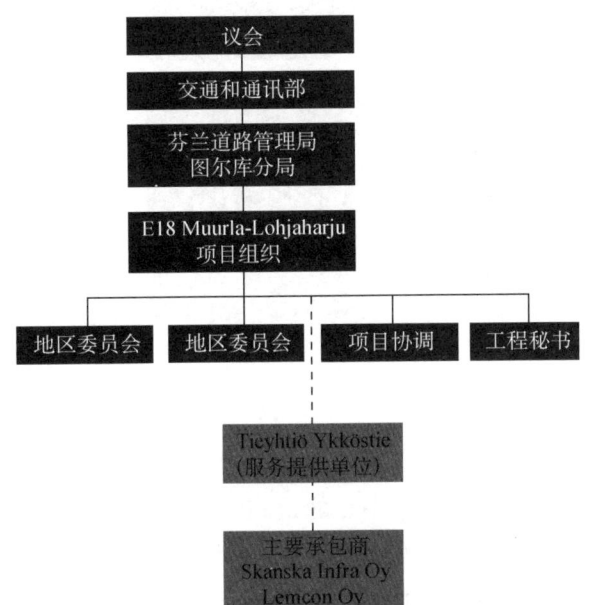

图 14.29　E18(穆尔拉—洛赫亚路段)项目组织

承发包

选择 PPP 作为合约模式有利于项目开工。由于缺乏资金以及与其他重要公路和铁路项目的竞争都延误了该项目开工的时间(除了因"鼯鼠"而已造成的延误),因此该项目决定选择 PPP 模式。做出此决定的主要原因如下:第一,以前在芬兰和其他地方拥有 PPP 模式的积极经验;第二,欧盟在交通基础设施建设中偏爱采用 PPP 模式;第三,采用 PPP 模式可以加速完工;此外,由于付款时间较长,采用 PPP 模式可以分散预算负担。

国道1号道路公司负责服务协议期内项目的设计和工程、资金以及服务和维护工作。它使用芬兰公路管理局的"全过程"模式,这是 PPP 模式在芬兰的应用。该模式通过整合整个过程以及将服务费与服务质量挂钩,确保更高的生产率和更优的总费用;并且通过确保风险由最适合管理风险的一方来管理,从而优化风险管理。到目前为止,欧盟没有给予补贴,但是项目正在申请全欧网络支持。

当公路通车时,芬兰公路管理局将向服务提供商支付平均每年3 050万欧元的服务费,直至2029年,为期21年。为了降低协议的名义价值,以使预算拨款额保持在7亿欧元内,采用了两阶段的方法支付服务费(从 2009 年至 2018 年,每年约 3 850 万欧元,从 2019 年至 2029 年,每年约 2 600 万欧元)。如果国道 1 号道路公司无法按时完成项目,则会支付与延误有关的罚款,每天约 8 万欧元。相反,如果公路提早开通,每提早一天,国道 1 号道路公司将获得 21 000 欧元的奖金。

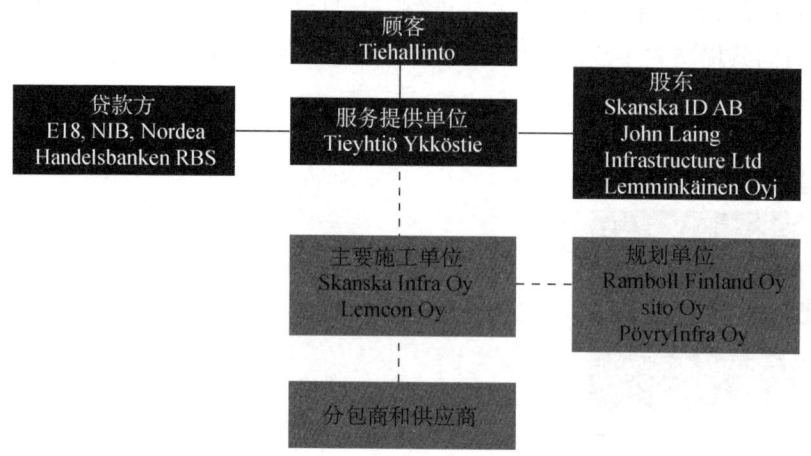

图 14.30 E18(穆尔拉—洛赫亚路段)高速公路合同关系

项目运行

该项目的中标方案远远优于其他的投标方案。国道 1 号道路公司的施工进度安排非常紧凑。他们对关键路径的分析使他们能够将精力集中在隧道施工这一最关键的要素上。对新设备的早期投资使他们能够在关键隧道两部分都签订合同后立即启动工作。这样可以比最快完工的竞争对手提前 18 个月计划完工。尽管方案缺乏灵活性,但国道 1 号道路公司的投标人仍采用了更具创新性的方法(例如隧道建设,公路坡度剖面图),这使他们可以更好地优化施工和维护工作。

除了之前提到的鼯鼠的问题,迄今为止,公路建设还必须解决其他环境问题。这些措施包括提供将水从隧道内收集到封闭容器中的设施,以便在污水排放到自然环境之前对其进行运输和净化;对土壤中的铅污染的处理(狩猎中使用铅丸的结果)以及提供大部分透明的噪声消除设施,在控制噪声的同时减轻其视觉影响。

14.12 德国纽伦堡—英戈尔施塔特铁路项目

德国纽伦堡—英戈尔施塔特铁路项目 NETLIPSE 案例研究报告总结

事实和数据	
国家	德国
建设内容	新建项目铁路

(续表)

事实和数据	
建设目的	缩短旅程时间,增加交通运输量
长度	89 公里
融资	
融资形式	国家资助的资金达到预先设定的限额,此后由德国铁路资助
欧盟资金	全欧交通网络基金 1.973 亿欧元
时间进度	
1983 年	概念定义
1998 年	项目动工
2006 年	服务开通
现状(2008 年)	已完工
成本(2007 年价格水平,百万欧元)	
2005 年	3 551(纽伦堡—慕尼黑整体项目完工时的成本)

项目目的与范围

纽伦堡—英戈尔施塔特高铁线是缩短纽伦堡和慕尼黑之间铁路路线计划的一部分。铁路在中间车站设有具有超车点的双轨道,以便快车超越慢车。纽伦堡和英戈尔施塔特之间的路段是新建线路(以下简称 NBS);在英戈尔施塔特和慕尼黑之间的路段是升级轨道(以下简称 ABS)。纽伦堡—英戈尔施塔特路段长 89 公里,其中 27 公里在隧道内。NBS 铁路段的最高时速为 300 km/h,可容纳时速为 160 km/h 的快速货运列车。纽伦堡和慕尼黑之间线路的改进本身就是欧洲高铁网络发展的一部分,在这种情况下,该铁路线从斯德哥尔摩途经柏林和慕尼黑,最终到达维罗纳。总体方案将使纽伦堡和慕尼黑之间的旅行时间减少 40 分钟,并将提高轨道交通运输量。

项目历史

该计划最初是由统一前的德国联邦铁路于 1983 年提出的,并于 1985 年纳入了联邦交通基础设施计划。关于新建/升级后的路线是应直接通过因戈尔施塔特还是以绕行的形式通过奥格斯堡大都市区引发了许多讨论。奥格斯堡由于重点关注新路线对环境的影响,直到 1998 年才开始建设 NBS 这一部分。此时,德国已经重新统一,东西德铁路管理部门合并组成了德国铁路公司。该项目于 2006 年完成,恰逢 2006 年 FIFA 世界杯开幕。

成本与融资

德国铁路根据私营法律运营,但依靠国家的财政支持来建造此类大型基础设施项目。初步设计完成后,德国铁路将向联邦政府申请资金。在对方案进行评估并获得临时批准之后,需要进行必要的法律程序,例如许可申请,在一切就绪后联邦政府发放建设资金。随后的支出由联邦铁路局监控。这些监控过程与正常的私营法律中使用的监控过程不兼容,因此需要通过并行的过程报告以及时达成和解。

为了避免这种官僚主义的复杂性并发挥总承包模式的成本节省特征,德国铁路提议国家对必要的预算资助应设置上限,德国联邦铁路以外的任何超支都应由总承包商承担。与 2007 年一样,该计划的最终成本为 35.51 亿欧元。联邦政府的固定出资为 1.97 亿欧元,巴伐利亚州和地方政府出资为 1.8 亿欧元,欧盟出资 1.97 亿欧元。德国铁路承担了超出此费用水平外的所有费用。

最初,只是对项目进行零散的风险管理。但自 2002 年以来,项目经理/建设者德国铁路建筑公司建立了成体系且积极主动的风险管理系统。在此之前,并没有借鉴过去的项目经验,并且常常会遗失过去的项目经验;但是现在,德国铁路建筑公司将现实的成本和风险预测置于更加规范、多学科的基础上;同时考虑到风险和机遇,并为项目带来更大的成本稳定性。

图 14.31 项目地理位置

项目组织和管理

上述联邦交通运输基础设施计划(BVWP)是德国联邦交通部(BMVBS)的责任。过去,德国铁路负责铁路发展的所有工作,但现在该领域和授权权已移交给联邦交通运输部的代理人,联邦铁路局。由联邦铁路局负责融资,建筑许可证获取、技术授权和铁路监管。

一旦获得授权,项目将由三个铁路基础设施公司实施:德国铁路网群股份公司,德国铁路车站服务股份公司和德国铁路能源有限责任公司。在这种情况下,主要是通过德国铁路的另一个子公司为媒介,其大型项目部门德国铁路建筑公司进行的。德国铁路建筑公司专门从事设计、项目计划、管理和监督工作,包括招标,协调和建立维护制度。

在项目初期,德国铁路建筑公司的前身依靠承包商自己的成本,质量和时间管理体系来控制系统。直到 2001 年,这种方法导致了明显的协调问题,因此德国铁路建筑公司被设立来承担更积极的角色,并最终由各个项目经理来监督每个项目要素。

联邦铁路局和德国铁路建筑公司每隔四到八周举行一次会议,会议针对项目进展的各个方面采取固定的议程方法。这些会议使得项目范围变更程序不那么官僚化。任何超出联邦铁路局先前批准的一般批准范围的变更,都必须经过进一步的批准程序。

利益相关者管理在该项目中处于绝对性重要的地位。虽然与奥格斯堡市政府的关系已经纳入管理中,但也出现了其他问题。上至巴伐利亚行政法院,下至利益相关者,环境保护一直是一个被关心的话题。噪声污染问题仍然是引起当地关注的原因。尽管NBS的大部分路线是沿A9高速公路行驶的,但德国行政法还是在独立而非总体的基础上审查了每种噪声污染源。尽管处置噪声污染的措施早已存在,但仍需要为铁路线安装其他噪声治理设施。

尽管与德国其他地方的方案相比,该方案的反对者的数量相对较少,但许多理想的方案仍具有潜在的破坏性。它们一般会被德国铁路建筑公司认可,因而不用冒着因诉讼程序而导致延误的风险。在地方利益相关者可以积极参与流程的情况下,这通常会带来好处。例如,通过尽早与当地水管理局展开讨论,可以简化与洪水有关的潜在问题的解决方案设计。

组织图

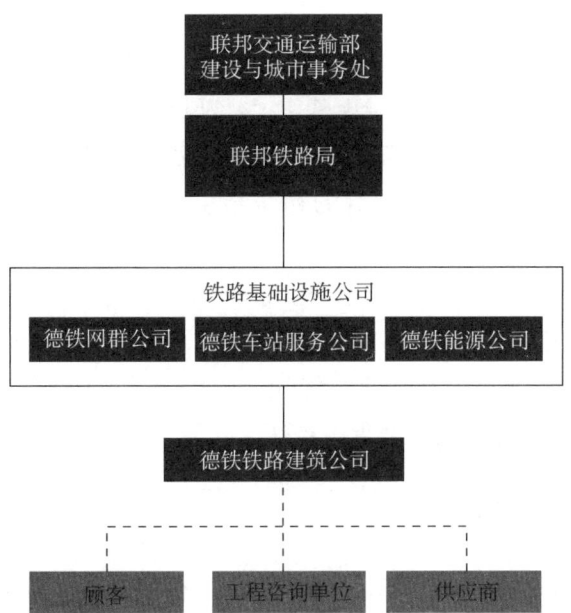

图 14.32　纽伦堡—英戈尔施塔特铁路组织图

承发包

德国联邦政府与德国铁路的关系在上文已经提及。建设项目不同部分的施工合同都与总承包商签订,然后由总承包商负责管理和协调更多专业分包商的工作。合同是根据当地政府准备的文档在1997年至1998年之间授予的,但通过德国联邦铁路的采购服务职能进行了集中评估。为某一段路线指定单一承包商简化了项目协调和控制的过程,并且还有助于迅速解决每个合同中涉及的不同"交易"之间的界面问题。其另一个好处是,这种方法减少了与地方和区域利益相关者的必要联络关系。下文将提到与喀斯特地貌有关的问题导致成本大幅上升。

项目运行

自铁路线通车以来,该铁路没有被报道过特别严重的问题。但是,必须解决在施工过程中遇见的如下几个问题。

NBS线路穿过一个以喀斯特地貌为特征的地质区域,有许多表面干燥、但含有地下洞穴的凹陷地面。在这样的地区,隧道施工非常困难,而且初步调查难以确定这些隧道危险地点的确切位置和性质。这些未列入预算的问题导致德国铁路的成本大幅上升,并将由其承担成本超支的费用与风险。尽管德国铁路建筑公司成立了一个由规划人员、专家和顾问组成的团队,即所谓的"喀斯特特遣队"(该团队并不包括承包商代表),但事后看来,这并不成功。

在施工期间必须接受对安全规则和条例的更改。德国铁路建筑公司与联邦铁路局积极合作,以确保在项目建设中采取明智且务实的方法。例如,对隧道混凝土覆盖层的安全标准进行了修改,以确保适用于所有尚未实施的方案。通常避免对已经进行的工作进行追溯性应用。

纽伦堡—因戈尔施塔特铁路线的部分也采用平板轨道的试装,并非使用先前计划、预算和批准的正常基床压载基础,该轨道铺设在刚性混凝土基座上,该刚性混凝土基座铺设在液压粘合的基础层上。尽管初始成本比常规铺设的轨道要高得多,但以后的维护需求可以显著减少,并且乘坐质量也会得到改善,监测的初步结果表明情况确实如此。

14.13　丹麦和瑞典厄勒海峡通道项目

丹麦和瑞士厄勒海峡通道项目 NETLIPSE 案例研究报告总结

事实和数据	
国家	丹麦和瑞典
建设内容	新建项目公路和铁路
建设目的	桥梁、高架桥、人工岛和隧道以及相关的引道工程
长度	16公里(不包括相关的公路和铁路连接部分)
交通运输量	每天超过48 000趟旅程
融资	
融资形式	丹麦和瑞典政府间接支持的国际贷款融资
时间进度	
1990年	启动详细规划
1991年	签订政府间协议
1993年	启动丹麦相关土地工程

(续表)

时间进度	
1994 年	两国政府分别批准连接部分的建设
1995 年	瑞典环境许可,合同出让和工程开工
完工时间	2000 年 8 月
成本(1990 年价格水平,百万欧元)	
1991 年	1 570(决策预算)
2000 年	1 990(项目完工成本)

项目目的与范围

跨海大桥厄勒海峡通道的建设旨在加强厄勒海峡地区的经济和文化合作,包括丹麦的西兰岛、洛兰—法尔斯特岛、博恩霍尔姆岛(哥本哈根及其腹地)和瑞典南部的斯科讷,其主要城镇是马尔默。与厄勒海峡相邻的卡斯特鲁普机场是日益重要的空中交通枢纽,目前在欧洲排名第六。该地区有 360 万居民。

该项目的主要目的是通过刺激海峡两岸的发展并建立共同的劳动力和住房市场来改善丹麦和瑞典之间的交通运输联系,从而加强文化和经济合作。

该项目包括两国之间长 16 公里的跨海通道,涵盖一座长 7.8 公里的桥梁结构,一个长 4 公里的人工岛和一个长约 4 公里的隧道。在每一端都有地面工程:丹麦一侧为 430 米的人工半岛;瑞典一侧为终点站、收费站和控制中心。丹麦当局已经修建了一条 18 公里长的铁路和 9 公里长的高速公路,而在瑞典一侧,正在建设 10 公里的高速公路和 10 公里的铁路。

项目历史

尽管以前曾提出过一些有关跨海大桥的建议,但直到 1990 年,稳定的政治和经济条件,以及在丹麦建造的大贝尔特桥,为该项目创造了良好的氛围。厄勒海峡通道现在是瑞典与欧洲大陆之间跨海大桥中唯一缺少的部分。对欧洲其他地区的日益重视,使斯堪的纳维亚半岛与西欧的联系更加紧密。

1991 年 3 月,丹麦和瑞典政府签署了一项协议,在厄勒海峡两岸建立跨海大桥。该协议于当年 8 月由两国议会批准。虽然在决定厄勒海峡项目时的政治局势并不特殊,但是因为没有其他人可以阻止协议的达成,所以此时瑞典和丹麦政府的两位负责人之间的私人关系似乎至关重要。主动的管理模式使两国政府都能抓住随之而来的机会。有利的政治氛围和项目"拥护者"的存在至关重要。

应当指出,环境问题在整个项目中极为重要,如果处理不当,可能会导致延误和成本超支。由于瑞典和丹麦对环境问题的处理有所不同,使得该问题较为复杂。在丹麦,有关某个特定重大项目的所有问题均通过一个单独的法律来最终确定,将该项目作为一个实体,可以考虑其决策和管理的独特要素。

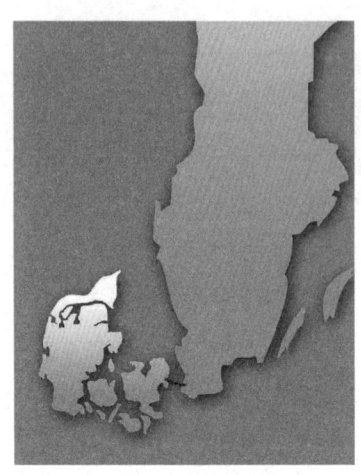

图 14.33　项目地理位置

瑞典特定主题的环境问题由相应的主管部门处理。例如，瑞典关于水的决策有专门的法律制度。由于厄勒海峡项目跨越水域，因此它受制于处理水政策的部门，即与水法庭，该法庭可以决定是否允许该项目继续进行。因此，它成为了项目规划和准备阶段的主要参与者。项目对疏浚工程的溢流水平，以及对进出波罗的海的水流的潜在干扰进行了讨论，并最终作出了一项决定，即溢流量不得超过 5%，且对水流采取"零解决方案"，使往返波罗的海的水流不会受到干扰。

1993 年 9 月，丹麦地面工程开工。1994 年 6 月，瑞典政府在项目满足许多环境要求的前提下，批准同意项目建设。1994 年 7 月，丹麦交通运输部批准了丹麦境内厄勒海峡通道的总体设计、路线和环境条件。

根据瑞典水务院 1995 年的决策，工程合同得以签订并开工，而且进展迅速，直到 1999 年，该项目明确了从承包商计划中取消"应急费用"将使项目尽早完成。适当的激励措施和工作优化使完工的时间比原计划提前了几个月。最终，该跨海大桥已于 2000 年 8 月开放。

成本和融资

两国之间的条约规定了筹集资金和为大桥交付付款的权利。该通道在财务上是积极的，其融资、建设和运营成本应由收费收入支付。两国均按 1∶1 的比例分摊成本和收入。贷款从公开市场获得，并由两国提供担保，以确保具有竞争力的利率。预计将在 30 年多的时间内偿还贷款。

该项目的安排看起来非常稳健。两国支持的项目资金因项目发起人（厄勒海峡联盟，自 1999 年起命名为厄勒海峡通道联盟）的自主性而独立于政治辩论之外。融资安排在两国间的协议中得到了充分解决，并直接反馈到商业计划中，其中包含运营阶段。总体而言，项目预算是准确的，并包含支出成本。

项目仅进行了两次显著的预算修订，均与符合环境要求的其他工作相关联（由厄勒海峡联盟预计）。在项目运营阶段，厄勒海峡通道联盟拥有独立权力来设定大桥的收费标准，从而将该决定与政治领域分开。

由于刚开通时流量和收入均低于预期，因此该跨海大桥最初受到了批评。一方面，2000 年桥梁通车后，驾车旅行的人数低于最初的期望。而另一方面，乘火车旅行的人数仍与预测相似。但是，自 2000 年以来，观察到行车行为发生了重大变化。使用桥梁的通勤者比例随着时间的推移逐渐增加。桥梁上的交通量迅速回升，直到 2006 年超出了最初预测的交通量。由于瑞典的房价相对较低，而丹麦的就业机会更多。所以人们喜欢选择在瑞典生活但是前往丹麦工作。目前，厄勒海峡通道公路交通产生的收入低于预期,这并不是因为乘客数量低于预期,而是穿越该跨海大桥的旅行者的平均票价较低。导致这一情况出现的关键原因在于,预测工具可能无法很好地应对面临重大市场变化的项目,因为收益需要时间才能显现出来。

此外,可以看到该项目收益的其他示例。斯科恩的 GDP 增长高于瑞典其他任何地方,这是因为在 1999 年到 2007 年间,来自丹麦的机会拉高了斯科恩的就业率。该地区已发展成一个物流配送中心,北欧总部在马尔默地区的办公场所已大大增加。2001 年,哥本哈根港口和马尔默港口合并,自 2002 年以来的 5 年中,该港口的交通量增长了 37%。这证明了该大桥项目已经实现了经济增长的关键目标。

项目组织和管理

两国之间的条约显然是大桥成功建设极其重要且必要的第一步。该条款中列出了该项目的规则,但重要的是它并未试图改变两国的基本法律。相反,厄勒海峡联盟接受两国法律、法律制度、标准和政府角色方面的差异,并试图从一开始就对其进行规划和管理。厄勒海峡联盟在条约的准备工作中投入了大量精力,这被证明是该项目随后的组织和管理以及该跨海大桥后续运行的坚实基础。受访者还主张,为该项目建立一个自治机构及其后续运作是协议的关键要素。这一新的实体此后能够建立和维持对项目的资助,而不受任何一方的日常干预。

厄勒海峡通道由丹麦和瑞典政府分别间接拥有 1:1 的所有权。丹麦股份通过控股公司结构运作,而瑞典股份则通过瑞典铁路管理局和瑞典公路管理局联合发行。

在项目组织内部,采用了"目标管理"方法。公司的愿景首先被转化为运营目标。然后将其转换为半年度的部门、合同和员工群体目标,并定期进行更新。该方法有助于协调活动,并为衡量绩效和进度提供了基础。厄勒海峡联盟还采用了系统和主动的风险管理方法。评估了许多显性的风险,例如与水相关的法庭程序的影响,并提高了缓解这些问题的计划的灵活性。甚至由于一个不幸的沉管隧道管节意外下沉而造成的延误,都可以通过"B 计划"来克服,以加速隧道的生产效率。该项目试图在促进使用行之有效的方法与不扼杀承包商的创新之间取得谨慎的平衡,尤其是在设计和建造合同策略中。公认的成熟技术包括"最先进的"技术和以全新方式结合使用的成熟方法。这与未经验证或实验的技术形成对照,而这些技术并不被鼓励使用。

除组织结构外,厄勒海峡联盟还创建了强大的管理理念和文化。其关键主题是:专业精神、伙伴关系和主动性。该组织的创建不仅是为了修建通道,还是为了大桥的运营。这确保了在方案说明中采用了全过程的观点。

项目外部的强大利益相关者有权变更项目范围和计划。瑞典水务院就是一个最好的例子,但绝不是唯一的例子。该项目的经理们能够寄希望于建立与外部利益相关者的关系并加深对外部利益相关者的了解,从而努力适应外部利益相关者的需求。就水务院而言,他们还利用决策所需的时间为自己的合同准备必要的安排,并验证整个项目的战略和远景。厄勒海峡联盟总共与 180 个不同组织保持着联络,这些组织直接参与项目或对该通道项目感兴趣。该项目所采用的利益相关者管理风格刻意把重点放在规则、准备和公开上。这有助于厄勒海峡联盟在早期阶段识别、评估和问题处理。

组织图

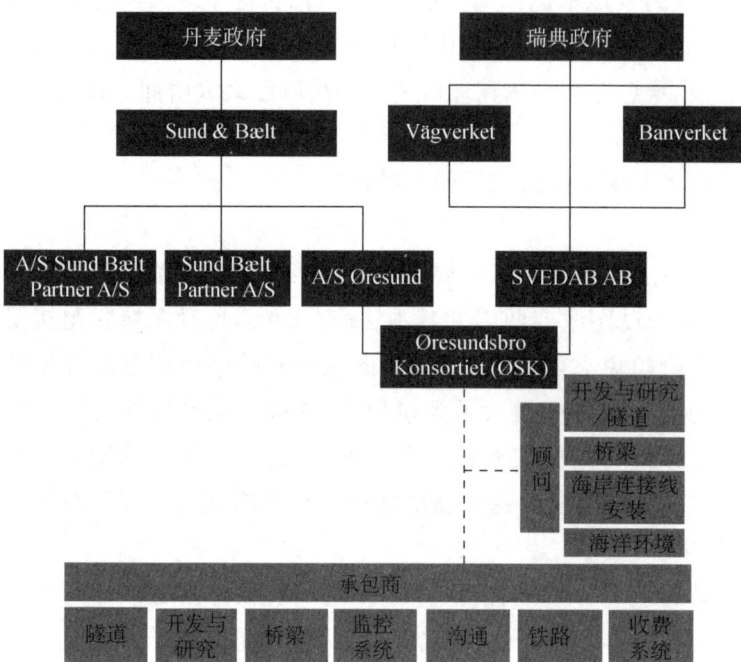

图 14.34　厄勒海峡通道组织

承发包

1995 年 7 月，厄勒海峡联盟与隧道联合体签署了建造沉管隧道的合同，该沉管隧道在每个方向上有两条车道，即一条复线铁路和一条逃生通道。合同价值为 39.8 亿丹麦克朗（5.3 亿欧元）。同时，还签订了人工岛疏浚和建设合同，合同价值为 14 亿丹麦克朗（1.9 亿欧元）。1995 年 9 月，厄勒海峡联盟签署了价值 63 亿丹麦克朗的合同（8.5 亿欧元）用于兴建高架桥和两座双层引桥，引桥上层为高速公路，下层为铁路。

合同中的许多基本原则被视为是十分必要的。这些合同的第一个原则是，设计—建设是首选的合同模式。但是这些合同不能严格定义为设计和建造合同，因为两国政府已经同意了某些建设参数，例如桥梁的主要尺寸和建设形式。第二个原则是自我认证。在可能的情况下，付款进度是围绕里程碑系统的概念制定的而不是工程量清单制定的，以降低发生纠纷的可能性。每个里程碑都有明确的定义，必须在支付进度款之前完成。合同的第三个原则是识别和管理风险的方式，这可能是最为重要的一个原则。厄勒海峡联盟非常希望任何一方都不应该承担某种程度上是无法控制的风险。此外，合同还规定了厄勒海峡联盟的职责，并描述了作为业主的厄勒海峡联盟将承担的责任。合同中未包括的所有内容都由承包商承担，同时必须承担相应的风险。这与标准方法中的有关规定相反，在标准方法中，合同未提及的一切内容都是业主的责任。

将工程划分为多个特定的合同可以确保单个合同能够通过市场进行管理和交付，并且可以（或可能）吸引各个领域的专家。厄勒海峡联盟管理着这些合同之间的界面，但是在提议的完整综合方案的建设后期阶段采取了特殊的步骤。多达9个承包商开展跨合同对接工作。他们在规划和实施此过程中受到控制，也受到适当激励。这使得工作能够早于计划完成。

项目运行

在项目运行阶段，公路使用者需要向厄勒海峡通道联盟支付通行费。铁路情况更为复杂，厄勒海峡通道联盟拥有铁路并需要确保轨道保持良好状态，而铁路运营商负责轨道上的交通。在项目初期，由于人们对铁路环境所产生的复杂性了解不足，因此必须采取特殊安排来管理铁路线路的运行。

丹麦国家铁路是负责铁路交通运输的丹麦公司，该公司在丹麦境内以及瑞典提供城市、城际、区域和国际客运铁路服务。斯科讷交通局是地区性公共机构，负责瑞典大部分在厄勒海峡通道运营的列车。此外，瑞典铁路公司 SJ 也在斯德哥尔摩—马尔默—哥本哈根之间运营高铁。货运列车由德铁货运使用 EG 机车运营。只要拥有丹麦交通网络的符合性声明和瑞典的"轨道特许权"，所有运营商都可以在厄勒跨海大桥上运行。由于瑞典和丹麦的铁路系统在不同的电压下运行，因此在该线路上运行的所有列车都需要配备双电气系统。厄勒海峡通道联盟收取的公路使用者通行费（显然会随交通数量而定）与火车运营商的年度进入使用费（固定的）可支持跨海大桥的运营。因此，提高铁路的吸引力（引起出行模式转换）将影响整个铁路的财务绩效。目前尚不清楚如何将跨海大桥运营商和火车运营商的商业动机相结合，以实现最佳价值并与计划目标相适应，该问题有待解决。

14.14 奥地利下因河谷铁路项目

关于奥地利下因河谷铁路项目 NETLIPSE 案例研究报告总结

事实和数据	
国家	奥地利
建设内容	基本新建铁路
建设目的	通过提供额外运力消除瓶颈
长度	40 公里
交通运输量	每天 550 列火车（目前为 320 列）
融资	
融资形式	由国有铁路组织奥地利联邦铁路公司组织协调
欧盟资金	50%的设计费和 5%~10%的建设成本

(续表)

时间进度	
计划进度	实际实施进度
2002 年	2008 年
2005 年	2012 年（10 月）
2007 年	2012 年（12 月）
现状（2008 年）	部分建成
成本（2005 年价格水平，百万欧元）	
1999 年	1 834（预计成本）
2002 年	1 352（预计成本）
2005 年	1 933（项目成本）

项目目的与范围

作为奥地利加入欧盟协议的一部分，维也纳联邦政府与蒂罗尔州政府将建造一条布伦纳基线隧道，以鼓励将公路交通向铁路的转移。在奥地利加入欧盟后，阿尔卑斯山过境交通量将随之增加，而项目的建设将有助于减轻交通量增加的预期影响。

因河谷下游位于布伦纳山口的北端，目前通过它的铁路线已被指定为柏林—巴勒莫全欧网络轴的一部分。除了构成这条南北线路的一部分外，鲍姆基兴和昆德尔之间的线路还需承担从维也纳和萨尔茨堡州（奥地利）到苏黎世（瑞士）再到法国的东西向运输任务。这一条线是突破限制的最大瓶颈，因此在发展中具有最优先地位。为了减少第一阶段对环境的影响，大多数线路都建在地面以下的路堑、隧道或坑道中。建成后，这条铁路将提供更快的南北交通方式，减少现有和新增的铁路交通对环境的影响，并将促使交通模式从公路转向铁路。

项目历史

1986 年，德国、奥地利和意大利政府对布伦纳基线隧道进行了可行性研究。该研究在三年后的报告中得出结论，为使利益最大化，周围的铁路基础设施也需要改善。政府委托进行了进一步研究，该研究报告于 1993 年完成。该项目的环境影响报告工作于 1997 年完成，路线亦于 1999 年确定。2002 年，当局批出建筑规划（施工）许可，工程于次年展开。在工程进行期间，为了降低成本，隧道工程的范围发生了变更。目前，十项合约中的两项已经完成，六项正在施工，其余两项正在招标。下因河谷铁路通往昆德尔和基弗斯费尔登之间的德国边境的第二段线路目前正在规划中。

成本与融资

除了欧盟提供的资金（50% 的设计成本和 5%～10% 的建设成本），建设资金还来自奥地利联邦铁路基础设施建筑股份公司，它是奥地利联邦铁路公司的全资子公司，而奥地利联邦铁路公司归奥地利政府所有。政府从资本市场贷款，为规划建设提供资金保障。

在项目费用最后确定的期间，下因河谷铁路面临着来自其他基础设施项目的激烈资金竞争。此期间,预计成本从 18.34 亿欧元迅速下降至 13.52 亿欧元。奥地利联邦交通、创新与技术部和奥地利审计院怀疑成本估计过于乐观,并要求独立咨询工程师检查预测。独立咨询工程师们也一致认为,估计数据过于乐观,在前项目负责人辞职后,重新修订了成本核算,目前成本为 19.33 亿欧元。这是根据奥地利基础设施项目良好实践并考虑风险之后得出的结论。

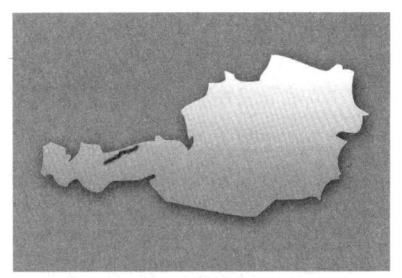

图 14.35　项目地理位置

13.52 亿欧元和 19.33 亿欧元之间的差额计算如下:价差 1.32 亿欧元,修正过度乐观估计 1.15 亿欧元,额外建筑工程 8 300 万欧元,技术 7 500 万欧元(其中 4 100 万欧元存在争议),额外风险备抵 6 100 万欧元,先前未包括的人工成本 5 700 万欧元,土地购置成本 1 700 万欧元。

项目组织和管理

奥地利交通运输总体规划是与奥地利各州政府所有的基础设施公司和法定利益集团共同制定的,由奥地利联邦交通、创新与技术部协调。奥地利联邦交通、创新与技术部还负责铁路运营和安全这两方面的技术、财务与法律监督工作。奥地利联邦铁路基础设施建筑公司负责设计奥地利交通运输总体规划的铁路基础设施。奥地利联邦铁路基础设施建筑公司在 2005 年接管了铁路基础设施服务公司(SCHIG mbH)的融资责任。2008 年,布伦纳·艾森班有限责任公司(BEG)的业务活动被纳入奥地利联邦铁路基础设施建筑公司的组织中,只保留了其财务职能。在此之前,该公司一直是奥地利联邦铁路基础设施建筑公司的独立全资子公司,董事会成员来自蒂罗尔州。(该分析回顾了 2008 年 1 月之前的情况。)

在不同的所有权结构下,布伦纳·艾森班有限责任公司从项目的早期阶段就负责该项目,完成项目融资、环境影响报告并为下因河谷铁路的第一阶段获得必要的许可。在布伦纳·艾森班有限责任公司的内部组织中,所有界面都得到了明确的标识,项目中不同部分的职责也得到了明确的定义。

以前的基础设施项目是由奥地利联邦铁路公司"在大维也纳范围内"规划和执行的,特别是因斯布鲁克的另一条公路。当地的利益相关者没有参与,使得该计划的实施受到了相当大的敌意。这种敌意最初蔓延到下因河谷铁路项目的早期阶段。蒂罗尔州议会规定,"蒂罗尔州不建地上轨道"。到 2005 年,一项独立的民意调查显示,只有 7% 的受访者对该项目持否定态度。

这一转变是通过战略的精心策划和执行实现的。当地社区团体与咨询工程师和专家一起,为最终达成一致的路线和功能制定建议。这往往意味着根据当地地质、社会学和法律知识开发的备选方案会取代不太适当的初始建议。环境影响报告也受益于与当地利益相关者的这种密切联系。

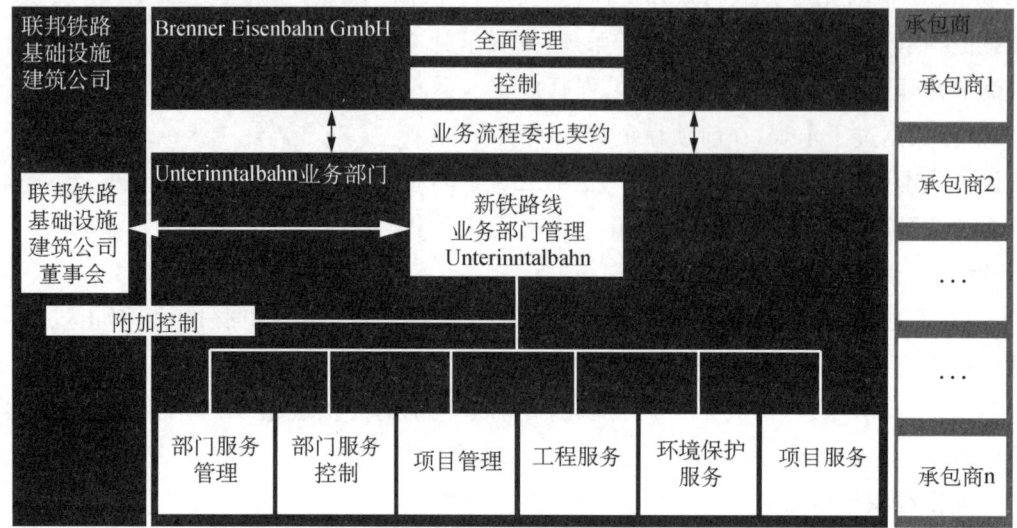

图 14.36 下因河谷铁路项目组织

承发包

布伦纳·艾森班有限责任公司根据服务协议条款聘用了规划顾问和咨询工程师。布伦纳·艾森班有限责任公司专注于项目管理安排，它将大多数项目组成部分都进行了外包。建筑合同是依据 10 个主要施工地块的工程量清单和技术规范签订的。风险分析特别排除了承包商的参与，且布伦纳·艾森班有限责任公司和承包商之间的关系显得"遥远和冷漠"。最近，人们作出了更大的努力来加强合作，营造一种更加信任的氛围。

项目运行

该项目是在奥地利联邦铁路公司的结构进行全面重组的过程中进行的。事实上，独立的项目管理机构布伦纳·艾森班有限责任公司使项目免受许多变化的直接影响。

由于决定修改线路的维修方案，导致隧道直径的缩小，从而降低了费用。目前已经达成协议，列车维修服务将安排在特定的列车维护时间间隙进行，而不是在列车继续运行（需要利用更宽的隧道孔）的同时进行维护。

前文中已经提及了利益相关者的参与。由于所有利益相关者都密切参与到了范围的变化过程中，所以这些变化为受影响者所理解，进而被接受，例如地质条件所需要的变化。许多工程咨询合同是与当地情况密切相关的当地专家签订的。布伦纳·艾森班有限责任公司还努力借鉴欧洲其他大型基础设施项目的经验，同时参与信息交流和网络论坛。

项目中的文档通过电子方式进行管理、存储和分发，以确保其一致性和共同的项目基础。到目前为止，项目管理的一个关键成功因素是项目经理自身的个人经验、能力和态度。目前正在努力确保对这些能力进行适当的界定,并更具体地针对大型基础设施项目的管理要求进行培训。

一旦开通,奥地利联邦铁路基础设施商业股份公司将负责该线路的运营,该公司将拥有经营轨道使用权,并向奥地利联邦铁路基础设施建筑公司支付使用者费用,奥地利联邦铁路基础设施建筑公司仍作为项目业主。

14.15 英国西海岸干线项目

英国西海岸干线项目 NETLIPSE 案例研究报告总结

事实和数据	
国家	英国
建设内容	更新和升级铁路
建设目的	城际、通勤和区域客运服务及货运
长度	路线 406 英里(650 公里),轨道工程 780 英里(1 248 公里)
交通运输量	每天 550 列火车(目前为 320 列)
长途客运服务	增加 80%(完成后)
货运列车公路	增加 60%~70%(完成后)
融资	
融资形式	私人/公众(部分贷款由英国交通部的赠款提供),用户支付的使用权费用)
欧盟及第三方资金	超过 6 300 万欧元
时间进度	
原计划进度	实际实施情况
1998 年(原英国铁路公司"乘客升级 2"项目)	2005 年
2001 年(英国铁路公司管理结束)	2008 年
2003 年(英国西海岸干线项目的现定义)	
阶段 1	2004 年(交付时间)
阶段 2	2005 年(交付时间)
阶段 3(完成)	2008 年

(续表)

成本（2002 年价格水平，百万欧元）	
1998 年	2 492（乘客升级二期工程预计成本）
2001 年	16 198（英国铁路公司管理结束时预计成本）
2003 年	11 214（英国西海岸干线项目定义时预计成本）
2003 年	10 342（目前预计完工成本）

项目目的与范围

英国西海岸干线是欧洲最繁忙的多用途铁路，它将伦敦与英格兰西北部和苏格兰的主要城区连接起来。由城际列车、区域列车和短途通勤列车组成的超过 2000 列火车在此干线上运输了大量的货物，其货运总量达到了英国铁路货运总量的 40%。

英国铁路公司（英国铁路网络公司的前身）破产后，英国铁路战略管理局（被并入英国交通部）对英国西海岸干线升级项目的范围和管理安排进行了全面审查。这形成了发布于 2003 年 6 月的英国西海岸干线战略报告，该报告明确了当前目标。这些目标是：处理积压的维护和更新工作，并确保其物有所值；建立可持续及具有成本效益的维修制度；在未来 20 年至 30 年，为客运和货运业务的预期增长提供运输能力，并缩短主要城市之间的旅程时间以提供快速和有竞争力的服务；提高铁路的性能、安全性和可靠性，以重新获得市场份额并提高铁路在经济中的地位。在重建和改善工作期间，所有这些目标都将在保持干线畅通的基础上得以实现。

交通运输模式向环保的转变会带来环境效益。直接的经济效益包括增加客运和货运收入，而间接的效益包括旅行时间效益、减轻火车上的过度拥挤和公路交通堵塞，总效益成本比达到 2.5∶1。

项目历史

英国西海岸干线在 20 世纪 60 年代和 70 年代实现了电气化和升级，但此后几乎没有对其进行进一步的投资——国有铁路资源有限，所以其主要目标是保持铁路系统的正常运行。铁路行业的私有化导致了一种碎片化且高度合约化的结构——特许客运和私营货运运营商、私营基础设施业主（英国铁路公司）和基础设施承包商取代了以前的一体化结构。

1997 年，维珍铁路集团赢得了英国西海岸干线的主要城市间的专营权，该授权将终止于 2012 年。他们计划与英国铁路公司合作，适度地对该铁路的基础设施进行现代化改造。当时，此改造被视为铁路私有化进程的一部分。1998 年，该公司与英国铁路公司达成了一项名为"乘客升级二期工程"的升级计划，并承诺提供更高频率、更高速度的列车。该计划依赖于新技术，耗资 25 亿欧元并预计于 2005 年完工。与此同时，维珍铁路公司还订购了一批新型列车，这些列车将能够以 140 英里/小时（225 公里/小时）的速度运行，并计划于 2002 年 5 月交付。由于工程解决方案未能考虑最终用户的支付能力而导致的成本上升,该技术未能实现。并且,英国铁路公司在其他交通网络上的一系列灾难性的失败为该公司招致了财务危机,从而导致该公司于2001年10月被政府铁路部门代管。此时,英国铁路公司已经实质破产。

乘客升级二期工程由此需要被重新评估。修订后的评估表明,这条线路的升级将耗资161.98亿欧元,并将于2008年建成,但铁路线的倾斜式列车的最高时速仅能达到125英里/小时(200公里/小时)。这显然是难以接受的。

英国政府指派当时负责铁路行业的政府机构(英国铁路战略管理局)对英国西海岸干线项目进行干预,以找到出路。该机构得出的结论是,放弃该项目是不可行的,因为80%的工作是更新线路老化的基础设施,而列车亦正在交付过程中。此外,如果停止已经按合同约定完成的工作,将会给英国铁路网络公司带来巨额罚款。这家非盈利机构于2002年10月从英国铁路公司(代管)手中接管了项目。英国铁路战略管理局认为该项目可以用可交付的成果和明确的正面商业计划来重新定义。

2003年6月发布的《英国西海岸干线战略报告》指出,该干线不但需要修复和更新铁路,以确保铁路继续运行,而且需要长距离高铁以及本地及区域客运服务和服务货运市场的容量和能力。由于该项目规模巨大,无法承受与开发新技术相关的不确定性,所以在任何可能的情况下都要使用经过验证的技术。新的商业计划将收入与单个升级活动的成本联系起来,并为所有相关方提供了一个通信工具。最后,该项目的成本预测从161.98亿欧元恢复到112.14亿欧元。

该战略是建立在与利益相关者广泛协商的基础上的,这些利益相关者既包括铁路行业内部的利益相关者,也包括其他相关机构,如当地政府和用户群体。他们之间要建立起信任并保持这种信任。英国铁路战略管理局(后来的英国交通部)与业界合作,制定了一个更现实的计划。此前被排除在外的火车和货运运营商也积极参与,并向英国铁路战略管理局提供了切实可行的建议和指导。这个计划是与整个铁路行业和重要利益相关者合作制定的,而非像以前那样孤立制定。以前的综合性国有化结构未能为英国西海岸干线提供必要的升级更新。而现在,一种纯粹的私人方式也失败了。这可能是因为该行业的分散性导致最初合作难以为继,而这种合作又是完成高度复杂的多元项目所必需的。然而,公私合营已成功地大幅度降低了成本并达成了预计的结果。

到2006年4月,工程已完成约四分之三。剩下的主要工作包括扩建米尔顿·凯恩斯和拉格比站以及扩宽特伦特峡谷路线。

成本与融资

从2002年到2004年4月,该项目由政府直接资助。从那时起,项目一直由以英国铁路网络公司贷款为基础

图14.37 项目地理位置

的资本供资,并依靠英国铁路战略管理局/英国交通部的交通运输网络拨款和货运及铁路运营公司支付的轨道使用费来提供服务。图14.38展示了英国西海岸干线项目中的资金流概况。

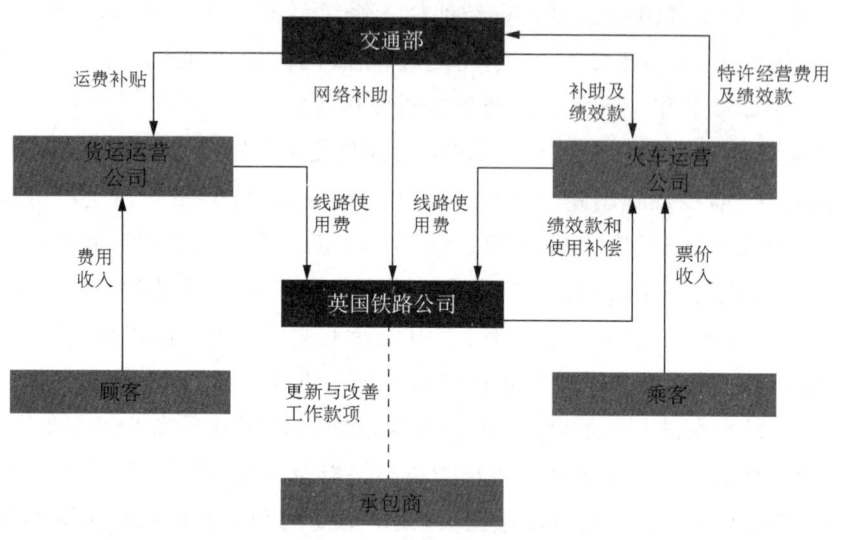

图14.38 西海岸项目的资金流

项目组织与管理

英国铁路网络公司的任务是有效地按商定的项目规格进行交付。项目由项目董事会领导,该董事会由英国铁路网络公司、英国交通部和英国铁路管理办公室董事会成员以及英国铁路网络公司和英国交通部西海岸项目总监组成,主要负责项目战略决策。项目开发小组(英国铁路网络公司、英国铁路战略管理局和英国铁路管理办公室)每两周召开一次会议,以处理细节问题;英国西海岸干线运营商小组(英国铁路网络公司与所有火车和货运运营商)每月开会一次,以讨论运营、性能和维护问题。他们向董事会汇报工作,董事会根据需要每月组织1~3次会议。

英国西海岸干线的战略被称为"英国铁路的合作"。"内部"方包括英国交通部(2005年夏季之前为英国铁路战略管理局)、英国铁路网络公司、客运和货运列车运营商和英国铁路管理办公室。外部利益相关者受到项目成果的间接影响。他们可以影响项目的资金或支持,在开发过程中的某些情况下,他们享有法定的咨询权。总共有超过700个组织被单独识别并联系起来。

与利益相关者的对话被视为项目后期阶段的关键成功因素之一。对话的主要目标是确保对所有利益相关者来说,"意外"的数量将是最小的和可管理的。这种方法与英国铁路公司和维珍铁路2002年以前所采用的方法形成了鲜明对比。虽然利益相关者并不总是同意英国铁路战略管理局/英国交通部和英国铁路网络公司的行动,但他们能够理解行动的理由和引证的论据。

仔细审视英国铁路公司/维珍铁路时期,所谓"高科技"项目方法的使用导致了成本超支和工期延误。同时,除了那些项目直接参与者,此项目方法亦造成了其他所有人的疏远感。自英国西海岸干线战略以来,公私合作已经建立起来,并涵盖了实现该项目升级的所有重要方面。

在英国铁路公司造成的巨大成本超支期之后,一个新的基线被建立以定义项目更新和升级。英国铁路网络公司曾使用项目基线来交付清晰的成本结构。从新的基线(在这一基线中,该项目被剥离到只有关键成果)开始,与列车运营商协商确定了一种所有权制度,它使合同段和成本的确定更加准确。

促进项目管理的因素包括:
- 集成的项目控制和信息系统,关键数据由共同来源支持。
- 此外,越来越多的项目管理已经被分割,以便项目组织可以位于"工作所在的地方"。该组织由以中心为基础的职能型组织,转变为更综合的、以本地为基础的组织。
- 已列出项目中所有已识别的风险。每个风险都被分配给一个必须为之负责的所有者。

此外,英国铁路网络公司还尝试比以往更大规模地在任何经济上合理的地方开展业务。事实证明,相比安排短期的场地托管,获得几周的更长期的场地托管对获得成本效益和所需的建设工期更为有效。与利益相关者进行广泛磋商对于达成封闭施工是最佳推进途径的共识至关重要,这包括对各方将获得的利益作出明确解释。英国铁路网络公司已经能够证明,有选择地采用封闭施工将带来一个在财务上更有吸引力、更可控的项目。

组织图

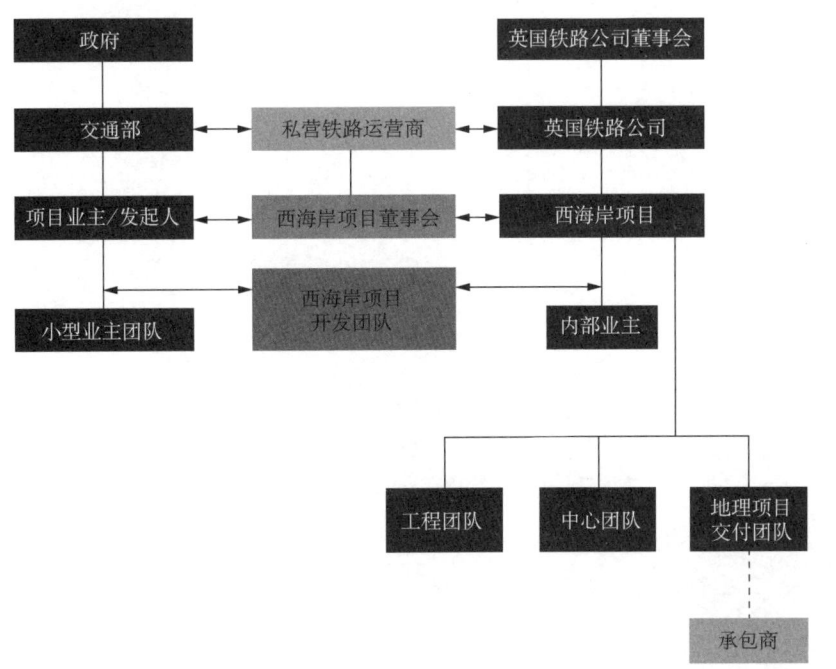

图 14.39　西海岸干线项目组织图

承发包

英国铁路网络公司制定了符合英国和欧盟法律的正式采购战略。首选的方法是与合同交付者签订一系列按专业划分的合同，而不是将大部分工作分包给主承包商。英国铁路网络公司的合同审查委员会由公司的高管组成，他们负责批准每一份具有重大风险和价值的合同。起点是一次性的竞争性合同。这一原则的变化必须有充分的理由。例如，如果无法明确项目范围，则在可补偿的基础上签订合同（例如，信号系统的合同）。

就英国西海岸干线而言，英国铁路网络公司外包了约50%的材料采购以及合同管理。设计和交付100%外包。英国铁路网络公司购买了所有的轨道、枕木和压舱物。更便宜的价格给英国铁路网络公司而非承包商带来了好处。

英国铁路公司的合同战略旨在与承包商合作（结成联盟）：共享成本节约和成本超支。但这一战略根本就不奏效，因为英国铁路公司和承包商的业务目标和工作包的范围上都没有达成一致。英国铁路公司经常缺乏对相关技术问题的理解。

项目运行

大家记得，项目的一项关键要求是，在进行更新和升级工作的同时保持运营铁路线顺畅通过工地，正常运营，并仍然向用户提供可靠的服务。这对各参建单位进入施工现场设置了技术限制，使得进入现场已经成为一种"稀缺资源"，并带来了巨大的成本影响。事实上，一旦建立了一种更加协作的氛围，就有可能在铁路行业内增加参建单位进入现场的时间。随着替代路线和服务的引入（如使用其他特许经营商的列车），部分路段具备封闭施工的条件。封闭施工有效地降低了成本，节省了时间，加快了进度。

附录 A NETLIPSE 组织结构

NETLIPSE 组织

多个组织和董事会参与了 NETLIPSE 项目。

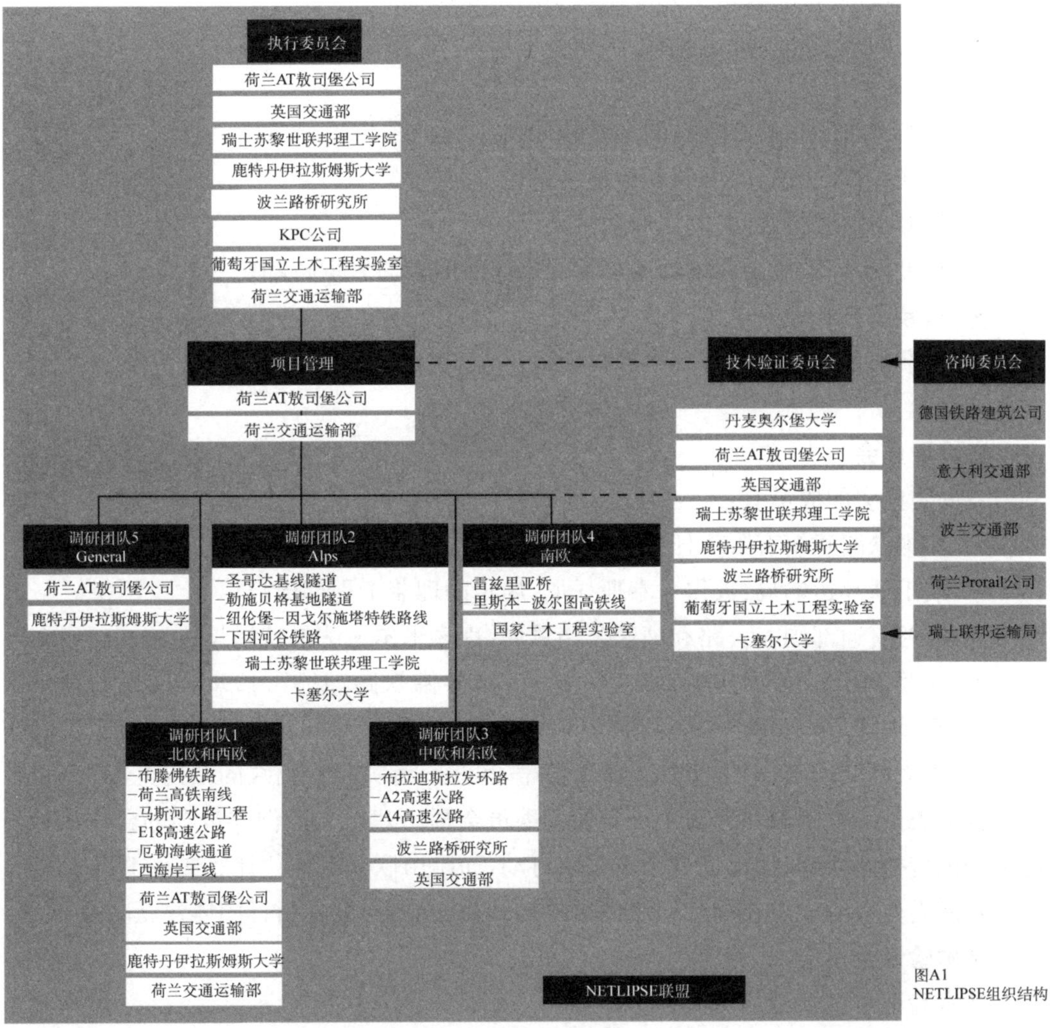

图 A1　NETLIPSE 组织

相关机构的工作和职责

执行委员会

执行委员会成员有：
- 荷兰交通运输部：伦特·布特（主席）；
- 荷兰 AT 敖司堡公司：马塞尔·赫托；
- 英国交通部铁路项目：斯图尔特·贝克；
- 荷兰鹿特丹伊拉斯姆斯大学：盖尔特·蒂斯曼教授；
- 瑞士 KPC 公司：汉·考克；
- 葡萄牙国立土木工程实验室：安东尼奥·莱蒙德·德·马塞多；
- 波兰路桥研究院：莱塞克·拉斐尔斯基教授；
- 瑞士苏黎世联邦理工学院：汉斯·鲁道夫·沙尔彻教授。

执行委员会是项目的"内部"业主，有以下任务：
- 批准调研团队最终版本的文件和计划；
- 批准一致同意后的中间和最终结果；
- 根据与欧盟的合同，监督联盟活动的执行；
- 在出现矛盾、机会和增加不可接受的风险时及时采取行动；
- 指导项目经理；
- 批准与范围相关的财务事项。

咨询委员会

咨询委员会的成员有：
- 德国铁路建筑有限责任公司：安德烈亚斯·韦格里夫先生；
- 瑞士联邦运输局：彼得·泰斯托尼，局长助理兼工程部部长；
- 波兰交通部国家公路和高速公路总局：卢多米尔·萨伯特局长；
- 荷兰 Prorail 公司：帕特里克·巴克，布滕佛铁路（1997—2007）项目的项目经理，现任 ProRail 公司基础设施项目总监；
- 意大利交通部：萨维里奥·帕尔切蒂，里昂—都灵新铁路线的结构负责人。

咨询委员会就获取和传播知识向执行委员会提出建议。咨询委员会的合作伙伴对这种知识传播感兴趣，但他们自己不采取行动，而是由联盟合作伙伴完成该工作。

咨询委员会的成员在自己组织内部传播知识，并可与其他目标团体建立联系。

技术验证委员会

技术验证委员会的成员有：
- 瑞士苏黎世联邦理工学院：汉斯·鲁道夫·沙尔彻教授（主席）；

- 丹麦奥尔堡大学和荷兰代尔夫特理工大学:傅以斌教授;
- 荷兰 AT 敖司堡公司:埃迪·韦斯特维尔德;
- 英国交通部:斯图尔特·贝克;
- 荷兰鹿特丹伊拉斯姆斯大学:盖尔特·蒂斯曼教授;
- 葡萄牙国立土木工程实验室:安东尼奥·莱蒙德·德·马塞多;
- 波兰路桥研究院:莱塞克·拉斐尔斯基教授;
- 德国卡塞尔大学:康拉德·斯邦教授。

技术验证委员会负责维持项目的科学水平,其工作内容包括:
- 为调研团队提供最先进的知识;
- 在项目的各个阶段提供科学的反馈;
- 审核中间和最终结果;
- 验证中间和最终结果;
- 提供(非请求的)建议。

项目管理团队

项目管理团队成员包括:
- 荷兰 AT 敖司堡公司:马塞尔·赫托(项目经理);
- 荷兰 AT 敖司堡公司:宝莲·斯塔欧合菲尔;
- 荷兰 AT 敖司堡公司:米里亚姆·考文;
- 荷兰 AT 敖司堡公司:简-福楼·彻斯特-欧佩拉尔;
- 荷兰交通运输部:简-伦格·哈维格;
- 荷兰交通运输部:詹·埃尔茨。

项目经理负责协调工作:
- 与欧盟讨论并向欧盟汇报;
- 指导和协调调研团队活动;
- 对项目进展、风险和机会进行调整并向执行委员会汇报;
- 协调调研团队之间的活动;
- 根据协议和策划制定项目计划;
- 协调发挥技术验证委员会的作用;
- 创造一个积极的工作氛围;
- 向项目总监汇报总体协议和项目进展情况;
- 对人员和工作质量把关。

沟通团队

沟通团队的成员包含:

- 荷兰 AT 敖司堡公司：宝莲·斯塔欧合菲尔（主席）；
- 英国交通部：托尼·弗朗西斯；
- 荷兰 AT 敖司堡公司：米尔贾姆·考文。

职责包括：

- 撰写工作和传播计划；
- 协调撰写第四框架计划和第五框架计划项目概述；收集和整理欧盟委员会能源与交通总局在第四框架计划(1994—1998)和第五框架计划 1998—2002)中执行的前期基础设施知识项目，以及知识组织的管理模式及其相关出版物，用于 NETLIPSE 的传播；
- NETLIPSE 网站的设计与维护；
- 组织所有网络会议，包括启动会议；
- 撰写和传播半年度通讯期刊；
- 协调以促成和传播全欧网络书籍。

调研团队

荷兰 AT 敖司堡公司：埃迪·韦斯特维尔德，调研团队协调员。

研究小组中负责从项目中收集信息的调研团队负责：

- 访谈项目；
- 收集相关信息；
- 与项目联系人保持联系；
- 传播项目期间收集的知识；
- 向项目经理提供访谈结果；
- 抓住交流和传播项目成果的机会。

整个调研团队负责：

- 寻找并联系来自第四框架计划和第五框架计划的相关知识和参与者；
- 发现需要研究的其他项目；
- 将项目知识存档；
- 开发一种收集知识的方法；
- 组织会议、网络会议和组织视察。

附录 B NETLIPSE 参与人员（2008）

受访人员		调研团队参与人员
布滕佛铁路		
汉斯·维斯蒂根	交通运输部重大工程负责人	斯图尔特·贝克（英国交通部）
帕特里克·巴克	项目总监	马特·狄龙（英国交通部）
巴里·范·德斯特鲁伊斯	财务控制主管	埃迪·韦斯特维尔德（荷兰 AT 敖司堡公司）
巴斯-杰罗恩·布舍尔	合同主管	
亨克·范·哈梅伦	规划与风险管理主管	
罗伯特·简·梅塞克斯范·德·格拉夫	质量管理主管	
安妮·兹威斯	法律事务主管	
布拉迪斯拉发环路		
彼得·哈夫瑞拉	交通运输部部长	安德烈·厄尔巴尼克（波兰路桥研究院）
伊娃·杜莱波娃	公路基础设施经理	阿格涅兹·卡卢卡西耶夫（波兰路桥研究院）
卢波什·迪纽持	项目财务经理	贾斯蒂娜·什切潘斯卡（波兰路桥研究院）
洛博斯·孔克	来自 TECHNIC 的项目评估人员	斯图尔特·贝克（英国交通部）
约翰·雅各布森	来自海德咨询（Hyder Consulting），为斯洛伐克的交通运输项目准备团队提供技术援助	阿什莉·戈德温（英国交通部）
马丁·内斯特	执行部主管	
伊维塔·拉伊科娃	欧盟项目财务主管	
安德烈·巴尔亚兹	欧盟项目公共采购部门主管	
圣哥达基线隧道		
托尼·埃德	瑞士联邦运输局，基础设施部门主管	汉斯·鲁道夫·沙尔彻（苏黎世联邦理工学院）
彼得·泰斯托尼	前瑞士联邦运输局，前基础设施部门主管	弗兰克·沃登波尔（苏黎世联邦理工学院）

(续表)

受访人员		调研团队参与人员
彼得·苏特	前瑞士联邦运输局,阿尔卑斯公交交通运输局前局长	马塞尔·赫托(荷兰 AT 敖司堡公司)
安德里亚·哈默勒	新阿尔卑斯铁路枢纽网络监督代表团,主席	埃迪·韦斯特维尔德(荷兰 AT 敖司堡公司)
尼古拉斯·希尔蒂	瑞士联邦环境办公室 BAFU,新阿尔卑斯铁路枢纽网络协调员	
斯特凡·特鲁布	乌里州沙特多夫市市长	
彼得·兹宾登	前阿尔卑斯枢纽—圣哥达,前 CEO	
托尼·布奇勒	阿尔卑斯枢纽—圣哥达,商业部主管	
沃尔特·乔奇	乌里州新阿尔卑斯铁路枢纽网络协调员	
马丁·富特	八国环保组织代表	
派赖西·伯塞	塞德龙市长	
托马斯·普菲斯特	新阿尔卑斯铁路枢纽网络监督代表团,主席	
安东·塞伯	阿尔卑斯枢纽—圣哥达,质量/环境主管	
贝内迪克特·比尔	瑞士联邦运输局,基础设施部门	
鲁道夫·斯佩利奇	瑞士联邦运输局,大型项目部负责人	
荷兰高铁南线		
贾普·格鲁克	项目总监	亚历克斯·米格伦布林克(荷兰 AT 敖司堡公司)
简·比克克	钻孔隧道项目经理,荷兰公共工程及水管理局	宝莲·斯塔欧合菲尔(荷兰 AT 敖司堡公司)
尤兰达·乌特	法律事务主管兼项目秘书,荷兰公共工程及水管理局	乔斯特·范·德·哈特(荷兰 AT 敖司堡公司)
亚历山大·范·阿尔特纳	荷兰交通运输部/总客运总局铁道处处长	马塞尔·赫托(荷兰 AT 敖司堡公司)
彼得·范·克劳宁	(集成系统)调试经理,荷兰公共工程及水管理局	
简·奥奇曼	荷兰公共工程及水管理局	
汉斯·奥迪克	荷兰交通运输部项目管理主管	
威姆·科夫	项目总监,荷兰公共工程及水管理局	
西奥·波德特	荷兰交通运输部项目控制经理	
维姆·吉迪恩斯	荷兰交通部铁路局副局长	
彼得·基	董事会助理	

（续表）

受访人员		调研团队参与人员
雷兹里亚大桥		
若昂·本图	董事会	爱德华多·福图纳托（葡萄牙国立土木工程实验室）
阿尔梅达·门德斯	项目管理部	西蒙娜·丰图尔（葡萄牙国立土木工程实验室）
佛朗哥·卡鲁索	沟通与可持续发展部	玛丽亚·克里斯蒂娜·弗拉德（葡萄牙国际运输公司）
雅克·加斯特	创新技术部	
若昂·洛伦索	控制和计划部、管理信息科	
路易斯·杰拉尔德斯	法律服务部	
路易斯·马雷罗	战略计划部、交通研究科	
曼努埃尔·马托斯	财务部门、库务和风险管理司	
玛丽亚·德·康塞桑·戈麦斯	行政部门	
玛丽亚·克里斯蒂娜·弗雷德	项目管理部、预算控制司	
卡洛斯·比斯卡亚	项目经理	
保罗·巴罗斯	研究设计部主任（研究协调员）	
安东尼奥·派尼洛	行政委员会副主席	
里斯本—波尔图高铁线		
卡洛斯·费尔南德斯	高铁线路公司管理委员会成员	爱德华多·福图纳托（葡萄牙国立土木工程实验室）
路易斯·马克斯	高铁线路公司规划与合同部主管	西蒙娜·丰图尔（葡萄牙国立土木工程实验室）
索查·佩雷拉	高铁线路公司质量和安全部主管	路易斯·库尔瓦·马库斯（高铁线路公司）
安德拉德·吉尔	高铁线路公司土木工程部主管	
伊莎贝尔·坎波斯	高铁线路公司法务部主管	
阿德利亚·洛佩斯	高铁线路公司法律部成员	
格蕾丝·豪尔赫	高铁线路公司环境与领土规划部主管	
蒂亚戈·罗德里格斯	高铁线路公司财务部主管	
勒奇山基线隧道		
托尼·埃德	瑞士联邦运输局，部门基础设施主管	汉斯·鲁道夫·沙尔彻（苏黎世联邦理工学院）

(续表)

受访人员		调研团队参与人员
彼得·泰斯托尼	前瑞士联邦运输局,前部门基础设施主管	弗兰克·沃登波尔(苏黎世联邦理工学院)
彼得·苏特	前瑞士联邦运输局,阿尔卑斯公交交通运输局前局长	马塞尔·赫托(荷兰AT敖司堡公司)
安德里亚·哈默勒	新阿尔卑斯铁路枢纽网络监督代表团,主席	埃迪·韦斯特维尔德(荷兰AT敖司堡公司)
尼古拉斯·希尔蒂	瑞士联邦环境办公室BAFU,新阿尔卑斯铁路枢纽网络协调员	
卡尔·克罗斯纳	弗鲁蒂根市市长	
马丁·富特	八国环保组织代表	
杰格·冯·凯南	官员,伯恩	
彼得·特谢尔	瑞士BLS铁路阿尔卑斯枢纽分公司,CEO	
托马斯·普菲斯特	新阿尔卑斯铁路枢纽网络监督代表团,主席	
贝内迪克特·比尔	瑞士联邦运输局,基础设施部门	
鲁道夫·斯佩利奇	瑞士联邦运输局,大型项目部负责人	
马斯河水路工程		
汉斯·鲁伊特	项目总监	卡洛琳·范德·克莱伊(荷兰AT敖司堡公司)
马克·伦特斯	合同管理	亚历克斯·米格伦布林克(荷兰AT敖司堡公司)
格特-简·梅维森	采购服务主管	玛丽克·库普曼斯(荷兰AT敖司堡公司)
马丁·霍恩德坎普	赞德马斯&马斯路线施工经理	
威姆·奈斯滕	利益相关者经理	
罗伯·德容	项目负责人	
保罗·巴滕	风险经理	
弗朗斯·范·尼尔	传播负责人	
哈蒂·德·里尤乌	法律事务主管	
亨克·沃克	知识处处长	
恩德雷·坎曼	业务经理	
安妮·贝丝·海宁	格伦斯马斯&"合缝"项目施工经理	
萨斯基亚·詹森	格伦斯马斯利益相关者经理	

(续表)

受访人员		调研团队参与人员
盖·凡沃登	比利时利益相关者经理	
本·布朗斯	知识办公室前主管	
迪伦·科恩德斯	荷兰公共工程及水管理局大型项目群	
A2 高速公路		
皮特·乔多洛夫斯基	波兹南分公司副主任	安德烈·厄尔巴尼克(波兰路桥研究院)
安德烈·厄尔巴尼克	政府高速公路建设和运营局(波兰国家公路和高速公路总局前身)前主席	艾格尼丝·卢卡契维兹(波兰路桥研究院)
安德烈·帕塔拉	波兰道路建筑公司主席	贾斯蒂娜·斯泽潘斯卡(波兰路桥研究院)
安德烈·勒万多维奇	波兰道路建筑公司负责高速公路运营的副总裁	
罗伯特·诺瓦克	波兰道路建筑公司财务副总裁	
莉迪亚·西弗特	波兰道路建筑公司公关总监	
爱德华·塔戈斯	Autostrada Eksploatacja 公司总裁	
A4 高速公路		
兹比格涅夫·拉普恰克		安德烈·厄尔巴尼克(波兰路桥研究院)
安德烈·厄尔巴尼克		艾格尼丝·卢卡契维兹(波兰路桥研究院)
埃米尔·瓦萨茨		贾斯蒂娜·斯泽潘斯卡(波兰路桥研究院)
涅彻斯瓦夫 斯科洛因斯基	Stalexport 集团财务副总裁	
托马斯·尼姆齐斯基	Stalexport 集团小波兰省高速公路公司主席	
安德烈·查诺霍斯基	负责高速公路运营的项目总监	
安德热·鲁波辛斯基	Stalexport 集团高速公路公司副总裁	
E18 高速公路		
马蒂·维哈维来南	芬兰公路管理局,项目经理	伦特·布特(荷兰交通运输部)
马蒂·皮斯潘宁	芬兰公路管理局,工程服务部门主管	卡利塔维斯(荷兰交通运输部)
安娜·麦莉拉	芬兰公路管理局,法律顾问	巴斯蒂安·索梅林(荷兰 AT 敖司堡公司)
朱哈·西兰帕	芬兰公路管理局,项目协调员	

(续表)

受访人员		调研团队参与人员
卡里·帕蒂亚宁	芬兰公路管理局,地区经理	
安蒂·科斯基	芬兰公路管理局,地区经理	
汤姆·施密特	国道1号道路公司总裁(服务提供商)	
里库马蒂·莱沃马基	Salo地区发展中心主任	
米科·欧雅雅勒维	芬兰交通运输和通信部基础设施部基础设施处处长	
图莫·苏莫托	芬兰交通运输和通信部基础设施部部长顾问	
纽伦堡—英戈尔施塔特铁路		
于尔根·塞勒	德国铁路建筑有限责任公司,前纽伦堡分公司负责人	康拉德·斯邦(卡塞尔大学)
沃尔夫冈·隆斯	德国铁路建筑有限责任公司,整体项目经理	弗兰克·华登波尔(苏黎世联邦理工学院)
约格·里策特	德国铁路网群股份公司,发起人代表	弗兰克·华登波尔(苏黎世联邦理工学院)
克劳斯·瓦格曼	德国联邦铁路局(纽伦堡)	
曼弗雷德·冯·欧	德国联邦铁路局(纽伦堡)	
彼得·谢弗	德国联邦铁路局(波恩),部门投资跟踪系统负责人	
马丁·松塔格	德国联邦铁路局(波恩)	
马蒂亚斯·穆勒	德国联邦铁路局(波恩)	
迈克尔·格哈德	德国铁路建筑有限责任公司,法兰克福地区办事处负责人	
厄勒海峡通道		
斯文·兰德留斯	CEO	盖尔特·蒂斯曼(鹿特丹伊拉斯姆斯大学)
彼得·隆德斯	技术总监	斯图尔特·贝克(英国交通部)
斯蒂恩·莱克	隧道,挖泥及填海工程合约总监	乔纳森·霍兰德(英国交通部)
本特·赫加特	运营总监	埃迪·韦斯特维尔德(荷兰AT敖司堡公司)
布里特·安德森	分析部门主管	
下因河谷铁路		
约翰·赫迪纳	业务部经理	弗兰克·沃登波尔(苏黎世联邦理工学院)

(续表)

受访人员		调研团队参与人员
彼得·左恩	布伦纳·艾森班有限责任公司总经理	汉斯·鲁道夫·沙尔彻（苏黎世联邦理工学院）
卡尔·约翰·哈蒂格	奥地利联邦交通、创新与技术部的前代表，新任维也纳火车站项目的项目经理	
马丁·格里尼茨	助理业务部经理	
赫尔穆特·莫斯海默	布伦纳·艾森班有限责任公司前雇员	
英国西海岸干线		
斯图尔特·贝克	英国交通部，国家铁路项目部门经理（国家级）	盖尔特·蒂斯曼（鹿特丹伊拉斯姆斯大学）
托尼·弗朗西斯	英国交通部，国家铁路项目发起人	马塞尔·赫托（荷兰AT敖司堡公司）
马特·狄龙	英国交通部，国家铁路项目发起人	马克·范·盖斯特（荷兰AT敖司堡公司）
汤姆·麦卡锡	Bechtel，项目经理	
西蒙·枫	西海岸投资经理	
托尼·萨德勒	维珍铁路西海岸运营计划经理	
约翰·埃拉德	Shearman & Sterling，西海岸法律顾问	
詹姆斯·麦凯	西海岸顾问	

同行评审总结

附录 C

经过两年的研究，NETLIPSE 项目于 2008 年 5 月 5 日结束。在此期间，欧洲的四个调研团队收集了 15 个大型基础设施项目的管理和组织方面的良好实践和经验教训。作为 NETLIPSE 项目的发起人，欧盟要求 NETLIPSE 项目团队组织一次同行评审，以验证研究方法和获得的结果。这次同行评审是在 2008 年 4 月 18 日都灵举行的网络会议上进行的，会议由里昂—都灵新铁路线的任务机构主办。

目的

NETLIPSE 同行评审的目的是评估 NETLIPSE 项目的研究方法并验证研究结果。需要回答的问题是：研究方法是否合理？研究结果的质量令人满意吗？

同行评审小组的成员

卡雷尔·温克	主席，全欧网络协调员，欧盟（比利时）
安东尼奥·卡拉布雷斯	意大利米兰理工大学教授
彼得·汉斯福德	英国 Nichols 集团的执行总监
玛丽安·汉塔克	TEM 项目，联合国总办事处
卡尔·约翰·哈蒂格	奥地利维也纳中央车站项目经理
约翰·赫迪纳	奥地利联邦铁路基础设施建筑股份公司总经理
萨维里奥·帕尔切蒂	意大利里昂—都灵线政府间委员会
J·罗德尼·特纳	ESC Lille 商学院和 Kemmy 商学院教授，利默里克（爱尔兰）

NETLIPSE 小组成员

伦特·布特	主席，NETLIPSE 执行委员会，荷兰交通运输部
斯图尔特·贝克	部门经理，英国交通部

马塞尔·赫托	NETLIPSE 项目经理,荷兰 AT 敖司堡公司
汉斯·鲁道夫·沙尔彻	教授,瑞士苏黎世联邦理工学院
保联斯塔尔	荷兰 AT 敖司堡公司
盖尔特·蒂斯曼	教授,荷兰鹿特丹伊拉斯姆斯大学

同行评审团队的成果

小组讨论的主题简要如下:

项目选择过程	NETLIPSE 小组只能研究在 NETLIPSE 项目组申请欧盟资助时愿意加入研究小组的 15 个项目,其中包括欧盟新成员国的三个项目。为了推广 NETLIPSE 的理念,还需增加更多的项目。
研究方法	所有的研究团队都是从案头研究阶段开始撰写项目的背景文件。知识收集框架是一份问卷,包括定性分析的八个主题(开放性问题)和定量部分(复选框),部分是根据过去其他质量和项目管理模型的经验建立的。个人访谈是在知识收集框架的基础上进行的。研究团队编写了案例研究报告并提交给项目总监进行核实,报告包括了调查结果,对这 15 个项目的结果进行了分析,并汇总到了 NETLIPSE 书里。
研究成果	NETLIPSE 书的第三章对相关问题提供了一个类似"食谱"的方法。所有的访谈都高度一致,这是经过基于对背景文件中的项目事实和数据进行验证所得的结果。因为它对读者的行动和影响取决于读者本身的职位,他们很难根据自己的工作的环境和经验确定"最重要的点"。人们可以从同一套事实中学到不同的东西。 研究发现项目管理很难,但是客观性问题的处理都是较优的。而更软性的、更主观的问题,如利益相关者管理和人力资源管理,通常表现较差。
风险管理	NETLIPSE 的研究发现大多数基础设施项目风险管理都是关键因素,既要关注机遇,也要关注威胁。
法律许可	法律许可往往是一个特别难以处理的领域。法律许可的变动会带来更多的复杂性,并常常导致工期拖延问题。例如当新的法规发布时,就必须要采取切合实际的办法,但这些为了减少法规和条例影响的努力往往收益寥寥。
基础设施成熟度工具的使用和目的	基础设施成熟度工具的开发需要尊重项目的文化环境,它应当是一个可以用来评估大型基础设施项目的项目管理成熟度的灵活工具。

| 财产问题 | NETLIPSE 的研究中还没有给出一个通用的方法。在瑞士，有一种通过公民投票进行公开辩论和作出决定的传统。一旦通过这样的方式作出了决定，财产权就会遵从公众意志按照适当程序确定归属权。在其他国家，则可以通过行政程序提供一种有效的征地手段。|

随后要求同行评审小组给出最终结论：

哈蒂格：认为报告草稿是有意义的，但还强调需要在全欧交通网络的框架下进行后续工作。他还肯定了所有管理层级采用轮岗的做法。

赫迪纳：他觉得研究方法是合理的，并相信在适当的时候，新得出的结论可以作为项目早期审查的基础，以确定融资的合理性。成本效益分析是一个大多数大型基础设施项目成员都会遇到的问题。必须认识到，成本往往是国内成本，而收益往往是国际收益。

特纳：希望更多的学者可以加入未来 NETLIPSE 的研究中。他十分震惊，尽管这在项目管理领域并不新鲜，却仍有必要阐明这些基本事实。他相信，已发现的相关成果可以被纳入基础设施成熟度工具的开发。

汉塔克：强调了信息和经验传播的重要性，研究表明这是非常必要的。欧盟在这方面发挥了重要作用。

卡拉布雷斯：他说，进一步的发展和应用阶段需要更多合作伙伴，还需涵盖更广泛的课题，这是非常重要的。

汉斯福德：从个人的角度来看，这些发现非常有用，并且相信基础设施成熟度工具会成为一个有价值的工具。当项目陷入困境时，它的深层次应用可以为项目提供诊断功能。

帕尔切蒂：希望在未来的研究中引入更多南欧地区的项目。他希望与意大利的项目经理以及在意大利的后续研究中展开更密切的合作。

在总结卡雷尔·温克的发言时，同行审查小组一致认为所进行的工作非常有意义并应继续下去。欧盟正面临经济、政治和社会方面的挑战，通过推进基础设施成熟度工具的开发和相关的 NETLIPSE 研究能够提供帮助的有效基础设施项目，这些挑战可以得到显著缓解。这一进程的第一步将是提供这种工具。如果欧盟同意进一步的工作，它必须加快展开，以便尽快交付必要的功能。今后的活动须采纳这一工具所提出的意见，特别是在人力资源管理、订立合同程序和量化收益的问题上。

都灵—里昂新建铁路项目

同行专家小组在隶属新都灵—里昂铁路联合政府委员会的"天文台（the Observatory）办公室"成立，它负责穿越苏萨山谷的意大利—法国铁路项目。在两年的研究中，NETLIPSE 项目团队与这个特定的项目进行了多次接触。

事实和数据	
国家	意大利—法国
建设内容	新建隧道和铁路
建筑类型	铁路
目的	运力大,可进行货运及联运,货车、铁路、客运
长度	公共路段约 85 公里
运力	大约 4 000 万吨
资金来源	
来源类别	国家和欧盟资助,大约高达 10% 的私人资金
欧盟资助	6.718 亿欧元(2007 年至 2013 年预算期间),约 30% 预计将用于后续欧盟预算
状态	
前期工作(2008 年 4 月 15 日)	摩丹(法国)服务隧道已于 2007 年 11 月 1 日竣工 圣马丁拉波特服务隧道(法国)竣工 76% 拉普拉斯(法国)的服务隧道,完成 66% 意大利部分的服务隧道还未开挖

项目目的及范围

- 在圣让—德莫里耶讷(法国东南部萨瓦省的一个市镇)和苏萨山谷之间的公共路段是连接都灵和里昂两个铁路区的国际路段的一部分。这个项目的主要目的是为了更好地平衡不同的交通运输方式,是否有可能在阿尔卑斯山等敏感区域使用大型铁路模式,甚至为可持续发展、对抗气候变化和保护生物多样性作出一定的贡献。

项目里程碑

1996 年 1 月	按照新建铁路协议建立"意大利—法国"联合政府委员会;
2001 年 1 月	国际协议(后来的条约)确认将在都灵和里昂之间新建铁路,并建立项目协会;
2001 年 10 月	创建项目管理机构:里昂—都灵铁路股份公司;
2003 年 12 月	法国和意大利批准了方案设计;
2004 年 4 月 29 日	欧盟重新确定了 30 个将在 2020 年之前完成的优先项目,作为欧洲交通运输网络的一部分;
2004 年 5 月 5 日	签署"谅解备忘录":法国和意大利决定共同投资国际段(预计各 52 亿欧元),以不分段的方式投资公共部分;一旦欧洲资助的数额确定,公共部分剩余费用的 63% 由意大利支付,37% 由法国支付;

2005 年 7 月	洛约拉·德·帕拉西奥被任命为 PP6 的欧洲协调员；
2005 年 12 月	苏萨山谷(的公众)反对最初工程和钻孔位置；
2005 年 12 月	政府建立了一个与当地公众进行讨论的政治平台；
2004 年—2007 年	参考设计，包括制定财务和法律方案；
2006 年 3 月	在苏萨山谷建立天文台办公室；
2006 年 5 月	在法国进行公众调查；
2007 年 5 月	劳伦斯·简·布林克霍斯特重新任命了 PP6 的欧洲协调员；
2007 年 7 月	意大利政府决定改变意大利段项目的路线；意大利和法国要求欧盟分摊共同部分的成本；
2007 年 11 月	欧盟决定投资 6.718 亿欧元；
2007 年 12 月 18 日	法国总理签发公众同意书，负责里昂—都灵的跨境路段（法国部分）；
2008 年 2 月	政治平台要求天文台办公室评估苏萨山谷的路线情况。

未来计划

2008 年 6 月	天文台办公室将向政府提供有关工程路线的建议，以及为增加铁路交通而制定的政策；
2009 年	意大利和法国就项目的主要特点达成的新协议，包括财务计划；
2009 年	新项目协会成立来建造基线隧道；
2008 年—2011 年	就公共部分中的意大利段方案设计和详细设计进行修订；
2011 年底	意大利的公众同意；
2011 年—2013 年	征地及前期工程；
2013 年	主体工程开工。

天文台办公室的活动

天文台办公室已就发表在其五卷"笔记本"中的以下内容达成协议：
- 卷 1：现有国际铁路线的容量；
- 卷 2：2030 年货运潜力；
- 卷 3：苏萨山谷底部和都灵引道的现有线路容量；
- 卷 4：物流系统分析，特别是 V 通道；
- 卷 5：运输项目的成本/收益和财务分析。

联络方式和参考文献

Anderson, J., Reilly, J. J., Isaksson, T., 1999 'Risk Mitigation for tunnel projects—a structured approach' Proc World Tunnel Congress '99 / ITA Conference, Oslo, May, pp.703-712.

Arup, 2000, Jubilee Line Extension, End-of-Commission Report, Secretary of State's Agent, UK.

Brown, J., 2002-Implementation Guidelines, WSDOT's CEVP™ process. With consultants Golder Associates—Dwight Sangrey, Bill Roberds & Travis McGrath (risk), Parsons Corporation-Keith Sabol (cost), KJM Associates-Art Jones (estimating), Keith Molenaar, Univ. of Colorado (process & documentation).

Einstein, H. H. & Vick, S. G. 1974, 'Geological model for a tunnel cost model' RETC Proc. p.1701.

EFQM (1991) EFQM Excellence Model.

European Commission (2001) White Paper, European Transport Policy for 2010: Time to Decide, European Communities.

European Commission (2002) Trans-European Transport Network, TEN-T priority projects.

European Commission (2005) Trans-European Transport Network, TEN-T priority axes and projects.

Fisher, R., W. Ury, & B. Patton (1991) Getting to Yes, Penguin.

Flood, R. L. (1999) Rethinking The Fifth Discipline, Routledge.

Flyvbjerg B. and E. Westerveld (2007), 'Betuweroute als best practice', NRC Handelsblad, 19-06-2007.

Flyvbjerg, B. (September 2007) Truth and Lies About Megaprojects, Faculty of Technology, Policy, and Management, Delft University of Technology, The Netherlands.

Flyvbjerg, B.; Holm, M. S., Buhl, S.; 2002 'Underestimating Costs in Public Works, Error or Lie? American Planning Association Journal, Vol. 68, No. 3, Summer.

Flyvbjerg, B.; Bruzelius, N. & Rothengatter, W. 2003 Megaprojects and Risk: An Anatomy of Ambition Cambridge University Press, March, 208 pages. ISBN: 0815701284.

Grasso, P., Mahtab, M., Kalamaras, G. & Einstein, H. H. 2002, 'On the Development of a Risk Management Plan for Tunnelling', Proc. AITES-ITA Downunder 2002, World Tunnel Congress, Sydney, March.

Heijden, Jurgen van der, Rob Prins (2007), Governance Process Management. Dutch State of the Art and Future Expectations, AT Osborne Company, The Netherlands, submitted to the SSRN E-Library.

Hellriegel, D., Slocum J. W. (1988), Organizational Behaviour, South-Western College Pub.

IPMA, Project Model for Project Excellence.

Isaksson, T. 1998, 'Tunnelling in poor ground-choice of shield method based on reliability' Proc XI Danube-European Conference on Soil Mechanics and Geotechnical Engineering: pp527-534 (Balkema, Rotterdam).

Isaksson, T., Anderson, J., Reilly, J. J., 'Mit innovativer projektsteuerung und riskoanalyse kostenbewuβt bauen' Proc STUVA Conference, Frankfurt, November, 1999.

Isaksson, T., Model for estimation of time and cost, based on risk evaluation applied to tunnel projects, Doctoral Thesis, Div. Soil and Rock Mechanics, Royal Institute of Technology, Stockholm, 2002.

ITA 1992, 'Recommendations on the contractual sharing of risks' (2nd edition), International Tunnelling Association, published by the Norwegian Tunnelling Society.

John D., Ph. D. Finnerty, Project Financing: Asset-Based Financing Engineering, May 2007.

Jubilee Line, Summary Project Report with section on risk projections, London, October 1993.

Los Angeles Times, 'In LA, Mass Transit is Off Track (the subway from hell)', June 10th 1998.

MacDonald, D., Mullen, L. & Brown, J. 2002, 2003 'Press Release and Briefing Documents-CEVP Process and Results', Washington State Department of Transportation, Press and Public Briefing June 3 (2002) and July 16 (2003). Available at: www.wsdot.wa.gov/projects/cevp/default.htm.

Project organisatie Betuweroute (2005) No Guts, No Story, Het verhaal van de

Waardse Alliantie, Project organisatie Betuweroute, Utrecht, The Netherlands.

Reason, J., Human Error, Cambridge University Press, 1990.

Reilly, J. J., 'Policy, Innovation, Management and Risk Mitigation for Complex, Urban Underground Infrastrucure Projects' ASCE NewYork, Metropolitan Section, Spring geotechnical Seminar, May 1999.

Reilly, J. J. & Thompson, R., 'International survey, 1400 projects', internal report, 2001.

Reilly, J. J., 'Managing the Costs of Complex, Underground and Infrastructure Projects', American Underground Construction Conference, Regional Conference, Seattle, March, 2002.

Reilly, J. J, McBride, M., Dye, D. & Mansfield, C. Guideline Procedure. 'Cost Estimate Validation Process (CEVP)' Washington State Department of Transportation, January, 2002.

Reilly, J. J, 'Estimating and Managing the Costs of Complex Infrastructure Projects', Transportation Research.

Board Conference, Special Panel on the costs of Mega-Projects, Washington D.C., January 2003a.

Reilly, J. J., Web-page News article 'New Cost Estimate Validation Process-CEVP' www.JohnReillyAssociates.com2003b.

Reilly, J. J., 'Towards Reliable Cost Estimates', Tunnels & Tunneling, North American Edition, September, Viewpoint Article, p.4 2003c.

Roberds, W. J., 'Worth the Risk?' ASCE Journal, April 1996.

Sangrey, D., Reilly, J. J. & MacDonald, D. 'Forum on Washington State Mega-Projects' Washington State Department of Transportation, Sponsored by the TRUE Collaborative 2002.

Salvucci, F. P. 'The 'Big Dig' of Boston, Massachusetts: Lessons to Learn', T&T North America, May 2003.

Schalcher, H. R. (2000) Project Controlling of Large Railway Constructions, Institute for Construction Engineering and Management, Switzerland.

Teisman, G. R. (2000) Models for research into decision-making processes: on phases, streams and decisionmaking rounds, Public Administration, Vol. 4 (937-956), Blackwell Publishers Ltd.

TRUE, Transportation Risk and Uncertainty Evaluation Collaborative (www.true-cevp.com) 2003.

Tunnels and Tunneling, North American Edition, May 2003.

Turner, J. Rodney (1997) The Handbook of Project-Based Management, McGraw-Hill.

United Nations, Economic Commission for Europe (2006) TEN and TER Master Plan, Final Report, New York and Geneva.

Vrijling, J. K. & Redeker, The risks involved in major infrastructure projects, Options for Tunnelling, Ed H Burger ISBN 0-444-899359 (Elsevier Science) 1993.

Wadenpohl, F. (2008) 'Best practice for infrastructure projects in Europe with the example of steak holder management', Tunnel, No. 1, Februari 2008, pp 45-53.

Westerveld, E. (2003) 'The Project Excellence Model(R): linking success criteria and critical success factors', International Journal of Project Management, Volume 21, Issue 6, 1 August 2003, p. 411-418.

Westerveld, E, Gaya Walters, D., Het verbeteren van uw project organisatie: Het Project Excellence Model in de praktijk, Kluwer, 2001.

E. R. Yescombe, Principles of Project Finance, June 2002.

网址：

www.netlipse.eu	NETLIPSE 项目网站
www.betuweroute.nl	布滕佛铁路
www.kennis.betuweroute.nl	布滕佛铁路知识管理网站
www.alptransit.ch	阿尔卑斯枢纽—圣哥达公司（圣哥达基线隧道）
www.bav.admin.ch	联邦运输局
www.uvek.admin.ch	联邦环境、交通、能源与通讯局
www.bafu.admin.ch	联邦环境局
www.ur.ch	乌里州
www.beg.co.at	布伦纳·艾森班有限责任公司（下因河谷铁路）
www.bmvit.gv.at	奥地利联邦交通创新与技术局
www.brennerbahn.info	Aktionsgemeinschaft Brennerbahn
www.oebb.at	奥地利联邦铁路公司
www.schig.com	Schieneninfrastruktur-Dienstleistungsgesellschaft
www.rave.pt	RAVE 项目
www.hslzuid.nl	荷兰高铁南线
www.maaswerken.nl	马斯河水路工程
www.eur.nl	鹿特丹伊拉斯姆斯大学
www.lnec.pt	葡萄牙国立土木工程实验室
www.ibdim.edu.pl	波兰路桥研究院

www.rijkswaterstaat.nl	国立水务局
www.transport-research.info	交通研究知识中心
www.autostrada-a2.pl	A2 高速公路
www.autostrada-a4.pl	A4 高速公路
www.gddkia.gov.pl	国家公路和高速公路总局
www.mt.gov.pl	波兰基础设施局
www.fidic.org	国际咨询工程师联合会 FIDIC
www.blsalptransit.ch	勒施贝格基地隧道
www.uni-kassel.de	卡塞尔大学
www.atosborne.nl	AT 敖司堡公司
www.dft.gov.uk	英国交通部（西海岸干线）
www.ethz.ch	瑞士联邦技术院
www.ec.europa.eu	国家能源与交通总局
www.cordis.europa.eu	框架计划信息
www.transumo.nl	Transumo

传播工具列表

NETLIPSE 项目的重点是通过持续和互动的 NETLIPSE 网络传播经验和知识。研究团队为适当传播信息开发了若干通讯工具,这些工具是为两级目标群体开发的。级别 1:仅供联盟合作伙伴和欧盟业主访问;级别 2:面向普通网民。这些通讯工具是为了方便定期地向用户提供有关的研究结果资料。基本原则是将 NETLIPSE 推广为一个可以加入的网络。

		时间	级别
1	网址 www.netlipse.eu: ——一般项目信息和更新 ——可下载的信息 ——联系信息 ——网络会议信息及报名表格 ——业务陈述	2006 年 5 月	2
2	网站 www.netlipse.eu 的锁定部分: ——执行委员会、技术验证委员会、咨询委员会和欧盟进展会议的报告 ——案例研究报告 ——知识收集框架	2006 年 5 月	1
3	NETLIPSE 书籍: ——研究方法说明 ——研究结果描述 ——所研究项目介绍	2008 年 5 月	2
4	半年刊物	♯1 2006 年 12 月 ♯2 2007 年 7 月 ♯3 2008 年 1 月 ♯4 2008 年 5 月	2
5	启动会议	伦敦,2006 年 5 月 11,12 日	2
6	网络会议: ——华沙 ——里斯本	2007 年 2 月 12,13 日 2007 年 11 月 5,6 日	2
7	都灵的最终会议	2008 年 4 月 17,18 日	2
8	15 个案例研究报告	2008 年 5 月	1

(续表)

		时间	级别
9	NETLIPSE 信息传单	2007 年 5 月	2
10	关于欧盟进展会议的报告	定期的	1
11	展示： —全欧网络活动日 2007 — Transumo — BBT-Symposium,因斯布鲁克	2007 年 5 月 10 日 2007 年 12 月 11 日 2008 年 2 月 28,29 日	2 2 2
NETLIPSE 联系信息		NETLIPSE 秘书处 PO Box 8017 3503 RA Utrecht Netherlands Tel. ＋31302916904	

附录 F 欧盟和 Transumo 的一般信息

NETLIPSE 项目离不开欧盟和 Transumo 的财政支持

NETLIPSE 项目通过第六框架计划，即 2002 至 2006 年的欧盟研究、技术发展和示范框架计划，成功向欧盟申请了总额为 175 亿欧元的财政支持。该项目支持研究合作和研究成果的整合，促进流动性和协调性，以及对相关政策的投资、流动和研究支持。这是欧盟实现欧洲研究领域的主要工具。

更多信息请见：http://cordis.europa.eu 和 http://ec.europa.eu。

Transumo (TRANsition SUstainable Mobility)是荷兰的一个平台，由 150 多家公司、政府机构和知识机构组成，合作开发可持续传播的有关知识。Transumo 的目标是使目前效率低下的移动系统过渡到在经济竞争中处于更有利地位的系统，同时关注人与环境。Transumo 的研究和知识开发活动始于 2005 年，并将至少持续到 2009 年。目前，Transumo 共有超过 20 个项目正在进行中。

更多信息请见：www.transumo.nl。

附录 G 图片列表(2008)

标题	版权
巴伦德雷赫特封面，布滕佛铁路	英国交通部
霍兰许迪普桥荷兰高铁南线	荷兰高铁南线/汤·波特列夫
乔纳森·谢勒	欧盟委员会
巴伦德雷赫特封面，布滕佛铁路	英国交通部
马塞尔·赫托	荷兰 AT 敖司堡公司
安东尼奥·莱蒙德·德·马塞多	葡萄牙国立土木工程实验室
盖尔特·蒂斯曼	鹿特丹伊拉斯姆斯大学
斯图尔特·贝克	英国交通部
宝莲·斯塔欧合菲尔	荷兰 AT 敖司堡公司
埃迪·韦斯特维尔德	荷兰 AT 敖司堡公司
弗兰克·沃登波尔	苏黎世联邦理工大学
斯维塞斯·克鲁斯，布滕佛铁路	罗纳德·蒂勒曼
斯维塞斯·克鲁斯，布滕佛铁路	罗纳德·蒂勒曼
阿姆斯特格的保温工程，圣哥达基线隧道	阿尔卑斯枢纽—圣哥达公司
锡蒂纳隧道开幕仪式，拉马其段，D2 高速公路，布拉迪斯拉发环路	波兰路桥研究院
塞德伦的隧道工程，圣哥达基线隧道	弗兰克·沃登波尔
塞德伦的隧道工程，圣哥达基线隧道	阿尔卑斯枢纽—圣哥达公司
埃斯特菲尔德施工现场，圣哥达基线隧道	阿尔卑斯枢纽—圣哥达公司
隧道盾构机，圣哥达基线隧道	阿尔卑斯枢纽—圣哥达公司
渡槽林瓦特，荷兰高铁南线	荷兰高铁南线/汤·波特列夫
隧道掘进，荷兰高铁南线	荷兰高铁南线/汤·波特列夫
鹿特丹中央车站道口，荷兰高铁南线	荷兰高铁南线/汤·波特列夫
雷兹里亚桥之夜	葡萄牙国立土木工程实验室
鸟瞰雷兹里亚桥	葡萄牙国立土木工程实验室
勒施贝格基地隧道贯通仪式	瑞士 BLS 阿尔卑斯枢纽铁路公司

(续表)

标题	版权
Lock Weurt	马斯河水路工程项目组织
洛姆附近的工程:修建洪水通道	马斯河水路工程项目组织
A2 高速公路戈鲁斯基收费站	波兰路桥研究院
新拉马其站与锡蒂纳隧道,布拉迪斯拉发环路	波兰路桥研究院
Hepomäki 隧道脚手架搭设与隧道东口形式,穆尔拉	朱尼·萨里斯托/Finnra
建设中的维斯坦科比桥,E18 高速公路	朱尼·萨里斯托/Finnra
北霍桑萨尔米桥的地基建设,E18 高速公路	朱尼·萨里斯托/Finnra
奥尔·伯格	德国项目建设公司
厄勒海峡通道	http://osb.oeresundsbron.dk
特森画廊	布伦纳·艾森班有限责任公司
保温工程,下因河谷铁路	布伦纳·艾森班有限责任公司
尤斯顿站的潘多利诺火车,西海岸干线	英国交通部
施工,西海岸干线	英国交通部
飞驰的潘多利诺火车	英国交通部
里斯本 NETLIPSE 网络会议,2007 年 11 月 5,6 日	荷兰 AT 敖司堡公司

附录 H 贡献者列表(2016)

姓名	职位	组织	国家
阿米兰达·阿贝斯	项目经理	交通运输部	荷兰
杰克·埃姆斯	总经理	海牙市工程局	荷兰
里格特·安德森	项目总监	斯德哥尔摩的新地铁扩建	瑞典
克耶尔·阿克斯塔德	项目总监	瑞典交通局	瑞典
斯图尔特·贝克	项目总监	英国交通部	英国
玛丽安·博施-雷克维尔特博士	助理教授	代尔夫特理工大学	荷兰
毛里齐奥·布法里尼	副局长	里昂都灵隧道公司	法国与意大利
伊万娜·伯卡博士	土木工程学院建筑管理系副教授	萨格勒布大学	克罗地亚
莫妮卡·超-杜威斯教授	总监 建筑法教授 总干事	荷兰建筑法研究所 代尔夫特理工大学 欧洲建筑法学会	荷兰
马西莫·科拉迪	房地产—资助项目	SEA 米兰机场	意大利
彼得·迪克	项目总监 阿姆斯特丹地铁公司全球领导者项目总监	阿姆斯特丹南北地铁线 凯谛思公司	荷兰
卢波什·迪纽持	部门主管	交通、建筑和区域发展部	斯洛伐克
马克·范恩克	项目经理	荷兰交通运输部公共工程及水管理局	荷兰
保罗·菲什威克	城际快线项目群总监	英国交通部	英国
桑德罗·弗朗切斯科尼	行政主管	Galleria di base del Brennero-Brenner Basistunnel BBT SE	意大利/奥地利
威廉·德格拉夫	项目经理	荷兰交通运输部公共工程及水管理局	荷兰
卡尔·约翰·哈蒂格博士	维也纳中心站总项目经理	奥地利联邦铁路公司	奥地利

(续表)

姓名	职位	组织	国家
弗朗斯·亨德里克斯	项目经理	荷兰交通运输部公共工程及水管理局	荷兰
马塞尔·赫托教授	教授、博士	代尔夫特理工大学	荷兰
西吉·赫尔佐格	维也纳总站项目协调员	奥地利联邦铁路公司	奥地利
玛蒂娜·呼艾曼教授	项目管理系主任、专业MBA项目管理专业学术负责人	维也纳经济大学	奥地利
保罗·詹森	项目总监	鹿特丹—海牙公路	荷兰
埃里克·斯蒂格·约根森	荷兰AT敖司堡公司招标和采购首席顾问协调员	丹麦公路局	丹麦
安娜·卡德菲斯博士	副教授	查尔姆斯理工大学	瑞典
帕鲁鲁·科桑	咨询师 NETLIPSE董事会主席	瑞典交通局 NETLIPSE	瑞典
汤姆·克雷默斯	NETLIPSE项目群经理、顾问	NETLIPSE AT敖司堡公司	荷兰
安东尼奥·莱蒙德·德·马塞多	运输部主任	葡萄牙国立土木工程实验室	葡萄牙
英格堡·利滕贝格	项目经理	荷兰交通运输部公共工程及水管理局	荷兰
彼得·洛伊卡	公路和高速公路主管	斯洛伐克共和国交通、建设和区域发展部	斯洛伐克
佩特拉·玛格娃	一级公路部门项目负责人	斯洛伐克共和国交通、建设和区域发展部	斯洛伐克
亚历山大·莫尔纳	项目经理	交通部	斯洛伐克
伊娃·诺德伯格	项目总监	瑞典交通局	瑞典
詹姆斯·奥兰迪	项目研究和发展主管	威尼斯港务局	意大利
朱塞佩·佩斯	TEN-T项目研究员	根特大学	比利时
里塔·帕尔维亚宁	项目经理	芬兰交通局	芬兰
西浦·宝格丽	项目经理	芬兰交通局	芬兰
吉尔伯特·佩克	规划和建筑部主任	巴伐利亚南部高速公路总局	德国
佩卡·佩塔涅涅米	项目总监	芬兰交通局	芬兰
拉登·科维奇教授	理事会主席	国际项目管理学会	克罗地亚

(续表)

姓名	职位	组织	国家
汉斯·鲁伊特	项目总监 史基浦机场—阿姆斯特丹—阿尔梅勒	荷兰交通运输部公共工程及水管理局	荷兰
珀·里德伯格	项目总监	瑞典交通局	瑞典
本·斯塔福德	项目发起人	交通运输部	英国
埃里克·斯莫德斯	项目经理	荷兰交通运输部公共工程及水管理局	荷兰
康拉德·斯邦教授	项目管理部主任,工效学和过程管理研究所所长。	卡塞尔大学	德国
宝莲·斯塔欧合菲尔	项目总监 高级顾问	NETLIPSE AT 敖司堡公司	荷兰
贾斯珀·蒂尔斯	项目经理	荷兰交通运输部公共工程及水管理局	荷兰
罗德尼·特纳教授	项目管理学教授 SAIPEM 项目管理学教授 高端外方专家客座教授 主编	SKEMA 商学院 米兰理工大学 上海大学 山东大学国际项目管理学报	法国 意大利 中国 中国
拉尔斯·韦斯特马克	项目领导	芬兰交通局	芬兰
埃迪·韦斯特维尔德博士	管理顾问审计和评估研究协调员 2006—2008	AT 敖司堡公司 NETLIPSE	荷兰
珍妮·维克斯特伦	项目经理	芬兰交通局	芬兰
雅科·佐默	项目经理	荷兰交通运输部公共工程及水管理局	荷兰

附录 J 定量分析的结果(2016)

表 J1 范围和目标的定量分析结果

	范围和目标	2008	2016	增量
1	目标以文件化的方式定义并与项目法人达成一致	9.7	8.8	−0.9
2	项目范围由其他利益相关者(合作伙伴)共同决定	6.3	8.6	2.3
3	项目员工对目标有了解	8.7	9.0	0.3
4	项目目标已经转化为工作包和里程碑	8.3	8.6	0.3
5	工作包和里程碑被分配给项目管理机构的成员	6.7	8.1	1.4
6	项目有为范围变更而具体设计的变更登记管理	9.0	7.1	−1.9
7	项目范围在特定时间点被冻结	6.7	6.2	−0.5
	平均值	7.9	8.1	0.2

表 J2 利益相关者的定量分析结果

	利益相关者	2008	2016	增量
8	项目管理机构已经确定了具有特定利益和态度的所有有关的利益相关者(利益相关者分析)	8.3	9.0	0.6
9	利益相关者的分析已得到更新	6.3	7.1	0.7
10	项目已经建立了与利益相关者进行结构化交流的策略(沟通计划)	7.0	7.9	0.9
11	与利益相关者的交流具有实操性	6.9	8.6	1.7
12	项目管理机构对与利益相关者的合作持开放态度	8.0	9.0	1.0
13	会定期测量利益相关者的满意度	3.0	5.0	2.0
14	会定期对利益相关者管理工作进行评估	3.3	5.7	2.4
	平均值	6.1	7.5	1.4

表 J3 资金筹措的定量分析结果

	资金筹措	2008	2016	增量
15	本项目使用了资金筹措计划	9.3	9.5	0.2
16	提出了与该项目有关的一个商业计划	6.4	7.1	0.6

(续表)

	资金筹措	2008	2016	增量
17	本项目使用了预算控制流程	9.6	9.7	0.0
18	本项目使用了用于支付和分配任务的流程	10.0	9.1	−0.9
19	财务报告提供了问责制(历史)和管理(你必须做出的决定)的信息	9.2	9.1	−0.1
	平均值	8.9	8.9	0.0

表 J4 组织与管理的定量分析结果

	组织与管理	2008	2016	增量
20	战略、组织文件化和更新;过程被记录和更新	8.6	8.4	−0.1
21	主管和项目经理之间有定期的联系	9.0	9.1	0.1
22	项目管理机构有一种开放的文化	6.4	8.6	2.2
23	项目管理机构有一个积极的人力资源管理政策	6.4	5.5	−0.9
24	员工的满意度是定期测量的	5.7	5.0	−0.7
25	项目管理机构会与上级组织进行积极的知识交流	6.8	6.7	−0.1
	平均值	7.2	7.2	0.0

表 J5 风险管理的定量分析结果

	风险管理	2008	2016	增量
26	项目管理机构定期执行/更新风险分析	7.7	9.0	1.3
27	在风险分析中,项目的机会也被收集和分析	5.4	5.7	0.3
28	风险得到优先且合适的处理	8.6	8.8	0.2
29	利用数据库管理和监视风险和机会	6.9	7.6	0.7
30	定期评估风险管理	8.1	7.6	−0.5
31	财务风险保留金是为了预防和应对发生的风险	7.7	9.0	1.3
32	所有项目员工都意识到风险和机会	5.8	6.9	1.1
33	如果主要风险发生在组织的任何部分,有效的程序将被立刻执行	6.8	7.9	1.1
	平均值	7.1	7.8	0.7

表 J6 承发包的定量分析结果

	承发包	2008	2016	增量
34	项目的所有部分都存在承发包的策略	9.0	8.8	−0.2
35	项目管理机构对新的承包方式持开放态度	4.7	7.4	2.7

(续表)

	承发包	2008	2016	增量
36	合同是按照欧洲法律法规执行的	10.0	9.8	−0.2
37	合同模式可以根据合同的特点进行选择	6.9	8.1	1.2
38	合同具有被优化的可能性	5.0	6.7	1.7
39	与承包商的合作是一种相互理解	6.3	7.8	1.4
40	定期评估合同和合同管理	7.7	6.6	−1.1
	平均值	7.1	7.9	0.8

表 J7　法律许可的定量分析结果

	法律许可	2008	2016	增量
41	项目管理机构对所有法律程序进行了连贯的分析	9.3	8.6	−0.7
42	将显示并更新需要收集的所有许可和权限的概述	9.3	9.3	0.0
43	项目管理机构了解实际过程中的新发展和变化	9.0	7.9	−1.1
44	项目管理机构渴望与利益相关者合作，以优化过程时间	8.0	7.1	−0.9
45	程序规划与设计、合同和决策过程的规划有关	6.7	7.6	0.9
46	会对程序的管理定期进行评估	7.7	6.0	−1.6
	平均值	8.3	7.8	−0.5

表 J8　知识和技术的定量分析结果

	知识和技术	2008	2016	增量
47	项目有知识管理的相关政策	6.0	6.2	0.2
48	项目管理机构会使用新技术使项目得到更好的发展	5.3	6.4	1.0
49	该项目利用研究来改进项目	5.0	4.7	−0.3
50	项目管理机构会与其他项目和组织进行积极的知识交流	6.3	7.6	1.3
	平均值	5.7	6.2	0.5

附录 K 专用名词汇总表

缩写	全称	翻译
AG	Aktiengesellschaft	股份公司（德国）
BCR	benefit to cost ratio	成本效益比
BV	Besloten Vennootschap met beperkte aansprakelijkheid	私人有限责任公司（荷兰）
BIM	Building Information Modelling	建筑信息模型
	business case	商业计划
C/S	client/sponsor	业主/发起人
D&B	Design and Build	设计建造合同
D&C	Design and Construct	设计建造合同
DBFM	Design, Build, Finance, Maintain	设计、建造、融资、运营合同
DBFMO	Design, Build, Finance, Maintain and Operate	设计、建造、融资、维护和运营合同
EIA	Environmental Impact Assessment	环境影响评价
EIS	Environmental Impact Statement	环境影响报告
ERTMS	European Railway Transportation Management System	欧洲铁路运输管理系统
ETCS	European Train Control System	欧洲列车控制系统
	Expert Judgement	专家评价
GmbH	Gesellschaft mit beschraenkter Haftung	有限责任公司（德国）
HRM	Human Resource Management	人力资源管理
IMT	Infra Maturity Tool	基础设施成熟度工具
IPAT	Infrastructure Project Assessment Tool	基础设施项目评估工具
IPM	Integrated Project Management	集成项目管理
IRR	Internal Rate Of Return	内部收益率
LIP	Large Infrastrcture Projects	大型基础设施项目
PFI	Private Finance Initiatives	民间主动融资
PDO	project delivery organisation	项目管理机构

(续表)

缩写	全称	翻译
PPP	public-private partnership	政府和社会资本合作
SIG	Special Interest Group	特别兴趣小组
FP 6	the Sixth Framework Programme	欧盟第六框架计划
TEN	Trans European Networks	全欧网络
TEN-T	Trans-European Transport Network	全欧交通网络
WP	Work Package	工作包

附录 L 机构名汇总表

缩写	全称	翻译	译者注
国际			
GAPPS	Global Alliance for Project Performance Standards	项目绩效标准全球联盟	
IPMA	International Project Management Association	国际项目管理协会	
	World Bank	世界银行	
PMI	Project Management Institute	美国项目管理协会	
FIDIC	Fédération Internationale Des Ingénieurs-Conseils	国际咨询工程师联合会	
OECD	Organisation for Economic Co-operation and Development	经济合作发展组织	
欧洲			
EBRD	European Bank for Reconstruction and Development	欧洲复兴开发银行	
EC	European Commission	欧盟委员会	
	European Community	欧共体	
	European Council	欧洲理事会	
EFQM	European Foundation for Quality Management	欧洲质量管理基金会	
EIB	European Investment Bank	欧洲投资银行	
EP	European Parliament	欧洲议会	
EU	European Union	欧盟	
德国			
DB	Deutsche Bahn	德国铁路	
DB	Deutsche Bundesbahn	德国联邦铁路	德国原国营铁路公司的继承者。德国联邦铁路和德国国营铁路于1994年合二而一，成为德国铁路股份公司（德国铁路），实现了私有化

(续表)

缩写	全称	翻译	译者注
	DB Projektbau	德国铁路建筑公司	德国铁路子公司,主要负责建设大型铁路项目。于2016年与德国国际公司合并成为德国工程与咨询公司
	DB Netz	德国铁路网群公司	德国铁路子公司,主要负责铁路基础设施的运营
	DB Station & Service	德国铁路车站服务公司	德国铁路子公司,主要负责提供乘客服务、车站及站前广场地产租赁业务
	DB Energie	德国铁路能源公司	德国铁路子公司,主要负责提供德国铁路电力及柴油能源
荷兰			
RWS	Rijkswaterstaat	荷兰公共工程及水管理局	
Neerlands Diep			
	NS Cargo	荷兰铁路货运公司	2003年后不再为NS所有,合并入DB Cargo
	NS Hispeed	荷兰高铁	现更名为NS国际
ProRail		荷兰铁路建设公司	负责荷兰铁路网络的建设,维护,管理和安全
Transumo	TRANsition SUstainable Mobility	可持续移动的转变	
英国			
DfT	Department for Transport	英国交通部	
SRA	Strategic Rail Authority	英国铁路战略管理局	
NR	Network Rail	英国铁路网络公司	
	Railtrack	英国铁路公司	Network Rail的前身
	British Rail	英国铁路公司	
ORR	Office of Rail Regulation	英国铁路管理办公室	
瑞士			
BAV	Bundesamt für Verkehr	瑞士联邦交通局	
SBB	Schweizerische Bundesbahnen	瑞士联邦铁路公司	
UVEK	Umwelt, Verkehr, Energie und Kommunikation	瑞士联邦环境、交通、能源与通讯部	
BLS	伯尔尼-萨尔茨堡-Simplon-Bahn	瑞士BLS铁路公司	

(续表)

缩写	全称	翻译	译者注
BLS AT	瑞士 BLS 铁路公司 AlpTransit	瑞士 BLS 铁路阿尔卑斯枢纽分公司	
NEAT	Neuen Eisenbahn-Alpentransversale	新阿尔卑斯铁路枢纽网络	
NAD	Neue Eisenbahn-Alpen-Transversale Aufsichtsdelegation	新阿尔卑斯铁路枢纽网络监督代表团	
NCW	Neue Eisenbahn-Alpen-Transversale Controlling Weisung	新阿尔卑斯铁路枢纽网络控制指令	
葡萄牙			
LNEC	Laboratório Nacional de Engenharia Civil	葡萄牙国立土木工程实验室	
奥地利			
ÖBB	Österreichische Bundesbahnen	奥地利联邦铁路公司	
ÖBB Bau	Austrian Federal Railways ÖBB Infrastruktur Bau AG	奥地利联邦铁路基础设施建筑公司	
	Austrian Federal Railways ÖBB Infrastruktur Betrieb AG	奥地利联邦铁路基础设施商业公司	
BMVIT	Bundesministerium für Verkehr, Innovation und Technologie	奥地利联邦交通、创新与技术部	
BEG	Brenner Eisenbahn GmbH	布伦纳铁路有限责任公司	
波兰			
GDDKiA	Generalna Dyrekcja Dróg Krajowych i Autostrad	波兰国家公路和高速公路总局	
IBDiM	Instytut Badawczy Dróg i Mostów	波兰路桥研究院	
瑞典			
Banverket		瑞典铁路管理局	
Vägverket		瑞典公路管理局	
		瑞典水务法庭	
丹麦			
DSB	Danske Statsbaner	丹麦国家铁路	
ØSK	Konsortiet	厄勒海峡联盟	
ØBK	Øresundsbron Konsortie	厄勒海峡大桥联盟	
法国			
TELT	Tunnel Euralpin Lyon Turin	里昂-都灵隧道	

NETLIPSE 08 & 16 感悟汇总

大型项目是平衡的艺术。角色清晰的参与主体、合理共担的系统风险与情境适应性的知识内化构成了项目的坚实基础,而互利共赢的信任关系、随风险伴生的增值机会以及扩展认知边界的协同创新则为其提供了必要的韧性。由此,管理者在规则与混沌的洪流中"脚踏实地、仰望星空",这不失为重大工程管理的魅力所在。

李洋(2018级硕博连读研究生)

"合约签订的重点似乎集中在'风格和品位'等问题上,而不是讨论承包商交付的产品是否与业主的目标相符。"随着现代人们对于建筑产品更为多元化的需求,在建造项目过程中,建设项目的成员为了标新立异、抓住他人的眼球,更多地开始思考建筑产品的风格、特色,甚至不惜牺牲一些功能或质量标准。这实际上违反了建筑产品的根本要求:"需要达到业主要求的特定目标"。在此基础上对"风格、品位"等的探索才属于"锦上添花",不然就有可能"因小失大"。

王子伦(2019级硕博连读研究生)

"大型基础设施项目管理通常由技术人员负责,组织和组织人员的管理被严重低估。对员工的管理以及他们的发展容易被忽视。"大型基础设施项目管理十分重要,一个重大工程的成功不只是技术上的成功,更应该是管理上的成功。

田子丹(2019级硕博连读研究生)

"项目团队中的每个人都必须意识到开发和保留项目记忆的必要性,以汲取教训。"就像读书时,学生们的错题笔记,保留工程中成功和失败的记忆,能够促使团队在一次次工程实践中不断改进,而不是重蹈覆辙。

卢伊玲(2020级硕博连读研究生)

NETLIPSE 2008:对不同国家体系、社会背景和文化习惯下十五个案例的经验教训与良好实践的近距离感知,似乎描摹出欧洲大型基础设施建设的基础图景。清晰坚定的愿景、动态演变的组织架构、良好的流程管理与利益相关者管理等种种因素共同引领项目成功,其背后仍有丰富的宝藏有待发掘。

NETLIPSE 2016：无论十年前还是十年后，清晰透明的目标与范围在项目全寿命周期中的沿袭始终是一项至关重要的挑战，"更大、更快、更好、更省"的发展趋势提醒从业者不断锤炼项目管理能力以处理日益复杂的利益、风险、变化和限制，以可持续的方式处理项目建设的"雄心"与"范围"之间的关系。

张俊怡（2020 级硕博连读研究生）

不仅是从成功的项目中总结良好实践的经验，更多时候是在不太成功的项目中分析遇到的困难及其解决方案来吸取有价值的教训。"You get out of something as much as you put in"，一份耕耘，一份收获，从长远来看，人们往往能从自己用心投入的事情中学到更多东西。

饶鹏林（2019 级硕士研究生）

后记——管理之近思

翻译作品真是一件苦差事，一为多数读者并不关心或在意译者，二因须求得准确，不胜其烦，故时下学者多不愿以十倍之精力行此译述之事，偏以著述或亲撰论文。我等是事非经历不知难，想取国际价值之系统思想翻译回国，多人受益，虽是以传播为始，后或可激起项目管理更大中西结合之研究，亦未可知；又此皆经世致用之学问，于重大工程治理领域，定可创造出社会和经济价值，意义甚大。严复先生《天演论》激励我辈，遂排除千难万难，矢志坚持。译著行将付梓，过往不时涌现。生命非所遭，适因尔所忆，回顾过往，各同仁皆有所获，亦编成译书精悟，权作后记，供诸君分享。

每读本书，时有惺惺相惜、酣畅愉悦、神交之感。书中项目管理多处之观点总结，不乏真知灼见，历岁月而弥新。虽时空殊异，尤与港珠澳大桥之成功经验遥相呼应，又有吾等已力行却所未道及者，令人欣喜。其经验文字之背后深意，诸君切莫轻轻放过。欧洲之经验，尤值得吾辈借鉴，如其理论与实践之深度结合、其风险之管理、其对项目人力资源之重视、其于环保之关注、其可持续发展与全寿命周期之真正考量，西人之民主平等和理性务实，尤以其"为利益相关者管理"之为最。

事之有正反两面，恰如人有手心手背者。项目管理之成功，归因甚多，时势各异，当有不同。中西之差异，情势环境发展阶段之不同，亦互有强弱之项。以港珠澳大桥成功之经验，其领导力，项目管理规划，人之复杂性及人、事纠缠之复杂性管理，界面管理等数者，皆重要之因，然本书中一笔带过，遗憾无案例之详解；书中涉及资源管理、创新管理及科研管理鲜有谈及，解之不深；于技术管理、文化之影响亦论之甚浅，着墨甚少，尚待深入挖掘及商榷。国内项目之工期管理与费用控制，似多优于欧洲之项目管理，或有体系制度文化差异之因。而港珠澳大桥之知识学习与知识管理之深、之广、之全寿命周期之覆盖，实属世之罕见。然其知识之输出传播，亦是相当有限，原著所言极当。自总体观之，本书之欧洲经验，大多着眼于管理驱动，然港珠澳大桥之经验，着眼于管理加技术双轮之并驾齐驱，两者有别，吾等当取西方管理之长处，以集大成。

然原著十年磨剑，殊为不易，虽有不能穷尽之处，但瑕不掩瑜。而在同一主题下持续着力研究与实践，此等耐力之功夫，我等皆为不及，此精神尤为浮躁当下所缺者。会意阳明先生所言，为德修学不在文字上求，须解其核心之本质，下学而上达，事上磨练，知行合一，用之于实践，即医病医心之良方。愿诸君慎勿求全而责备，忘其本真大体，能取其精华、滋其所用，即是译者翻译之价值。

时代之潮流，一日而千里，日新而月异。中西之项目管理，存共同之短板，若言"软""硬"之相较，"硬"之控制易，"软"之提升难；又若项目之人力，皆难以慎终如善始；又若项目文化之传承，皆因人而殊异，难于持续之发展；又若知识之学习与分享，传播之有限，此数者，皆大同而小异。

中国项目管理未来之前途，当直面国中之实践，直面问题和需求，迎寰宇共同之挑战，当中西互鉴而共享，与时而俱进。观今宜鉴古，无古不成今。睁眼看世界，取理论与实践之密切结合；汇西方之学养，吸传统文化之精髓。融西方管理于中国情景，行理性务实之坦途。尤迫切可学者，在知识共享之组织，此大益而当为。集百家之所长，古为今用，洋为中用，凝聚大成，有待诸君。

是为记。

高星林

于荷兰代尔夫特理工大学

初稿 2020.6.30

修改于 2021.6.18

译者简介

何清华 男,同济大学经济与管理学院建设管理与房地产系教授,博士生导师;同济大学复杂工程管理研究院副院长。获得英国皇家特许测量师学会资深会员(FRICS)、英国皇家特许建造师学会资深会员(FCIOB)、国际项目管理协会认证特级项目经理(IPMP-A)等国际执业资格。担任中国(双法)项目管理研究委员会(PMRC)理事、中国建筑业协会(CCIA)理事、上海市建设工程咨询行业协会(SCCA)行业发展委员会副主任委员,上海市工程咨询行业协会(SECTA)理事,曾任英国皇家测量师学会(RICS)中国区委员,亚洲教育标准委员会(AESB)委员,2019年RICS中国年度大奖评审委员会主席。

长期从事建设工程管理领域的教学、科研与咨询实践。研究领域包括建筑业行业发展与改革、重大/复杂工程管理、精益建设、集成项目交付、全过程工程咨询等。主持国家自然科学基金、国家住房和城乡建设部、上海市科委等政府和企业委托各类研究课题30余项,出版《大型复杂工程项目群管理协同与组织集成》《项目复杂性识别、测度与管理研究》《重大工程组织公民行为识别、驱动因素与效能涌现研究》《现代工程建设精益项目交付与集成实践》《项目管理案例》《项目管理》等著作、译著、教材十余部,发表学术论文120余篇。主持国内若干大型复杂工程项目管理研究咨询工作,典型案例包括上海迪士尼度假区、深圳前海新中心、上海西岸传媒港、湖南广播电视台节目生产基地、中国佛学院、中国商飞总部、广西南宁东站高铁新城、陕西汉中汉文化博览园等。

高星林 男,教授级高级工程师,清华大学粤港澳大湾区创新领军工程博士生,现任港珠澳大桥管理局局长助理、计划合同部部长,国际道路协会(PIARC)重大项目组中国专家,交通运输部、国家留学基金委公派

荷兰代尔夫特理工大学访问学者,长安大学、重庆交通大学、广州大学经管学院兼职(客座)教授,同济大学经管学院名家讲堂特聘专家、复杂工程管理研究院外聘高级研究员,交通运输部综合评标专家,中国公路学会青年专家委员会常务委员、欧洲分委会首届负责人等。主要从事工程项目管理策划及模式构建,以及超大型复杂工程计划、招标、合同、进度、造价管理等工作。目前主要研究重大工程项目管理、复杂性管理和智能化运维管理等。先后参与了国家科技支撑计划"跨境重大交通工程管理模式决策机制和战略资源供应链的关键技术研究"、国家自然科学基金"我国重大基础设施工程管理的理论、方法与应用创新研究"等多个重大课题,出版和翻译著作多部,发表论文多篇,发明专利多项,获省部级科技技术进步奖多项,带领团队获得"全国工人先锋号"称号。

李洋 男,同济大学经济与管理学院博士研究生,美国马里兰大学联合培养博士研究生,研究方向为重大基础设施工程组织间信任与治理策略。作为主要成员先后参与了国家自然科学基金委重大项目和面上项目等多项课题,亦广泛地参与到《重大基础设施全过程工程咨询理论与实践——海南铺前跨海大桥建设管理创新探索》《业主开发与建设项目管理实用指南》(原著第五版)以及《重大工程管理牛津指南》等专著和译著的编写工作中。在 *International Journal of Project Management*、*Renewable & Sustainable Energy Reviews* 以及 *Journal of Construction Engineering and Management* 等国内外高水平期刊和
会议上发表多篇论文,担任 *International Journal of Project Management* 与 *Renewable & Sustainable Energy Reviews* 等期刊的匿名审稿人。

刘琰 男,荷兰代尔夫特理工大学(Delft University of Technology)博士、博士后研究员、硕士专业 Construction Management and Engineering 和本科辅修专业 Project Management from Nano to Mega 讲师、硕士生导师(已指导 23 名);英国伦敦大学学院(University College London)访问学者、客座讲师。获得国际项目管理协会 IPMA 青年学者卓越贡献奖,日本笹川良一青年教育基金会会员(SLYFF)。研究领域包括大型基础设施项目管理、组织间合作、数字化创新与能力等方面。参与中国 BIM 标准研究等课题。出版《业主开发与建设项目管理实用指南(第四版)》等译著 3 部,在 *International Journal of Project Management*、*IEEE Transactions on Engineering Management* 等 SCI/SSCI 期刊上发表论文 10 余篇,其中 ESI 高被引论文 1 篇。担任 *International Journal of Project Management*、*Automation in Construction*、*Journal of Management in Engineering* 等多本 SCI/SSCI 期刊的审稿人,被 *International Journal of Project Management* 和 *Automation in Construction* 评为杰出审稿人(Outstanding Reviewer)。曾担任代尔夫特中国学生学者联合会副主席,代尔夫特理工大学博士教育咨询委员会委员,博士生工会 PromooD 主席。